古典文獻研究輯刊

二十編

潘美月・杜潔祥 主編

第 20 冊

明代詩話考述（中）

連 文 萍 著

國家圖書館出版品預行編目資料

明代詩話考述（中）／連文萍 著 -- 初版 -- 新北市：花木蘭文
化出版社，2015〔民104〕
目 12+212 面；19×26 公分
（古典文獻研究輯刊 二十編：第 20 冊）
ISBN 978-986-404-101-5（精裝）
1. 詩話 2. 詩評 3. 明代
011.08   103027411

ISBN-978-986-404-101-5

9 789864 041015

古典文獻研究輯刊
二十編　第二十冊　　　　　　ISBN：978-986-404-101-5

明代詩話考述（中）

作　　者　連文萍
主　　編　潘美月　杜潔祥
總 編 輯　杜潔祥
副總編輯　楊嘉樂
編　　輯　許郁翎
企劃出版　北京大學文化資源研究中心
出　　版　花木蘭文化出版社
社　　長　高小娟
聯絡地址　235 新北市中和區中安街七二號十三樓
　　　　　電話：02-2923-1455／傳真：02-2923-1452
網　　址　http://www.huamulan.tw 信箱 hml810518@gmail.com
印　　刷　普羅文化出版廣告事業
初　　版　2015 年 3 月
定　　價　二十編 24 冊（精裝）台幣 42,000 元

明代詩話考述（中）

連文萍　著

目次

中　冊

第三章　明代晚期的「現存」詩話

第三章 明代晚期的「現存」詩話
——萬曆年間

國雅品

　　一卷，顧起綸（1517～1587）著，存。

　　顧起綸，字玄言，號九華，江蘇無錫人，以國子監生累官鬱林州州判。《明清江蘇文人年表》引《錫山書目考》，謂其生於正德十二年（1517），卒於萬曆十五年（1587）。《四庫全書總目》卷一七八〈別集類存目五〉著錄《句漏集》、《赤城集》二書，並謂其「字更生，號元名，無錫人」，則別有字號行世也。是書見所編《國雅》的附錄，有萬曆元年（1573）句吳武陵郡顧氏奇字齋刊本，爲其所主持刊刻，現藏於國家圖書館及北京圖書館。傅增湘《藏園群書經眼錄》頁一五四六（中華書局 1983 年版）著錄《國雅》二十卷、《續國雅》四卷，並謂是書：「自洪武迄隆慶，分士品（二百人）、閨品（二十一人）、仙品（八人）、釋品（十四人）、雜品（三人）。《續雅》二百十人。前有《國雅品》一卷，于每人下略加評論，乃詩話之類也。末有牌子，文曰：『句吳武陵郡奇字齋新雕』」。然《國雅品》品錄詩人，實僅入選《國雅》之詩人，未及於《續國雅》。

　　其後《國雅》被《四庫全書》著錄於卷一九二〈總集類存目二〉，流傳未廣。《國雅品》則爲丁福保編入《歷代詩話續編》行世，有民國五年無錫丁氏排印《歷代詩話續編》本，北京中華書局並有標點本，木鐸出版社翻印，於臺灣發行。此書又收入周維德《全明詩話》。

是書卷前有顧起綸序謂：「余作《國雅》既成，復就選中若干名家，溯自洪初，以迄嘉末，憐高哲之既往，嘉英篇之絕倒，輒一賞譽之」，而自言所標品目，非敢謬詮甲乙，而是以俟知言，爲之揚搉，故是書的品目不是評論詩歌優劣的等第，而是以時代爲序，依詩人的身分分類編排。序中並提到弘、嘉間五家詩話的好處，如「昌穀《談藝》，足起膏肓；茂秦《詩說》，切於鍼砭；用修《詩話》，深于辯核；子循《新語》，詳析品彙；元美《卮言》，獨擅雌黃」，故是書多徵引此數家詩話語，尤以王世貞《藝苑卮言》爲多，此可見其對明代中期詩話的約略評品，以及其評論走向，當然也與當世王世貞等復古詩家聲勢正高有關。

是書綜評明初至嘉靖末年間的重要詩家，《四庫全書總目》頗質疑是書入品的選錄標準，謂：「持論似乎精詣，而錄詩多雜庸音，又聲氣交通，轉相標榜」、「大抵與起綸攀援唱和、有瓜葛者居多」，否定《國雅》或《國雅品》選取及評論的客觀性，此乃將之列入「存目」的重要原因。

然是書的品評手法多樣、選取詩家詩作大抵務實，仍值得注意。是書仿效司空圖《詩品》之例，多用四字句的形象化比喻，來規模形容詩作的風格，也有引錄詩句或全詩作各別批評者，因此對於保存著錄明代詩人的成績與明詩的風貌，相當具有意義。

由是書的品評，可以看出對復古派詩家的偏愛，特別是對前、後七子的推崇，無寧是一種時代風氣的反映。如謂李夢陽、何景明「氣象弘闊，詞彩精確。力挽頹風，復臻古雅。遴材兩漢，嗣響三唐。如航琛越海，輦賣踰嶠，琳闕珠房，輝燦朗映，各成一家之言。繼而海內翕然景從，爲明音中興之盛，實二公倡之也」。除以連續的比喻加以稱頌，又謂「二公古體並出楚騷詞、漢樂府而憲章少陵者，近體尤酷擬杜」，其「尤酷擬杜」之評語雖切中李、何詩作的特色，但褒揚仍不無太過。

其品評的手法，除以形象化的語言比喻說明，或引錄詩人之詩句詩作進行實際批評之外，又有針對作家詩集作整體評價。如評徐禎卿《迪功》二集爲「豪縱英裁，格高調雅，馳騁於漢、唐之間，婉而有味，渾而無跡」，評袁氏所刻《鸚鵡》五集，則「稍纖華，似齊、梁語」。又有引述他人評語者，如論徐禎卿，引文徵明爲禎卿《焦桐集》所作的序中：「昌穀古體合作，近體非所好，而爲之輒工」的評語，以爲「亦是賞識」。也有解析他人評語者，如引《藝苑卮言》，評楊慎、張含詩云：「楊乃銅山金埒，張乃拙匠斧鑿」，以爲「是

譏其未融化也」。品評的角度堪稱多樣，所論亦是實際閱讀的經驗總結，惟引錄前人詩說如王世貞《藝苑卮言》極多，且規俯依隨，時稱「信然」者多，難以在前人詩說之上進行「批評的批評」，從而更加呈現品評的深度。

是書〈士品〉之後，附有〈閨品〉、〈仙品〉、〈釋品〉等的選評，這固然是傳統詩歌選集的排列方式，卻保存明代詩歌的多元創作成績。顧起綸對婦女詩歌的品評標準，頗值得注意，如評楊慎妻黃孺人之詞云：

> 余見南中少年多習孺人所爲小令〈黃鶯兒〉，非只一闋。及見劉安寧有用脩手書卷，亦有「曰歸」、「其雨」之句，似用脩代内作，以其思多深僻也。若出孺人，更當流亮，故天分所限。俞氏所纂〈春日即事〉一首，舊說是祝英台譏梁山伯而作，余少時便聞梨園人唱此，斷非孺人所作。爲附證之，恐傷閨體也。

此段詩話說明顧起綸品評女性所作詩歌時，心中是有一個「閨體」的標準，「閨體」就是其所認爲的女性詩歌獨特的風貌。他用這個認定與標準來質疑世所流傳楊慎妻黃氏的詞作，以爲其詩思深邃，可能出於男性代作。此因傳統對於女性的才思、天分、見識、經歷有固定看法，傳統對於女性的限制亦在於此，只有少數女性因爲身爲宮掖或閨秀，或身爲突破社會制約的歌妓，有機會識字進而創作。然而她們的作品仍須統屬於「閨體」，與男性士人詩作區隔，建立專屬的品評檢驗系統。其詩作的傳播，以「美談」、「佳話」、「新奇」的意味較多，能如鍾嶸《詩品》將班婕妤列爲「上品」、將徐淑列爲「中品」、將鮑令暉、韓蘭英列爲「下品」的作法，讓女詩人詩作與男性詩作接受同一套品評標準，可說極爲少見。

換言之，因爲女性詩人數量較少、女性生活範圍識見多有侷限、詩作風格內容趨於單一、流傳刊刻不易等因素，所以女性創作詩歌多被視爲「美談」、「佳話」，也出現男性捉刀代寫的質疑。所以顧起綸推論黃氏的詞可能出於楊慎代作，雖然證據並不充分，卻可窺見時人對女性從事創作的觀點，以及評論女性詩作的態度。

詩法指南

二卷，王櫃纂輯，存。

王櫃，字渭陽，號渭上漁人，陝西周至縣人。萬曆元年（1573）以禮經魁冠三秦，祿仕晉庠晉秩邑侯，著有《宦游稿》。是書據周維德教授告知，有

明萬曆蘊古堂刊本，書藏遼寧省圖書館，收入《全明詩話》。

是書卷首有〈刻詩法指南題辭〉和〈詩法指南引〉，卷末有黃中通〈詩法指南前跋〉、焦秀實〈詩法指南後跋〉。其中〈詩法指南引〉爲王檟所撰，下署寫於萬曆己亥（二十七年，1599）「城南吟社」，可知此書之編纂，乃爲詩社教導寫作、精進詩藝之用，屬於詩歌創作的入門書。同爲「城南吟社」社員的焦秀實，在〈詩法指南後跋〉謂：「（王檟）自解組歸田，優游於山水林壑，日惟詩書，而唐人諸體，評品甚精。復念及後之興於此者，泛然無的，乃擇其佳句，並以姓名，分爲類次，名曰《詩法指南》，是知此書乃其解組歸田後所纂編。王檟在〈詩法指南引〉則具體陳述編纂動機：

> 余從幼好唐詩，而曾未得其法，及諸名家詩法出，余益莫知所適從。何者？議論多而格式繁也。且古人作詩，感於物而形於言，凡以流通性情耳。初未嘗拘拘然先立某格，而後爲某詩也。如必欲宗其格而後成詩，則唐人果宗何格乎？由此言之，則格之不必拘也，明矣。故余不從其格，而惟取其說之近體者錄之，復於說之後，選唐詩一二以證之。又於詩之下，分其經緯，別其情景，詳其虛實，辨其事意，以頗解之。欲俾初學不苦其多，不厭其繁，一觸目焉，而詩意即得，會而通之，作者之門，庶可入矣。故舉而名之曰《詩法指南》，爲其易於適從故也。

王檟以自身的學詩經驗，編纂適用的詩歌教材，爲初學者示以學詩門徑。又以使用者的觀點，評論當世諸名家詩法過於拘泥詩格之病，指出詩歌創作不能拘泥詩格，必須如古人「感於物而形於言」、「流通性情」。

全書分前、後二卷，〈前卷〉統論近體詩的作法，包括：「詩學正源」、「詩學正義」、「詩有平仄」、「詩有律詩絕句八句爲律四句爲絕」、「詩有題目章法」、「詩有句法對法」、「詩聯準繩」、「詩有情景虛實」、「詩有內外意」、「詩有明暗例」、「詩有字眼」、「詩有著題泛說」、「詩有淺語」、「詩法口訣」。

〈後卷〉論述各種詩法，包括「榮遇詩法」、「誦美詩法」、「諷諫詩法」、「贈行詩法」、「登臨留題詩法」、「詠物詩法」、「宮詞詩法」、「賡和詩法」、「哭挽詩法」，最末有「總論」。

全書引導初學者由平仄、格律、對仗、章法、句法、字法等循序漸進，以登入創作殿堂。其特色尤在不標榜詩格，避免初學者莫衷一是。而於每項詩法之後，舉出唐人實際詩例，提供初學者涵泳參考，亦可謂十分具體實用，有助於詩歌創作啟蒙教學。

詩法要標

三卷，吳默（1554～1640）、王櫃纂輯，存。

吳默，字因之，江蘇吳江人。《明人傳記資料索引》謂其生於嘉靖三十三年（1554），萬曆二十年（1592）中進士，授禮部主事，官至太僕寺卿，卒於崇禎十三年（1640），年八十七。王櫃編纂《詩法指南》，已見前。

是書收錄於趙鍾業《修正增補韓國詩話叢編》，〔註1〕蔡鎮楚〈明代詩話考略〉著錄謂：「有明鈔本，趙鍾業家藏之，《中韓日詩話比較研究》著錄，今有韓人趙鍾業《韓國詩話叢編》第十二卷影印本」。考察《修正增補韓國詩話叢編》所收《詩法要標》，卷前有朱之蕃序，記述流傳緣由：

> 偶檢笥中二帙，得二曲王先生、無障吳太史彙諸言詩法，間出己意刪定增損，議簡有確，尋繹有據。而更稱引合作者著爲式，苦心妙悟，具見篇中。余校之本業，竊服其玄賞獨詣，可爲吟壇律令，一破拘攣而頓忘筌筏也。會有程山人者，寄興風雅，見案牘是編，津津云：「斯帙雖譚及有法，而法無所法之旨，躍然以呈」，因請以付剞劂，用公海內。

朱之蕃嘗出使朝鮮，《列朝詩集小傳》丁集上卷「白門詩社諸詩人」條下，謂朱之蕃「字元价，金陵人。萬曆乙未（二十三年，1595）中狀元，官終吏部右侍郎。元价爲史官，出使朝鮮，盡卻其贈賄，鮮人來乞書，以貂參爲贄，橐裝顧反厚，盡斥以買法書、名畫、古器，收藏遂甲於白下」。〔註2〕是書爲朱之蕃攜至朝鮮，卷首題曰「無障吳默、二曲王櫃選集、蘭嵎朱之蕃評、山人程逸校」，全書三卷，目錄如下：

> 卷一：詩學正源、詩學正義、詩有平仄、詩重音節、論律詩絕句、詩有題目章法、論句法對法、論情景虛實、詩有內外意、論詩三體、詩有四格、詩有四鍊、詩有五忌、詩有八病、詩有五理、詩有三體格、詩有喜怒哀樂、詩有上中下、詩有四不入格、詩有四齊梁格、詩有四對格、詩有魔有癖、詩有三般句、詩有數格、詩有六對、詩有義例、詩有二家、詩有物象比、詩有明暗

〔註1〕《修正增補韓國詩話叢編》，趙鍾業編，首爾：太學社，1996年出版。以下引文俱見此本。

〔註2〕據《明人傳記資料索引》謂其「字元介，號蘭嵎，荏平人，著籍金陵」，又謂其「工於書畫」，故《列朝詩集小傳》有謂「鮮人來乞書」。然二書著錄朱之蕃的字號略有出入。

例、起句式、結句式、詩有字眼、詩有著題泛説、詩有淺淺語、
詩法口訣、詩有體志。

卷二：榮遇詩法、頌美詩法、諷諫詩法、贈行詩法、登臨詩法、詠
物詩法、宮詞詩法、賡和詩法、哭挽詩法、詩學禁臠。

卷三：詩法十科、詩法四則、詩法二十四品、詩法一指、詩法三造、
沙中金集、詩有三偷、詩家十氣像、總論、詩不越賦比興、
名公雅論、作詩用韻。

可知是書吸納上述王樵《詩法指南》的內容，再增補當世名家詩法而成。據
卷末所附程逵〈詩法要標跋〉謂：「夫唐詩之工，非唐人所有式而能工也。蓋
出於情、成于才，隱隱然若有圓機，是以聲振金石、響中韶夏。今後生則不
然，以彫琢爲巧，以尖新爲異，而泛泛然如水中之鷗，莫可適從。故詩法之
設也，欲初學俾一觸目即會而通之，庶幾適從之的哉。若日焉蘭隅先生是選
也，必欲後人宗其格而成詩，則大非先生詮次之初心也。惟因法無所法之旨，
以遊自然之途，則庶有所托而傳焉」。則此書亦經朱之蕃的重新詮次，以有裨
初學而加以傳播，但強調不能拘泥詩法格式，要效法唐人「出於情、成于才」，
靈活應用。

排律辨體

十卷，孫鑛（1542～1613）評，存。

孫鑛，字文融，號月峰，浙江餘姚人。《明人傳記資料索引》謂其生於嘉
靖二十一年（1542），卒於萬曆四十一年（1613），年七十二，著有《孫月峰
評經》、《今文選》、《書畫題跋》等。《明詩紀事》庚籤卷十一謂其中萬曆二年
（1574）進士，除兵部主事，改禮部、吏部，歷員外、郎中，遷太常少卿、
右通政，以右副都御史巡撫山東，又任刑部侍郎、右都御史等職，官至南京
兵部尚書。其以評經聞名，著有《月峰先生集》等。

孫鑛出身科舉世家，其父孫陞（1501～1560）爲嘉靖十四年（1535）進
士，授編脩，累官禮部尚書。其兄孫鑨（1525～1594）、孫鋌（1528～1570）、
孫錝俱成進士。最值得一提，其母楊文儷爲當世才女，擅詩，多以詩訓勉其
子，她甚至精通舉業之文，《四庫全書總目》謂：「諸子成進士者四人，鑨、
鋌、鑛皆至尚書，錝至太僕寺卿，皆文儷教之。蓋有明一代以女子而工舉業

之文者，文儷一人而已，詩其餘事也。」〔註3〕

《排律辨體》今存明末刊本，藏於上海圖書館，筆者未見。然有兩段關於孫鑛詩學觀的記述，頗可參看。朱彝尊《明詩綜》謂：「觀其（月峰）論詩有云：『韓退之於詩本無所解，宋人目為大家，直是勢利他耳』，是何言與？尸佼所云：『松柏之屬不知堂密之有美樅』者也」。《明詩紀事》陳田按語則云：「月峰〈與余君房論文書〉云：『王元美謂昌黎於詩無所解，即鄙見亦謂然。昨偶看古詩一二篇，弇州如何能到』，竹垞之譏月峰，是未見月峰全集也。月峰〈齋中偶成〉詩云：『吟詩遠遜歷城李，作字猶慚鄞縣豐』，其自知審矣」。

孫鑛在〈與余君房論文書〉中對王世貞詩學、詩作的批評尚不只陳田所述，其批評王世貞與汪道昆云：「然汪、王非但時套，兼有偏弊，一以今事傳古語，二持論乖僻，三好詖，四纖巧，五零碎，而總之則有二，曰不正大，曰不眞」、「不論何事出弇州（王世貞）手，便令人疑其非眞，此豈足當鉅家？即太函（汪道昆）亦然，此固由『寧失諸理』一語致之」，並以王世貞晚年所作詩文爲「實已透漏亂道端倪」。所言雖在於王世貞、汪道昆，實指復古派逐漸轉型之際，在創作上不眞、不正大的弊病。但孫鑛卻並非公安派的同道，因爲他對王世貞等的指斥除了「不眞」，另還有「不正大」，這是著眼於他們未能正確貫徹於復古所產生的弊病，何況其心中眞正貫徹復古的標的仍仕李夢陽，所以〈與余君房論文書〉有謂：

> 自空同（李夢陽）倡爲漢魏盛唐之說，大曆以下悉捐棄，天下靡然
> 從之，此最是正路，無可議者。

以是之故，他的評品《排律辨體》，其實就是在指出復古的「正大」之路，是在推闡李夢陽的詩法。

要注意的是，孫鑛身處明中葉復古派轉型與公安派興起之際，他以「評經」的活動來調和「復古、公安」、「道學、辭章」、「詩論、文論」等各種論辯爭議，擔任「居間舌人」，〈唐元卿三稿序〉謂：「自宋以來，談理者必絀辭，辭家亦必報之，良吏節士亦然。而辭家又復分爲兩：一執有，一矜捨筏。余嘗私自命，當爲居間舌人」，〔註4〕這個詩學觀點頗爲獨特，可見明中葉詩風

〔註3〕 《四庫全書總目》，卷177，〈別集類存目四‧孫文恪集〉，頁3647～3648。關於楊文儷的詩文才華及其教子有方，筆者已撰〈明代女性的「功名」之路──由內廷女官沈瓊蓮送弟就試春官詩談起〉（廈門大學主辦第九屆科舉制與科舉學國際學術研討會，頁1～16頁，2012年12月10～13日），可參考。

〔註4〕 〈唐元卿三稿序〉見《孫月察集》。關於這段話的闡釋，袁震宇、劉明今所著

轉變所帶動的各種嘗試與努力。

詩的

一卷，王文祿著，存。

王文祿，字世廉，浙江海鹽人。過庭訓《本朝分省人物考》謂其舉嘉靖辛卯（十年，1531）鄉試，博學好名，屢上春官不第，而刻厲愈銳，居身廉峻，以天下文章節義自命，年七十餘，應制長安，步履如少壯，著有《丘陵學山》諸書若干卷。

是書見《澹生堂書目》卷十四〈詩評類〉著錄。其傳刻均以叢書形式行世，有明隆慶二年（1568）刊萬曆十二年（1584）重編印之《百陵學山》本，上海涵芬樓影入《景印元明善本叢書十種·百陵學山》、新文豐圖書公司影入《叢書集成新編》發行，並收入《全明詩話》；又有民國間商務印書館《叢書集成初編》本。

是書《百陵學山》本卷前，有王文祿作於萬曆三年（1575）之〈詩的引〉，知成書於此年三月。而所謂「詩的」者，蓋詩之準也，其云：

> 詩的者，詩之準也。非中的則非詩也，而中的者鮮矣，惟律詩尤難中的。的，何也？律即的也，是故射有的，兵刑有律，律猶的也，所以爲準也。準，的也，唐科以詩取士，士之攻詩眾矣，而中的者亦鮮焉，他可推也，惟知的者鮮，是以中的者亦鮮，予乃不計僭妄，表而出之，所以示之的也。的也者，心之的也，在心悟焉，可與言詩也，心悟則知予言之非僭妄云，請試觀《詩的》。

故是書揭示作詩準繩，又偏重於律詩詩法的闡釋，特其持論嚴峻，與其性情行事之「居身廉峻」、「以天下節義自命」，是一致的。

書中所論詩法，多能體會細膩，標榜詩之妙處。如討論對仗的問題，引杜甫「思家步月清宵立，憶弟看雲白晝眠」，以爲「思家」對「憶弟」皆人事

《明代文學批評史》頁 504 已有說明：「他（指孫月峰）要調和各派的『居間舌人』，其手段便是宗經。宗經便可得理，可救李攀龍『視古修辭，寧失諸理』之弊，可堵塞道學家對辭章家的批評；宗經又可得文章之法，可以救王世貞以至公安、竟陵『亂道一派』之弊；同時，因爲經中既有修辭字句之法，又有篇章結構之法，則七子派、唐宋派，也大可不必再作爭議，而一統於宗經的旗幟之下。這便是他要爲『居間舌人』的主張，究其實質而言，是要以此調和復古思潮內部種種觀點、門派，用以對抗萬曆中後期興起的文學革新運動」。此書關於孫月峰的其他詩文觀點，論說詳盡，可參看。

門，「看雲」對「步月」皆天文門，「白晝」對「清宵」皆時令門。又引杜甫
「春水船如天上坐，老年花似霧中看」，以爲「如」對「似」皆一意，「天上」、
「霧中」皆天也，而云：「大凡以日對時，象時文之合掌，甚可厭也」。而同
一門類事物相對的情況，時人林釴的「高木嘯風吹月小，蒼林滋雨抱花稀」，
「高木」、「蒼林」皆花木門，「嘯風」、「滋雨」皆天文門，其以爲此「乃排偶
耳」，不無遺憾，但「吹月小」對「抱花稀」則甚妙。

　　王文祿藉評論當代詩人鄭善夫一聯「閉門春事生黃葉，去國秋山長白
雲」，強調對仗時亦要經營「詩眼」。他以爲鄭善夫以「生」對「長」並不巧
妙，因二字皆爲一意，必須以「長」對「消」，或是以「生」對「隱」，如「生
黃葉」對「隱白雲」，方能一正一反，窮盡其妙，而這樣的寫法來自《六祖壇
經》：「如《壇經》云：『問有答無，問無答有，問始答終，問終答始，觸類而
長，方爲妙云』」。

　　除了琢磨對仗，避免流於排偶與意同，其對用字造句的要求，也以含蓄
深刻是務。他以爲「杜詩中凡稱令弟、令兄、先生、鄭公、大夫、主人、宮
主、附馬、老夫、公子皆俚語，切不可效之入詩中，宜後人指杜爲村夫子也，
初唐詩無此俚語」。如果詩中必須言及，必得以他字取代，其云：「若指父母，
借岵屺、桑梓言；若指兄弟，借棠棣、鶺鴒言；若指夫婦，借雎鳩、蔦蘿言；
若指朋友，借谷風、雞壇言；若指君臣，借卷阿、鳳梧言，觸類而長之，所
謂鏡中之影、水中之燈方妙也」。而杜甫〈詠懷古跡〉詠昭君村詩之末句「分
明怨恨曲中論」，其以爲不及首句「群山萬壑赴荊門」的暗喻地靈人傑，起得
有含蓄之意，故將之改換二字作「分明黃鵠曲中論」，用西漢宮主嫁烏孫王之
歌「願爲黃鵠兮歸故鄉」的典故，並云：「使杜復生見之，必心服也」，又謂：
「能深知詩者，必信而愛之，難與俗人言也」。

　　以上王文祿對對仗與詩語等創作方法的闡述，大都針對杜甫的詩加以指
摘說明，甚至逕行改動杜詩，對於當時以學杜知名的詩人，如鄭善夫之類，
他更是不假辭色。這些做法並不代表他對杜詩有成見，反而是彰顯他對己見
的自信與堅持，也見其對於崇杜、學杜時尚的另一種思索。王文祿既以律詩
詩法爲詩之「的」，杜甫又是律詩創作量較多、風格最完整的，自是必須仔細
檢視，可以取法者固然酌取之，其「不足爲法者」也著重析而離之，正如其
論對仗時所言的「一正一反」，這才是學詩之「的」，也是他的主要論詩途徑
與策略。

由對崇杜、學杜的思索，他對復古派詩論也有特別省視，揭出「眞」加以矯正。他所談的「眞」，是由比較杜詩與時人詩的不同而來，其云：

> 杜詩意在前，詩在後，故能感動人。今人詩在前，意在後，不能感動人。蓋杜遭亂，以詩遣興，不專在詩，所以敘事、點景、論心，各各皆眞，誦之如見當時氣象，故曰「詩史」。今人專意作詩，則惟求工於言，非眞詩也。空同詩自敘亦曰：「予之詩非眞也」，王叔武所謂「文人學子之韻言耳」，是以詩貴眞，乃有神，方可傳久。

這段話講得「中的」，其所謂「眞」，強調的是創作時的命意情志，如果非實有其意而創作，就非「眞詩」，他進而提出「假詩」的概念云：「詩言志，亶然哉。有是志則有是詩，勉強爲之皆假詩也」。

「眞」指的是眞情實性的抒發，與詩中所書寫描繪事物的眞假無關，所以，他在評論杜甫「織女機絲虛夜月，石鯨鱗甲動秋風」時以爲：「此皆無中生有，有中作無，虞註泥跡，非也。即予天寧寺高僧偈曰：『眞性圓明，本無生滅，木馬夜鳴，西方日出』，心悟之可也」。〔註5〕此外，須注意的是，上述「眞」與「意」、「志」相繫，卻並非泛指一切的眞情實性，而是必須以「正」加以權衡，亦即所謂的「意正」與「性情之正」，這也是由杜詩所領悟出來，其云：

> 蓋作文不在詞句之工，而在性情之正。杜先悟之曰「文章有神」，神主意正也。杜值天寶之季，兵亂世危，其愛君憂民之心，經國匡時之略，每於詩中見之，所謂「有神」，非苟作者，宜其垂世不朽云。故曰一切由心造也。今作詩文而無主意，空談則虛且僞，說鈴耳，安得垂。

這段詩話正是前述「詩貴眞，乃有神，方可傳久」的進一步說解，以是杜詩能感動人者，除在其「敘事、點景、論心，各各皆眞」，更在其「愛君憂民之心、經國匡時之略」。

是書數以時文論詩，也是其論詩特色。如云：「七言律最難，如時文然，而版須活動方妙」，又主張「詩題必首句或第二句承出，方見題目」，並舉例以詳言，曰：

〔註5〕王文祿解此二句，引僧人偈語爲喻，旨在指出作詩解詩不必拘泥實景，然所言仍過於虛幻。關於此二句的說解，葉嘉瑩《杜甫秋興八首集說》引歷代名家註杜之說，並以按語歸納分析，十分詳盡，可參看。

如杜題蜀相祠律詩，首句曰「丞相祠堂何處尋」，次曰「錦官城外柏
森森」，此二句猶時文之破題、承題，則蜀相祠方明白也。若前聯第
三、四句，及後聯第五、第六句，指出題目，則偏矣。何大復呂公
祠律詩，首句曰「落日蕩漾古水濱，邯鄲城邊逢暮春」，前聯曰「越
王臺榭草花盡，呂公祠堂松桂新」，題乃「呂公祠」，非「越王臺」，
今以「越王臺」對「呂公祠」，非題意也，不特偏且虛矣。題止曰「祠」，
句中不宜綴「堂」字於「祠」字下。惟深知詩律之嚴者，方能悟此，
不特詩法當嚴，文法亦當嚴，故曰「春秋謹嚴」。

其所舉例證，不惟見其以時文的「破題」、「承題」之法論詩，更見其評比時
人何景明復古學古的成績。有意思的是，他責求於何景明的，並非檢驗詩之
真假與否？如前所稱說的李夢陽所自悟「予之詩非真也」，而是責求於何景明
未能更嚴格的遵行詩法，換言之，就是未能更精確的復古，所以，王文祿以
「真」矯正時人的「假詩」，實際上他所汲汲研求的詩法，卻不免成為製造「假
詩」的利器。整體看來，是書有幾個重點，值得再加省視與思考：

其一，是書篇幅短小，所論雖直指詩法竅門，立論清晰入細，並以詩之
「的」作為標榜，但其實無法如編刊時間相近的黃省曾《名家詩法》、梁橋
《冰川詩式》、朱紱《名家詩法彙編》等大部頭詩法書或詩法彙編，能夠得
到讀者的矚目與接受，增加刊行或被人稱引、論述的機會。所以，相對於「詩
法彙編」以及專門性的「詩話叢書」，像《詩的》這樣夾雜在綜合性叢書中
的詩話，是因為附載於叢書的刊行，而得到較多的矚目？還是因此被稀釋、
埋沒、或者抵銷？就《詩的》而言，《百陵學山》多達一百一十九卷，能夠
得到刊刻，又能陸續的增補及影印發行，《詩的》附屬其中，已屬幸運，但
僅為流傳，未能發生更大的啟示與影響，則不無遺憾，其關鍵不一定只在刊
行的形式，可能更在於書中立論。

其二，是書倡論詩法，頗多經驗之語，且立論自信，持論嚴格。然嫌過
於拘泥於字句詩法，所論格局其實不大，以八股時文的創作方法論詩，亦顯
得刻板。惟其洞察杜甫詩作之所以流傳的因素，提出「真」來醒示當代學詩
之人，以「真詩」矯正「假詩」，不但切中復古模擬的弊病，也使得是書在細
碎的詩法討論之外，別有中心意旨。

其三，其所謂「真」，以「意正」或「性情之正」為依歸，仍逃不開傳統
詩說的格局。所以僅能嚴格的督促與加強復古派的論詩與創作宗向，卻無法

如性靈派力主的「眞」一樣別開生面，闢出詩學新論。

名家詩法彙編

十卷，朱紱、徐珪、談輫、宛嘉祥纂輯，存。

朱紱，潛川（今安徽安慶）人，生平不詳。徐珪字西石，談輫字小山，宛嘉祥字白湖，三人皆潛川人，生平亦不詳。

是書有萬曆五年（1577）潛川朱氏刊本，廣文書局影入《古今詩話續編》發行。此本卷前有朱紱所撰〈刻名家詩法彙編題辭〉，首先推演「詩法」之產生，以孔子詩教由來久矣，其後世道變，詩道亦從之而變，故：「詩變而詩法生焉」。詩法自唐及宋、元而下，言人人殊，朱紱以爲《木天禁語》、《金鍼》等集行世者，試尋繹而深求之，率皆有味哉，詩之字句神情意興，與夫音節體裁境象，大都章章乎備矣」，因此後人即輯刊之，以明詩道。其云：「至我皇朝楊、王、黃氏，先後蒐北諸集，勒成一家之言，題曰『名家詩法』」。他認爲「學詩者讀《三百篇》、讀《楚辭》，復進諸此，詩道其殆庶幾乎」，所以「丙子歲（萬曆四年，1576）夏日，予友宛白湖、談小山、徐西石，偕予林皋閑憇，因相與擬議諸家著，遂爲詮次校讎而會粹之，凡十卷，作者凡若干人，付書肆鋟梓」。

朱紱此篇題辭，具見其纂輯之緣由。其中「詩之字句神情意興，與夫音節體裁境象，大都章章乎備矣」，正是「詩法」內容與價值所在。而所謂「楊、王、黃氏」，則分別指楊成《詩法》、王用章《詩法源流》及黃省曾《名家詩法》，三部詩法之彙編，正是朱紱此書所根據的底本。至於與朱紱共同倡議編纂此書者，分別是其同鄉宛嘉祥、談輫、徐珪，他們也加入實際的校正與編定的工作，所以是書的編者不只是朱紱一人。再檢視此書各卷之內容與署名：

卷一：范德機《木天禁語》，題「明三山楊成考訂，潛川宛嘉祥校正，潛川朱紱編次」。

卷二：范德機《詩家一指》，題「明三山楊成考訂，吳會黃省曾校正，潛川朱紱編次」。

卷三：嚴滄浪〈詩體〉，題「明三山楊成考訂，吳會黃省曾校正，潛川談輫編次」。

卷四：楊仲弘《詩法》，題「明三山楊成考訂，吳會黃省曾校正，潛川談輫編次」。

卷五：白樂天《金鍼集》，題「明三山楊成考訂，潛川談轂校正，潛
　　　川徐珪編次」。

卷六：范德機《詩學禁臠》，題「明三山楊成考訂，潛川談轂校正，
　　　潛川徐珪編次」。

卷七：《沙中金集》，題「明三山楊成考訂，潛川朱紱校正，徐珪編
　　　次」。

卷八：傅與礪《詩法正論》、傅與礪《詩文正法》、黃子肅《詩法》、
　　　揭曼碩《詩法正宗》、揭曼碩《正法眼藏》，題「荊南王用章
　　　刊定，潛川朱紱校正，潛川談轂編次」。

卷九：〈詩準〉，題「宋金華王柏選輯，潛川徐珪校正，潛川談轂編
　　　次」。

卷十：〈詩翼〉，題「宋金華王柏選輯，潛川徐珪校正，潛川談轂編
　　　次」。

由各卷的署名，可以清楚的辨析楊成《詩法》、黃省曾《名家詩法》、王用章
《詩法源流》的原貌，所以是書又儼然具有「詩法彙編」叢書的性質。換言
之，是書是承襲著明初朱權、懷悅以來詩法彙編的纂刊系統，並結合楊成所
校刊之《詩法》，具有「集其大成」的意味。以下將明初以來重要且今日可見
的詩法彙編，以表格統列，以略見纂刊的大致脈絡〔註6〕：

作者	書　名	內　　　容	備　註
朱權	西江詩法一卷	詩體源流、詩法源流（即傅與勵詩法正論）、詩家模範、詩法大意（即黃子肅詩法）、作詩骨格、詩宗正法眼藏、詩法家數、詩學正源、作詩準繩、律詩要法（以上四書爲楊仲弘詩法）、字眼、古詩要法、五言古詩法、七言古詩法、絕句詩法、諷諫詩法、榮遇詩法、登臨留題詩法、征行詩法、贈行詩法、詠物詩法、讚美詩法、賡和詩法、哭挽詩法、作樂府法	此本係取元人詩法與黃鷟詩法取捨刪校編成
懷悅	詩法源流一卷	詩法正論、詩法家數、詩解、詩格三十六格	

〔註 6〕類似纂刊內容與方式的詩法彙編，還有史潛校刊《名賢詩法》（明初黑口本）、
　　　　佚名氏《群公詩法》（或即孫賁所輯《群公詩法》）；嘉靖二十九年（1550）的
　　　　《詩法》及《詩法源流》合刊本；謝天瑞《詩法大成》（萬曆刊本）等，以筆
　　　　者未能親見，不詳其內容，故不予列表，僅此註明。

王用章	詩法源流三卷	詩法正論、詩文正法、黃子肅詩法、揭曼碩詩法正宗及詩宗正法眼藏、詩格	以懷悅詩法源流增益而成
楊成	詩法五卷	金鍼集、詩法、詩法家數、木天禁語、詩學禁臠、詩家一指、沙中金	
黃省曾	名家詩法八卷	金鍼集、嚴滄浪詩體、名公雅論、木天禁語、楊仲弘詩法、詩家一指、詩學禁臠、沙中金集	以楊成本爲底本
朱紱等人編	名家詩法彙編	木天禁語、詩家一指、嚴滄浪詩體、楊仲弘詩法、金鍼集、詩學禁臠、沙中金集、傅與礪詩法正論、傅與礪詩文正法、黃子肅詩法、揭曼碩詩法正宗、揭曼碩正法眼藏、詩準、詩翼	以楊成、王用章、黃省曾本爲底本

以上六本彙編，均爲今日易見者，其中朱權《西江詩法》因爲引錄楊載的《詩法家數》，並將是書的條目加以析分整編，單獨列成《諷諫詩法》、《征行詩法》、《讚美詩法》等條目，所以看起來好像引錄許多新的詩法，實則朱紱等人所編的《名家詩法彙編》，內容最爲豐富。而各本對於彙入詩法的詳略或標誌並不一致，如懷悅《詩法源流》輯入盧摯所述《詩法家數》，王用章本改稱傅與礪《詩文正宗》，朱紱本也加以沿襲，以致一書變成二書、作者也改換他人。又如楊成《詩法》所輯入《詩家一指》，原不著作者，黃省曾本亦然，但朱紱本不予考辨，即題作「范德機《詩家一指》」，而《詩家一指》的內容也相當雜亂。〔註 7〕類似這樣的紛紜情形，最主要的原因係由於「彙編」編刊的隨意性，所以常出現隨手拈來、隨意彙編，不著錄出處或是出處著錄不確實的流弊。

各詩法彙編所輯刊的多是詩式、詩格之類作品，原是前代以詩取士，提供初學入門、爲舉業服務的產品，所以像嚴羽的《滄浪詩話》，原本是多角度的闡釋詩學，卻只被纂輯者摘取「詩體」專論「體格」的部分，以作爲學詩的格套。若以黃省曾《名家詩法》所收錄的嚴滄浪〈詩體〉，對照《歷代詩話》本《滄浪詩話》之〈詩體〉，也可以發現除了字句上略有出入，最主要是內容的排列組合方式有異，黃省曾本顯然經過重新纂編分類，使該本變得較有系統。例如別出「體製名目」一目，下繫「歌行」、「行」、「歌」、「謠」、「吟」等小類，並分別舉例。又如別出「用韻」一目，下繫「古韻」、「今韻」、「一韻兩用」、「轆轤韻」、「進退韻」等項目，而各項目之按語，也較《歷代詩話》

〔註 7〕關於《詩家一指》的作者與內容，張健〈《詩家一指》的產生時代與作者〉（《北京大學學報》1995 年 5 期）有詳細考述，可參。

本爲詳，如「轆轤韻」，黃省曾本作「雙出雙入，每隔二句用韻」，《歷代詩話》本則只作「雙出雙入」。又特立「總論」一目，則另外摘鈔《滄浪詩話》的〈詩評〉語。這樣的「綱舉目張」，就像今日將「課本」改編成「參考書」一般，用意在便利初學者觀摩與吸收。

　　至如「以人而論家數」一目，黃省曾本更是大力刪節重整，只保留「李太白」、「杜子美」、「陶韋韓柳」、「王楊盧駱」、「岑參」、「李長吉」、「張籍王建」、「孟郊」、「元白體」、「高達夫郎士元盧綸」、「李商隱」、「蘇黃體」、「玉臺體」、「西崑體」、「香奩體」。而各體之下的按語，也有著不同，如「李太白」、「杜子美」下署「正派」；「王楊盧駱」下署「體弱」；「李長吉」下署「別派，浮」；「孟郊」下署「正派但苦澀耳」；「蘇黃體」下署「卑下」，充滿明代人的辨體觀及輕視中晚唐、宋詩的觀點。

　　除了以上的解讀，關於詩格、詩法如何有利初學，本論文《西江詩法》條所引述的朱權〈詩法引〉，以及前引朱紱所撰〈刻名家詩法彙編題辭〉，都有編者的現身說法，而今人郭紹虞在《宋詩話考》頁七九「環溪詩話」條的分析，可以並參：

　　　竊以爲吟業既盛，效顰者眾，而六義既亡，情文斯替，於是只能於形文聲文求之，詩格詩例之作，句法句病之說，遂以繁滋，雖高下有殊，精粗有別，要其以方法爲入門之階梯，而所窺僅及古人之皮毛，則一而已。又舉業既興，人多習於揣摩，故論詩遂有「金針」「密旨」之稱，迨此習染漬漸深，於是起承轉合之說，情景相間之論，舉成作詩規律，而詩道桎梏矣。

郭紹虞嫻於詩學，所論正說明詩格詩例詩法之書爲何只利初學不利詩道，他並以《環溪詩話》「論杜詩之妙，謂一句在天，一句在地，論百韻詩之作法，謂首句要如鯨鮑拔浪，落句要如萬鈞強弩，類此諸說亦均舉業論詩之餘毒也。此類詩論，愈矜其妙，適愈見其僻，然爲初學摹仿計，則自是捷徑耳」，解說相當明確。而所謂「舉業既興，人多習於揣摩」諸語，也可見詩法之書作爲求取功名捷徑的重要作用。但明代並不以詩取士，這些詩法彙編仍然遞相刊行，這個現象在討論朱權《西江詩法》時已提及，此處將進一步析論詩法彙編在明代刊行的社會意義：

　　其一，明代以八股文（制義）取士，但各州縣童生應「縣試」、「府試」、「院試」時，考試內容爲「四書義」與「試帖詩」，考取者稱「生員」，俗稱

「秀才」。所以明代最初級的科舉制度中，仍如前代有「試帖詩」的考試內容，故詩格詩法的詩學入門彙編仍有需求，但層次、格局不高。

其二，再上層的科舉，包括「鄉試」、「會試」、「殿試」，都以經義爲考試內容，造成傾全國及有明一代的士子大都勉力於舉業之文，無暇他顧，故詩格詩法詩式，甚至詩話之類書籍，雖有需求，但對熱中功名的大部分士子，並沒有迫切性的需要。許多詩法之類書籍，因爲體製輕薄短小，容易散佚，故以「祕本」爲標榜，吸引讀者窺奇。變成「祕本」之後，提供了以「彙編」爲刊行方式的良好基礎，一方面引起收集、整編、刊刻的動機，一方面也鼓勵了流傳與閱讀，特別是提供文人「游於藝」，搜奇炫才、說詩解頤之資。

其三，明代不以詩取士，卻絕不代表詩學的衰退，當代仍有極多的人致力於詩學的研究與創作。特別要注意的，較有自覺意識的士子並不以舉業爲滿足，他們或自主學詩，精進詩藝，或登第之後，即盡棄舉子業，專事古文詞。這些人常是詩文壇或政治界的主導者（如李東陽、李夢陽、王世貞等），這些主導者可能撰有詩話，有詩學言論，也強調詩的學習，卻不會直接去纂編或鼓吹詩格詩式之類的書籍（但王世貞曾被僞託撰有類書《圓機活法詩學全書》），畢竟不談理論只論法式，總顯得層次不高，對嫻於詩學者意義不大。這些主導者最大的作用在於引領詩學論辯與創作風氣，時代風氣形成，自然有利於詩格詩式的推廣與需求，甚至以「彙編」的形式加以較大部頭的刊行，增加注意力，加大讀者的接受度與接受面。

其四，明代詩學風氣的興盛，另一個檢驗點在於，以經學著稱的學者也致力於詩學創作，最具代表性的是陳獻章與莊昶，他們的性理詩稱「海南江北，雙峰並秀」（徐泰《詩談》語）。而經學學者也有詩法的著作，明初周敍所編《詩學梯航》，即整合周子霖、王汝器所撰兩本《詩法》成書，其〈詩學梯航序〉引周溪園之感嘆謂：「二家俱以經學專門者也，而兼留心於詩學。若此，世謂經生難與言詩，詎不誣耶？」而以思想與言行的怪誕著稱的李贄，所著的《騷壇千金訣》就是詩法彙編（相關論述見本論文《騷壇千金訣》條），亦見明代詩學及詩法彙編纂輯之盛。

其五，不論科舉內容爲何，詩歌與明人的生活實已關係緊密，各式詩社、派別林立，官宦士子的激辯中，詩學是相互抗衡的重要議題。到明末，許多女性也加入詩歌的書寫與論評（詳見本論文關於江盈科《閨秀詩評》與方維儀《宮閨詩評》的論述）。不論男性或女性，不論名家或尋常作者，每個人都

會經過初學的過程，何況詩法詩格詩式之書也有精到可採者，所以，詩法詩格詩式之書必然是被需要的。我們要注意與探討的是，這類詩學入門書──數量的變化、內容的走向、纂輯理念的呈現、編刊形式的突破、流傳接受的軌跡等等。

是故，明代的詩法彙編可以說是一種詩學入門書的新編刊形式，不必一定依付於科舉，而是明代詩學風氣下的產物。至於，自朱權、懷悅、楊成以來的承襲傳刊系統，到朱紱之後已有所轉型，至天啟、崇禎以後則逐漸式微，其原因除了外在的國勢倥傯、社會崩亂等因素，造成時人對詩法彙編的需求降低之外，這種編刊形式本身的局限，也迫使其必須走向改變：

其一，此種詩法彙編的纂輯分類方式仍屬漫無統紀，在使用上仍不令人滿意，所以在黃省曾《名家詩法》之後，朱紱《名家詩法彙編》纂輯之前，已經出現另一種標榜「詩式」的詩法彙編，亦即梁橋在嘉靖二十四年（1545）所纂輯的《冰川詩式》。梁橋在是書卷一〈定體〉即謂：「予為《詩式》，作〈定體〉一卷，言詩有定體也，嘗備覽往名家詩式，若詩話矣，達幾入妙，莫能縷悉，而於式，則容有未盡然者，迨《杼山詩式》、《詩苑類格》、《天廚禁臠》、《詩人玉屑》、《金針集》、《續金針集》、《滄浪詩法》、《木天禁語》、《詩家一指》等集，格目雖互見，則又無統紀次第，乃初學何述焉？」明白揭示其對這些詩法詩格詩式「格目雖互見，則又無統紀次第」的意見，認為不利於初學，所以他重新輯選分類，建立體系，加入新的意見，創為新的詩法彙編。其書自嘉靖二十八年（1549）原刊之後，分別在隆慶四年（1570）、萬曆三十七年（1609）及日本萬治三年（1660）刊行，〔註8〕可謂自明中葉以來即盛行，清初猶有日本刊本。所以《冰川詩式》雖然刊於朱紱《名家詩法彙編》之前，但其後的刊刻縷縷不絕，《名家詩法彙編》雖然具有彙集祕本詩法的豐富內容，卻沒有繼續的傳刻，其所代表的意義在於這類型詩法彙編已漸次示微。

其二，除了梁橋的《冰川詩式》已創為較新的詩法彙編方式，周履靖在萬曆二十五年（1597）所編刊的《夷門廣牘》叢書中，收有張懋賢所纂輯的《詩源撮要》及其自編的《騷壇祕語》兩本詩法書，也都有不同的纂輯方式。《詩源撮要》雖僅摘取《詩法源流》的詩格，但選錄杜甫的詩以為例證，各詩之中又有逐句的註釋與整首詩的總評，等於為詩格加了註釋。《騷壇祕語》

〔註 8〕《冰川詩式》的論述，詳見本論文「冰川詩式」條。另見筆者〈以詩學著述建構自我價值──論梁橋《冰川詩式》與明代詩學面相〉（《漢學研究》，22 卷2 期，頁 95～119，2004 年 12 月）。

亦為有體系的詩法彙編，其整編涵融皎然《詩式》、嚴羽《滄浪詩話》、楊載《詩法家數》、范德機《木天禁語》、陳繹曾《詩譜》等書，根據內容，歸納排比分類，各冠以清晰的條目名稱，其與梁橋《冰川詩式》的作法近似，但較之簡練明確。至如茅一相《欣賞詩法》著重將詩法與鑑賞互通補益，李贄《騷壇千金訣》也因祕本的珍貴，特以「千金訣」名書。所以，詩法彙編的編刊與分類，均日見修正與改良，在書籍命名上也標榜詩法的珍祕性，以吸引讀者的興趣。

其三，詩法、詩式、詩格因為多數篇幅短小，在宋代即以「叢書」方式刊行，如南宋陳應行所輯《吟窗雜錄》今猶可見。明萬曆、天啟間胡文煥編刊《格致叢書》，其中「評詩」的部分，即據《吟窗雜錄》再以整編成《詩法統宗》刊行（詳見本論文下編《詩法統宗》條的論述）。將詩格等以「叢書」的方式刊行，較能保存書籍內容的完整，到清代又結合前述明成化、弘治間興起的「詩話叢書」，將詩格與詩話等同起來，共同以詩話叢書的方式刊行，從而取代了「彙編」的編刊形式。所以，《詩法家數》、《木天禁語》、《詩學禁臠》等在明代稱為「祕本」的詩法詩式詩格之類作品，經過叢書編纂者的擇選，後來是被清人何文煥編入《歷代詩話》，以「詩話叢書」的形式，完整的加以刊行，這也是《詩法家數》、《木天禁語》、《詩學禁臠》等書流傳至今最通行的本子。這種「詩話叢書」的編刊風氣，一直延續到民國以後，如臺灣的廣文書局，自民國六十年以來不斷整編歷代詩話，搜求善本，印行《古今詩話叢編》、《古今詩話續編》等即為顯例。

名賢詩評

二十卷，俞允文（1513～1579）纂輯，存。

俞允文，字仲蔚，江蘇崑山人。據《明人傳記資料索引》，其生於正德八年（1513），卒於萬曆七年（1579），年六十七。俞允文少從師受經生業，然好為古文詞，多讀六朝以前書，年未四十，謝去諸生，專力詩文書法，與王世貞友善。論詩則對李攀龍之說深致不滿。王世貞將其與盧柟、李先芳、吳維岳、區大任列為「廣五子」。著有《仲蔚集》。事蹟見《吳郡人物志》〈俞允文傳〉、《明書》卷一八四本傳、《明史》卷二八八、《明史稿》列傳一六四附載王穉登傳中等。

《千頃堂書目》卷三二〈文史類〉、《明史藝文志》、《欽定文獻通考經籍

考》均著錄俞允文《名賢詩評》二十卷；《澹生堂書目》卷十四〈詩評類〉著錄是書爲十冊、二十卷；《脈望館書目》〈詩話類〉著錄是書爲二本；光緒六年刊《崑新兩縣續修合志》卷四十九〈著述目上〉則著錄是書爲十二卷；《販書偶記續編》所著錄之本，無刻書年月，但推測約爲萬曆年間刊本。

　　是書有明古吳俞氏原刊本，國家圖書館藏，廣文書局影入《古今詩話續編》發行。又有明萬曆間刊本，國家圖書館藏；日本寬文九年（康熙八年，1669）刊本，臺灣大學文學院圖書館藏。《中國版刻綜錄》則著錄明萬曆四十一年（1613）崔苔軒刊本；《西諦書目》、《北京圖書館古籍善本書目》著錄有明刊本，但不知與臺灣可見之本是否相同。

　　古吳俞氏原刊本前有俞允文〈名賢詩評序〉，謂：「古今譚藝者，無慮數十家，甲是乙不，此瑕彼瑜，共存稱賞，互有彈射，而持論卒無定。不佞取諸說之異同而折衷之，編次成帙，凡二十卷，題曰『名賢詩評』」，爲是書纂輯之由來。卷前又有〈凡例〉，說明是書纂輯之體例，大抵以詩人的時代先後爲次序，先敘詩人生平，次錄詩話之通論該詩人者，次錄該詩人的代表性詩作，再次則著錄詩話中關於個別詩作的評論。乃以詩隸人，又以詩話隸詩的體例。

　　是書所著錄的詩作，係採輯自漢魏以迄宋代的著名詩家代表作，所輯錄的詩話與詩論，則遍及六朝以迄宋、明的名家之作。如果同一首詩，諸家的褒貶不一，則「人不一評，評不一語」加以並載，以提供識詩者自己賞鑑。是書的最大任務，在於上下千載的見出聲律之變以及文章之高下，所以俞允文以「變」爲著眼點，將詩歌的演變分爲三個階段，強調：「古今詩凡三變，自漢魏以上爲一等；自晉宋間、顏謝以後，下及唐初，爲一等；自沈宋以後，定著律詩，下及於宋，爲一等。然唐以前爲詩者，固有高下，而法猶未變，至律詩出，而後詩之法皆大變，無復古人之風矣。茲始於漢，迄於宋，見文章與時高下云」。

　　是書的纂輯，其唐、宋詩部分，多採輯宋人蔡正孫《詩林廣記》之語，許學夷《詩源辨體》謂：「《詩林廣記》，撮要所編唐宋諸人而外，冠以淵明，每人先輯諸家評論，係之以詩，中亦多紀事，間雜他議論，亦猶宋人詩話耳。且初唐王、楊、盧、駱、陳、杜、沈及盛唐高、岑諸公皆不及之，而晚唐杜荀鶴、薛能、王駕、王播反多采錄，其淺陋不足辯矣。俞仲蔚復稍損益，加

以漢、魏、六朝，題曰『名賢詩評』，以爲己書，正可謂鈍賊耳」。〔註9〕而查考《名賢詩評》，卷五著錄謝玄暉、鮑照、梁武帝等六朝詩家，卷六則直接輯選杜甫的詩作，中間並無任何初唐詩家的入錄，而晚唐則杜荀鶴等皆有輯錄。這樣的輯錄方式，晚唐詩家之入錄尚無可議，倒是初唐詩家之詩未能選入，就此書察見古今詩歌之變的編纂宗旨而言，確實是一個缺憾，俞允文居然「失察」，難怪許學夷許之爲「鈍賊」。

說詩

三卷，譚浚著，存。

譚浚，字允原，江西南豐人，生平不詳。是書有明萬曆七年（1579）序刊之《譚氏集》本，藏於北京大學圖書館，收入《全明詩話》。此書臺灣未見，據周維德《全明詩話》所錄，是書分上中下三卷，內容爲：

卷上：總辨、得式、失式、經體、時論四類。乃總述詩歌價值、作用、風格、抒情、命意等。

卷中：分時論、章句、對偶、聲韻、詞義、名目、題目七類。乃綜述詩歌分類、對仗、押韻、體式等。

卷下：分世代、編集、雜錄、人物四類。乃綜論詩歌流變，品評歷代詩歌選集及歷代詩人。

書前有譚浚〈說詩序〉，追溯詩歌起源，以儒家詩教爲宗，強調「夫詩者，道德之宗，中和之致。於以養其性情，定其心志，正其聲音，端其文詞，實風化之門也。」故其論詩主張取法聖人，「端詞以成其文，正聲以合其音，節情以適其志，因心以全其性。」而此書以「說詩」爲名，撰著意旨在於「說者，說也。說詩而解頤，說心而研慮，得其說者，知其本也。何四始六義之說乎？猶述百家之說爲篇者，欲以愼其始也，義在其中矣。」

譚浚論詩本於儒家詩觀，兼融性情，以溫柔敦厚、含蓄蘊藉爲美，對於詩道予以推尊。是書卷上〈總辨・統說〉謂：「夫詩，所以道達心志，發揮性情，和順道德，判天地之義，稱神明之容，析萬物之理，會古今之典，通時代之宜也。」因爲詩道會通諸方，故所著《說詩》雖自謂「解頤」、「研慮」，實則不可小覷。因而是書大至論述詩歌價值、作用、情性抒發、命意

〔註9〕《詩源辨體》（人民文學出版社 1987 年校點本），卷35，頁338。

等，小至說明創作技巧，無不關注，也透過品評歷代詩集及詩人，突顯詩
道的去取。

欣賞詩法

一卷，茅一相纂輯，存。

茅一相，字國佐，號泰峰，浙江吳興人。生平不詳，同治十三年（1874）
《湖州府志》卷五九〈藝文略四〉引《湖錄》有簡單的記載，謂茅一相慕韓
康伯之為人，因又號康伯，以例為光祿寺丞。

是書題為「欣賞詩法」，係以刊入叢書《欣賞編》而得名，又稱「詩法」。
《晁氏寶文堂書目》中卷〈子雜類〉著錄《欣賞編》，然晁瑮於嘉靖三十九年
（1560）卒，其所著錄者應為嘉靖以前的圖書，故此《欣賞編》應為正德六
年（1511）由沈津所輯之《欣賞編》原刊本，〔註10〕此本並未收入《欣賞詩
法》。

茅一相於萬曆年間，重訂沈津所輯的《欣賞編》，並附上續輯的《續編》，
其中就收錄所輯《詩法》一卷。所以，《紅雨樓書目》〈詩話類〉著錄「茅一
相集詩話一卷」；《販書偶記續編》則著錄：「《欣賞詩法》一卷，明吳興茅一
相撰，萬曆庚辰（八年，1580）刊」。是書今可見者即為明萬曆八年（1580）
刊《欣賞編》附《續編》本，國家圖書館、北京圖書館均有收藏，也收入《全
明詩話》。

是書為詩話的彙編，但其在纂輯方法上有兩個特點：一為以「欣賞」為
角度，作為是書纂輯詩法的標準，使著錄有重心，讀者易於研讀掌握。一為
將所纂輯之前人詩說加以歸納重點，重新加上標題，以明確指示創作方法。
以下分別論述：

其一，是書以「欣賞」為角度來談詩法，故所標舉的詩法，不僅具有創
作取法的意義，亦重在賞鑑。故卷前王逸民〈詩法序〉，申說詩歌為何重賞鑑，
與賞鑑之難，有謂：

> 夫有物必有則，則，法也，詩何獨無法哉？法至于三百篇備矣，顧
> 誦之者狃以為布帛菽粟，不解賞也。蓋人以其精蘊發之詩，比之而
> 成聲，融之而成色，擬議之以成變化，其妙至于動天地、泣鬼神，

〔註10〕正德六年（1511）沈津所編刊的《欣賞編》，國家圖書館及中研院傅斯年圖書
館均有收藏。

> 而其深至入于人之心，使人欣然忘其憂，而或廢其寢食，則詩之趣，
> 故難與俗人言矣，渠易賞耶？不佞往讀鍾嶸《詩品》，每嘆其知音，
> 謂足繩子期之武。及汎瀾宋人詩話，則未嘗不掩口胡盧也，如嚴滄
> 浪者，蓋十不得一焉。始益信作法之難，而賞者尤寥寥矣。

其說著重推闡詩對於心靈的作用，足以使人忘憂、廢寢食，但這樣的讀詩趣味，並不是每個人都能體會，足見「賞」之不易。其又將「益信作法之難，而賞者尤寥寥」的看法，貫注到明代，以爲明代論詩歌作法及賞鑑者，以「李獻吉爲之冠，昌穀《談藝錄》其波之餘乎？又莫盛于今，而王元美爲之冠，元美既以蓋代之才，爲一世楷模，而又不靳其藏，爲之口抉其秘，而《卮言》日出，則言之膾炙人口，而詩之風翕然隨以變，無惑也」。茅一相就在這樣的理念之下，采集唐宋及當世諸家語之要者，合爲《欣賞詩法》，後又得皇甫汸《解頤新語》，也附於卷末，此爲是書成書之大概。

其二，是書將所纂輯之前人詩說歸納重點，重新加上標題，以「口訣」的形式，明確指示創作與欣賞法則，此乃便利讀者的纂輯策略。茅一相所加的標題相當獨特，如開宗明義第一則詩話題爲：「詩有一源」，引的是徐禎卿「因情以發氣，因氣以成聲，因聲而繪詞，因詞而定韻，此詩之源也」的說法。而是書王逸民序所說：「人以其精蘊發之詩，比之而成聲，融之而成色，擬議之以成變化」，亦是從徐禎卿之說而來。

又如第二則詩話，標題爲「詩有二廢」，引的是釋皎然「雖欲廢巧尚直，而神思不得直；雖欲廢言尚意，而典麗不得遺」之說。這個標題下得不夠明確，因爲詩之「二廢」，雖言「廢」而實未廢，皎然以詩歌的命意、詞藻爲角度，主張寫詩純任自然，不刻意廢巧，也不勉強廢言。此說如果延伸到詩歌的賞鑑上，則讀者應該捕捉詩歌對心靈的觸發，不可偏廢詩歌的巧妙命意與典麗文采，所以也是雖言「廢」而實不廢。

又如第三則詩話，標題爲「詩有三體」，引錄白居易「有竅，有骨，有髓」。竅就是詩歌的聲律，骨是詩歌的物象，髓是詩歌的意格，這是創作致力之處，也是進行詩歌賞鑑的審視重點。

其後依序爲「詩有四深」，引的是釋皎然的「氣象氛氳深於體勢，意度槃薄深於作用，用律不滯深於聲對，用事不直深於義類」。「詩有五忌」引的是白居易「格弱則詩不老，字俗則詩不清，才浮則詩不雅，意短則詩不深，意雜則詩不純」。「詩有六義」，引楊仲弘「曰雄渾，曰悲壯，曰平淡，曰蒼古，

曰沉著痛快，曰優游不迫」。「詩有七戒」，引楊仲弘「曰差錯不貫串，曰直置不宛轉，曰妄誕不切實，曰綺靡不典重，曰蹈襲不識使，曰穢濁不清新，曰砌合不純粹」。「詩有八妙」，引錄徐禎卿「朦朧萌折，情之來也；汪洋曼衍，情之沛也；連翩絡屬，情之一也；馳軼步驟，氣之達也；簡練揣摩，思之約也；頡頏縈貫，韻之齊也；混純貞粹，質之檢也；明雋清圓，詞之藻也」。「詩有九準」，引楊仲弘「立意要高古渾厚，有氣概，忌卑弱淺陋」等談到詩歌立意、鍊句、琢對、寫景、寫意、書事、用事、下字、押韻的準繩。「詩有十悟」，引徐禎卿「或鈎旨以植姦，或宏文以盡心，或緩發如朱絃」。

　　以上從「詩有一源」到「詩有十悟」，標舉詩歌創作上的十個法門，也是詩歌鑑賞上的十個重點，是此書立論重心。各個法門都來自前賢言論，猶如請他們加持、背書，而歸納諸說編成口訣形式，則有利樹立鮮明旗幟、方便傳播。其後的篇章則輯錄嚴羽《滄浪詩話》的〈詩體〉、〈詩名〉、〈詩派〉；楊仲弘《詩法》中的〈律法〉；王世貞《藝苑卮言》的〈詩評〉、〈詩訣〉及皇甫汸《解頤新語》的〈敘論〉、〈考證〉、〈詮藻〉部分，與一般的詩法彙編無別。

　　是書羅列詩法，亦側重於欣賞，所以特別強調心靈在詩歌創作與鑑賞上的作用，使其說接近性靈的色彩，這是茅一相詩學觀念的反映，他在是書的卷前即云：

> 大抵求於古者，必法于今；求于今者，必失於古。故學者欲疏鑿情塵，淘汰氣質，力驅迷妄，獨反清真，必須明徹古人意格聲律，而神境事物，邂逅鬱折，無不了了于胸中，隨意唱出，自然超絕。不然，苟且經營，必墮凡陋；刻意創作，終乏天成。妙在著述之多而極養之深耳。

茅一相這段話，反應其處於復古派漸趨沒落、文學觀念不得不更新的時代趨勢下，在復古格調與性靈間所作的權衡與融會。他強調以「明徹古人意格聲律」為基礎，加深詩學的涵養，然後書寫情與境的自然觸動：「神境事物，邂逅鬱折，無不了了于胸中，隨意唱出」，這樣所作的詩歌「自然超絕」。〔註11〕

〔註11〕茅一相對「自然超絕」的追求、推重，與王世貞《藝苑卮言》對「自然」的講求（見本論文王世貞《藝苑卮言》條的論述），是一致的，顯示格調詩派從事復古的根本理想與努力的方向。茅一相則引錄元人范德機《木天禁語》的家數圖表，顯示刻意復古、苟且經營，會產生的流弊，如《三百篇》的「思無邪」，學者不察而失於「意見」；《離騷》的「激烈憤怨」，學者不察而失於「哀傷」；《選詩》的「婉曲委順」，學者不察而失於「柔弱」；杜甫的「沉雄厚壯」，學

而所言「明徹古人意格聲律」，又配以一幅「詩學淵源之圖」，明確的指出詩体的淵源，以作爲學習古人的標的：

```
          三
          百
          篇

黃 李 古 楚 樂 蘇 建
初 陵 詩 詞 府 武 安

陶 鮑 左 潘 劉 阮 二 郭 三
潛 照 思 岳 琨 籍 陸 璞 謝

          杜
          甫
```

這幅圖引錄自楊載《詩法家數》的「總論」，說明詩體由「三百篇」下及「楚詞」、「樂府」、「古詩十九首」、「蘇武」、「李陵」、「建安」、「黃初」，這是楊載眼中的「詩之祖」。而《文選》所錄劉琨、阮籍、潘、陸、左、郭、鮑、謝諸詩，及陶淵明全集，是楊載所謂「詩之宗」。至於最後一層的杜甫，則是「集詩之大成」的意思。

這幅圖呈現「詩之祖」、「詩之宗」、「詩之大成」，事實上正是格調詩家所強調的「向上學習」，故被取爲復古詩家的學習標的。所以，《欣賞詩法》的纂輯，在詩法上以復古格調與性靈互相駕御涵融，在詩歌的賞鑑上卻強調心靈的作用，推崇「自然超絕」的作品與詩作境界，二者涵融巧妙，並不會詆牾矛盾，實將格調詩說往性靈說方向過渡。

選詩評議

一卷，馮惟訥（1512～1572）纂輯，存。

馮惟訥，字汝言，山東臨朐人。生於正德七年（1512），卒於隆慶六年（1572）。幼穎敏絕人，據余繼登〈馮公惟訥墓志〉，馮惟訥領嘉靖十三年（1534）

者不察而失於「麤硬」等等。強調學者要以明徹古人意格聲律爲基礎，加深詩學涵養，書寫神與境會，了然胸中，隨意唱出，自然超絕的作品。

鄉薦，嘉靖十七年（1538）中進士，歷官宜興縣令、河南右參議、浙江提學副使、山西右參政及左布政使等職，特進光祿寺卿致仕。著有《馮光祿集》、《風雅廣逸》、《文獻通考纂要》，編有《詩紀》。其中，《詩紀》在明代晚期具有極大的影響力，馮舒特別為之撰《詩紀匡謬》，卷前引言有謂：「今天下之誦詩者何知？知《刪》而已矣，《歸》而已矣，為《刪》為《歸》者又何知？知《紀》而已矣」，從「反面」說明了李攀龍《詩刪》與鍾惺、譚元春《詩歸》的風行，以及《詩紀》的影響。

　　是書有萬曆九年（1581）沈思孝序刊本，國家圖書館藏，《選詩約注》八卷，《評議》為一卷。「選詩」即梁昭明太子《文選》之詩，原有「六臣註」，然頗為繁瑣，沈思孝〈選詩約註序〉謂：「選詩未經約註，非濫則複疇，引之迺馮公始其事」，朱多煃寫於隆慶四年（1570）的〈選詩約註序〉則謂是書：「審該辨複，次理出迂，博而能約，約而無漏，光昭明之未備，成二註之折中」，又云：

　　　凡詩之次統於人，人傳其略，詩采其品，為卷七而補遺一。始嘉靖
　　　庚子，成隆慶庚午，閱三十年，良亦勤矣。

是故此書始撰於嘉靖十九年（1540），完成於隆慶四年（1570），乃辨析約取《文選》前註，加入己註，以及時賢如王世貞等的詩論。《選詩評議》則附於《約註》之前，輯錄前人對於選詩的評語與意見，包括鍾嶸《詩品》、《文心雕龍》、《詩譜》、徐禎卿《談藝錄》、《唐子西語錄》、敖陶孫《詩評》、楊慎《丹鉛餘錄》及「朱文公曰」、「蔡寬夫曰」等，大抵為習見之資料。

　　由於「選詩」一詞兼指五言古詩，時代主要是漢魏齊梁，所以《評議》所輯有專論《文選》之詩，如《詩譜》〔註12〕云：「凡讀《文選》詩分三節，東都以上主情；建安以下主意；三謝以下主辭」之類。也有泛論漢魏五言古詩兼及作法，如所引《談藝錄》「詩貴先合度而後工拙」、「夫詞士輕偷，詩人忠厚，不妨漢魏，古意猶存」〔註13〕諸條。《選詩評議》提供讀者一個了解前人評論《文選》的簡便管道，作為研讀《選詩約註》的基礎。但因為「簡便」，所以纂錄得並不十分嚴謹，各條目的著錄亦未依照時間順序，看似聊備一格而已。

〔註12〕此處《詩譜》不著作者，疑為朱權所著之《詩譜》。
〔註13〕是書所引《談藝錄》語「不妨漢魏」，應為「上訪漢魏」。

杜詩擷

四卷，唐元竑著，存。

唐元竑，字遠生，浙江烏程人，萬曆十六年（1588）舉人，明亡不食死，論者以首陽餓夫比之。著有《琪園集》、《薪樗集》、《篋中集》等，事蹟見清同治十三年（1874）修《湖州府志》〈人物傳〉。

是書《明史藝文志補編》、《欽定續文獻通考經籍考》著錄有清初刊本，周維德教授謂浙江吳興（按，應爲天一閣）藏有清初刻本，筆者未見。此書另見清同治十三年（1874）修《湖州府志》卷五九〈藝文略四〉及清光緒十三年（1887）修《桐鄉縣志》卷一九〈藝文志〉著錄，然未註明刊本。臺灣國家圖書館則藏有舊鈔本，大通書局並於一九七四年影入《杜詩叢刊》第三輯發行，此外亦有《四庫全書》本，是故此書流傳頗廣。

《四庫全書》收錄此書於〈別集類〉，並置之於《集千家註杜詩》（闕名）及《杜詩詳註》（仇兆鰲）之間。是書實乃唐元竑讀杜詩之筆記，分條立論，每一條品論一首詩，只錄詩名，並未引錄全詩。如第一卷第一則論〈望嶽詩〉：

> 〈望嶽詩〉，「岱宗夫如何」，想像語也，心已馳絕頂矣。「青未了」謂望止一面，故以起結呼應，解者失之。〈歸雁詩〉「望盡似猶見」，更鍊之，則曰「決眥入飛鳥」，亦猶獨鳥怪人看，更鍊之，則曰「鳥窺新捲簾」，彼此相較，即知火候矣，所謂剝一層深一層也。

可見是書既無引詩，更非逐字句的箋註。如上引之例，由〈望嶽詩〉而更言杜詩中其他「望」詩的書寫，一層高過一層，以見杜詩的精鍊，這是相當好的詩歌評品，筆者以爲此書不當入「別集」，反而更接近於詩話，周采泉《杜集書錄》〔註14〕也謂其書體例如黃山谷《杜詩箋》，應爲詩話類也。

《四庫全書總目》卷一四九〈別集類二〉云：「是編乃其讀杜詩時所箚記，所閱蓋千家註本，其中附載劉辰翁評，故多駁正辰翁語。自宋人倡詩史之說，而箋杜詩者遂以劉昫、宋祁二書據爲稿本，一字一句，務使與紀傳相符。夫忠君愛國之心，感事憂時風人之旨，杜詩所以高於諸家者，固在於是，然集中根本不過數十首耳。詠月而以爲比肅宗，詠螢而以爲比李輔國，則詩家無景物矣；謂紈絝下服比小人，謂儒冠上服比君子，則詩家無字句矣。元竑所論雖未必全得杜意，而刊除附會，涵泳性情，頗能會於意言之外。其中

〔註14〕周采泉《杜集書錄》（上海：上海古籍出版社，1986年）。

如「白鷗沒浩蕩」句，必抑蘇軾而申宋敏求；「宛馬總肥秦苜蓿」句，正用漢武帝離宮種苜蓿事，而執誤本春苜蓿事，以為不對漢嫖姚」；又往往喜言詩讖，尤屬不經，然大旨合者為多，勝舊註之穿鑿遠矣」。以《總目》所言公道，故悉錄其文，以見是書之特點。葉嘉瑩《杜甫秋興八首集說》言及此書云：「舊鈔本卷首題明烏程唐孝廉杜詩　劍舟居士校閱，無序跋。（按此書亦不註字句，至於評述尚有可取）」。〔註15〕國家圖書館所藏鈔本卷首則為「明吳興唐元竑」字樣，亦無序跋，則所謂「舊鈔本」至少有二本以上。

揮麈詩話

一卷，王兆雲纂輯，存。

王兆雲，字元禎，號赤岡，湖北麻城人。據民國二十四年鉛印《麻城縣志前編》卷九〈耆舊·文學類〉引舊志云：「王兆雲，號赤岡，嗜書，築樓名『垂雲』藏之，交遊悉江左名士，著有《王氏雜記》八卷、《明詞林人物考》十二卷、《驚座新書》八卷、《王氏青箱錄》十二卷、《烏衣佳話》八卷」，而《王氏雜記》、《明詞林人物考》均為《四庫全書總目》所著錄。其中卷一四四〈小說家類存目二〉「王氏雜記」條謂是書十四卷，並云：「是編凡《湖海搜奇》二卷、《揮麈新談》二卷、《白醉璅言》二卷、《說圃識餘》二卷、《漱石閒談》二卷、《烏衣佳話》四卷，皆雜記新異之事，本各自為書，後人裒為一帙」，《王氏雜記》當中有《揮麈新談》一書，則王兆雲有以「揮麈」作為書名之例，惟詩話未見《四庫全書總目》著錄。

至於《明詞林人物考》一書，則仿《昭明文選》之例，上起洪武，下迄萬曆，著錄有明一代文士之生平事蹟與作品，共四百六十七人。因是書所錄明人只及於萬曆，故王兆雲應為萬曆年間之人。而《揮麈詩話》「吳明卿贈詩」條，有謂：「甲申夏，余至姑蘇」等語，「甲申」為萬曆十二年（1584），則其為萬曆間人無誤。

是書見《八千卷樓書目》著錄謂：「一卷，《硯雪甲乙編》本」。按，「硯雪」應為「硯雲」，書名著錄有誤字。此《硯雲甲乙編》為清乾隆四十三年（1778）金氏硯雲書屋所刊，此本影入《申報館叢書續集》之〈紀麗類〉，臺灣新文豐圖書公司影入《叢書集成新編》發行，又收入《全明詩話》，為今可見流傳最

廣的版本。此外，是書有明治二十五至三十年間排印《螢雪軒叢書》本，此本弘道文化事業公司民國六十年影入《詩話叢刊》，及民國間商務印書館《叢書集成初編》本。

是書共計三十九條，卷前下署「麻城王兆雲元禎輯」。輯錄的內容以文人逸詩軼事為主，尤「孜孜搜討」當代詩人的佳作軼聞，至於詩歌理論的說解闡釋則極少，此與其生平熱衷於搜羅時人生平著作，撰有《明詞林人物考》等多種傳記、雜記有關。

是書之搜採，頗有輯佚及補益詩家紀事的功能。如「楊升庵逸詞」條，著錄楊慎題於妓家的逸詞五闋；「空同諸公詞」條，著錄李夢陽小詞〈如夢令〉兩闋，皆其集中未載者。「沈石田遺詩」條，輯得其〈送客〉、〈題老少年〉二詩等。然如「王建宮詞補訛」條，著錄由趙與時（趙德行）《賓退錄》中所輯王建〈宮詞〉十首，並指出時下所刻《宮詞》，多混入張籍、白居易、杜牧等人的作品，此說朱承爵《存餘堂詩話》已先言之，且亦徵引《賓退錄》所述王建遺詩七首，故此條詩話並非王兆雲之新見。是書亦兼及當時不同身份的人物事蹟及作品，如詩僧慧空、隱士王蛻巖等，〔註16〕使著錄較為多元、豐富。

此外，書中「讀書為文二說」條引錄魏李談之云：「吾好讀書，不求身後之名，但異見異聞，心之所願，是以孜孜搜討，欲罷不能，豈為聲名苦七尺軀也？」及祖瑩之說：「文章須自出機軸，成一家風骨，何能共人生活也？」而謂：「誦茲二說，實獲我心」。可見其好奇趨異的文學觀點，視蒐羅異聞異事為志業，對於自出機杼的作品尤深所致意。

藝圃擷餘

一卷，王世懋（1536～1588）著，存。

王世懋，字敬美，號麟洲，別號牆東生，江蘇太倉人。王世貞《弇州山人續稿》卷一四○〈亡弟中順大夫太常寺少卿敬美行狀〉謂其生於嘉靖十五年（1536），嘉靖三十八年（1559）舉進士，歷官南京禮部主事、尚寶寺丞、江西參議、陝西副使、福建副使等，累官至南太常少卿，其好學善詩文，晚年治一園圃，悉搆閩嶺奇卉及牡丹、芍藥、蓮、菊之異名者藝之，作《學圃

〔註16〕是書著錄王蛻巖的〈百別詩〉，以為深識死生之理，蛻巖即王埜，著有《蛻巖詩話》，見本論文下編「蛻巖詩話」條。

雜疏》，謂兒輩「吾他無所溺，汝異日日致一花供我目，足矣」，其卒於萬曆十六年（1588），年五十三。著有《閩部疏》、《三郡圖說》、《窺天外乘》、《二酉委談》、《王奉常集》等。事蹟另見《本朝分省人物考》卷三四、《詞林人物考》卷十〈王敬美〉、《明史》卷二八七、《列朝詩集小傳》丁集卷上、《明詩紀事》己籤卷七等，而《明書》卷一四七〈王世懋傳〉謂其「登嘉靖十四年進士」，有誤。

　　《藝圃擷餘》見《澹生堂書目》卷十四〈文式文評類〉著錄，有《王奉常雜著》本。《紅雨樓書目》〈詩話類〉、《千頃堂書目》卷三二〈文史類〉、《明史藝文志》、《欽定文獻通考經籍考》均著錄此書一卷。《邵亭知見傳本書目》著錄此書有《歷代詩話》本、《學海》本。《八千卷樓書目》則著錄此書有《歷代詩話》本、《學海類編》本、《廣百川》本。《棟亭書目》著錄此書又名「王麟洲詩話」，謂：「《王麟洲詩話》，明吳郡王世懋著，一卷，即《藝苑擷餘》」。此外，周子文《藝藪談宗》、《古今圖書集成》均收錄此書。

　　是書成於王世懋晚年，有明萬曆十三年（1585）沔陽陳文燭序刊本，此本今未見。《寶顏堂祕集・普集》本《藝圃擷餘》卷前保留此序，序謂：「竊謂《巵言》所紀，如長江大河，無所不有，茲編所載，如中泠惠泉，尤足快意，高言絕識，真足羽翼迪功云」。

　　又有明萬曆間分刊彙印《王敬美所著書》本，筆者未見。明泰昌元年（1620）繡水沈氏刊《寶顏堂祕笈・普集》，收有《藝圃擷餘》一卷，此本有民國十一年上海文明書局石印本，新文豐圖書公司並影入《叢書集成新編》發行。

　　又有明末刊《廣百川學海》本，此本收入《全明詩話》發行。及明末刊《古今詩話》本；《王奉常雜著》本；清順治《說郛》續卷本；清乾隆《四庫全書》本，臺灣商務印書館有影本；清乾隆三十五年刊《歷代詩話》本，此本有文寶公司石印本、醫學書局石印本，藝文印書館、新興書局有影本發行，北京中華書局則有校點本。

　　又有日本享保十一年（1726）《合刻三家詩話》本；清乾隆嘉慶間刊《詩觸》本；清道光十一年（1831）六安晁氏刊《學海類編》本；清道光二十五年（1845）竹西鋤蕾館刊《婁東雜著・續刊》本；清光緒十一年（1885）長沙玉尺山房刊《談藝珠叢》本；《古今文藝叢書・第一集》本；民國間商務印書館《叢書集成初編》本；明治二十五至三十年間排印《螢雪軒叢書》本，

弘道文化事業公司民國六十年影入《詩話叢刊》發行。

　　王世懋的詩學特色,學界以爲係格調詩說的轉變者,幾乎已成定論。如郭紹虞《中國文學批評史》頁六四一引《藝圃擷餘》謂「作古詩先須辨體」,以爲「小詩欲作王、韋,長篇欲作老杜,便應全用其體,第不可羊質虎皮,虎頭蛇尾」,此即清人王士禎稱引其語時所謂「錦則全體皆錦,布則全體皆布」的比喻,亦是其所謂「五言感興宜阮、陳,山水閑適宜王韋,亂離行役、鋪張敍述宜老杜」之旨(見《池北偶談》卷十二),這些主張在格調與神韻二派是並不衝突的,所以郭紹虞謂:「明此關係,然後知道他一方面有些反對格調,而一方面又推崇二李,原不爲矛盾自陷。許印芳《詩法萃編》中跋《藝圃擷餘》,以爲類此處宜分別觀之,殊誤。我以爲類此處正宜綜合觀之,纔可見出他是格調說的轉變者。翁方綱謂神韻即格調,並且說:『吾謂神韻即格調者,特專就漁洋之承接李、何、王、李而言之耳』」。〔註17〕郭紹虞引翁方綱的說法,並指出「正宜綜合觀之,纔可見出他是格調說的轉變者」,是相當正確的。

　　又如袁震宇、劉明今《明代文學批評史》以之與胡應麟《詩藪》比較:「胡應麟也是有鑑於格調膚廓剽竊的流弊,提出以興象風神爲體格聲調的補充,但他並未拋卻格調,而是主張由格調以求風神,故只是格調說的修正者。王世懋則不同,他提出當本才學性情寫詩,『且莫理論格調』,又主張『詩不惟體,顧取諸性情如何耳』。這便打破了體格聲調的框框,已不再是格調說了。這也是王世懋和胡應麟二人論詩的主要分歧所在」。〔註18〕是書的特色與價值主要即在此,前人已備言矣。此處再拈出書中最引人注意的一條詩話云:

> 今世五尺之童,纔拈聲律,便能薄棄晚唐,自傅初、盛,有稱大曆
> 以下,色便赧然。然使誦其詩,果爲初邪、盛邪、中邪、晚邪?大
> 都取法固當上宗,論詩亦莫輕道。詩必自運,而後可以辨體;詩必
> 成家,而後可以言格。晚唐詩人如溫庭筠之才,許渾之致,見豈五
> 尺之童下,直風會使然耳。覽者悲其衰運可也。故予謂今之作者,
> 但須眞才實學。本性求情,且莫理論格調。

此說除了指出格調說末流的流弊之外,其「詩必自運,而後可以辨體;詩必成家,而後可以言格」也是一大修正,且其「辨體」、「言格」觀念,也較前輩復古詩家更加彈性,特別是指出「逗」的觀念,解決了宗主盛唐但不爲盛

〔註17〕　《復初齋文集》,卷8,〈格調論上、神韻論下〉,
〔註18〕　《明代文學批評史》,頁302。

唐所局限的問題，也把格調的辨體說解得較爲圓融，其云：

> 唐律由初而盛，由盛而中，由中而晚，時代聲調故自不必同，然亦
> 有初而逗盛，盛而逗中，中而逗晚者，何則？逗者變之漸也，非逗
> 故無緣變。

「逗」是矯正格調說過於執守以時代畫分體製的弊病，強調「變」並非絕對，「變」的演化是漸進的，而「逗」就是變的漸進，如此便可以解釋初唐人作詩有可以比於盛唐者，盛唐之詩又不盡爲盛唐，有漸入於中、晚者，都是因爲「逗」的關係，沒有這種逐漸的轉變，就不會有變。所以其云：「子美全集，半是大曆以後，其間逗漏，實有可言」，以杜甫的詩無所不有，最容易看出「逗」的跡象，而大曆十才子其間豈無盛唐之句？王世懋以爲「蓋聲氣猶未相隔也。學者固當嚴于格調，然必謂盛唐人無一語落中，中唐人無一語入盛，則亦固哉斯其言詩矣」，此段詩話將格調說演繹、修正得相當出色。

　　不過，就時代的演變固然要深明「逗」與「變」的微妙關係，不可拘泥於時代的絕對畫分，但對各別詩體「本色」的講求，王世懋仍有其堅持，如謂：

> 晚唐詩，萎薾無足言。獨七言絕句，膾炙人口，其妙至欲勝盛唐。
> 愚謂絕句絕妙，正是晚唐未妙處，其勝盛唐，乃其所以不及盛唐也。
> 絕句之源，出於樂府，貴有風人之致，其聲可歌，其趣在有意無意
> 之間，使人莫可捉著。盛唐惟青蓮、龍標二家詣極，李更自然，故
> 居王上。晚唐快心露骨，便非本色。議論高處，逗宋詩之徑；聲調
> 卑處，開大石之門。

晚唐詩萎薾，但其七絕卻盛行一時，王世懋許以「其妙至欲勝盛唐」，「欲勝」正見晚唐七絕之不及盛唐，而不及的原因，在於晚唐七絕過於直露，沒有出乎「有意無意之間」的自然趣味，不符七絕含蓄可歌的「本色」，也成爲詩體轉變爲宋詩、詞曲的「逗」。

　　這個說法不但使其論詩涉於神韻，且其論李白七絕的「自然」，也與其兄論詩尚「自然」、重神與境會、重渾然無跡是一致的，這同時可見出復古詩論自徐禎卿以來，謝榛、王世貞、王世懋、胡應麟等人都不因講格調與詩法，而偏廢詩歌別有難以言喻美感的事實。也正因爲各種詩歌體製的書寫有其「本色」，不同詩人的創作手法有其高下，所以王世懋才能在識出「逗」與「變」的同時，又說「作古詩先須辨體」，強調明辨兩漢、建安、六朝、三謝、王、

韋、老杜等體製，學王、韋就應全用其體，學老杜就只寫其體，不可羊質虎皮、虎頭蛇尾，此即王世貞《藝苑卮言》所要求「四言詩須本風雅」、「漢魏之辭務尋古色」之意，所以王世懋論格調有其權變，也有其堅持。

詩藪

二十卷，胡應麟（1551～1602）著，存。

胡應麟，字元瑞，號少室山人，後因慕鄉人黃初平叱石成羊事，更號石羊生，浙江蘭谿人。生於嘉靖三十年（1551），少穎悟，萬曆四年（1576）舉於鄉，然數上公車不第，築「二酉山房」山中，購書四萬餘卷，手自編次。其以詩受知於王世貞，世貞置之於「末五子」之列，並爲作〈胡元瑞傳〉，此傳收錄於《弇州山人續稿》卷六十八。《四庫全書總目》卷一九七〈詩文評類存目〉「詩藪」條謂：「應麟雖仰承七子餘派，而記誦淹博，實在隆、萬諸家上，故所作蕪雜之內，尙具精華」。其卒於萬曆三十年（1602），年五十二。著有《少室山房類稿》、《少室山房筆叢》等，詩話作品有《詩藪》、《藝林學山》，周子文並輯《詩藪》中與明詩有關的評論，爲《少室山房詩評》，收錄於所纂輯《藝藪談宗》的卷六，有萬曆二十五年（1597）刊本。其生平另見吳晗〈胡應麟年譜〉。〔註19〕

是書多見諸家書目著錄，然卷數不一，《澹生堂書目》卷十四〈詩評類〉著錄「四冊十五卷」；《千頃堂書目》卷三二〈文史類〉、《明史藝文志》作二十卷；《欽定文獻通考經籍考》、《四庫全書總目》卷一九七〈詩文評類存目〉作十八卷；《八千卷樓書目》作「內篇六卷、外篇六卷、雜編六卷、續編二卷，日本刊本」；《玄賞齋書目》卷七〈詩話類〉則作「吳愿麟《詩藪》內外編」，且作者姓名有誤。

是書爲陸續撰寫刊刻，在王世懋所作〈序〉中，是書題名爲「詩測」，而王世懋卒於萬曆十六年（1588）。《少室山房類稿》卷一一一〈與王元美先生〉中提到隨信附有《詩藪》六卷。萬曆十七年（1589）《詩藪》的〈內編〉、〈外

〔註19〕 吳晗〈胡應麟年譜〉見《清華學報》，九卷一期，頁183～252，1933年12月。後出的胡應麟年譜多以此本爲據，近年台灣各大學中研所研究胡應麟的相關論文，亦有年譜的撰寫，於胡應麟生平資料多有發掘，如謝鶯興《胡應麟及其圖書目錄學研究》（東海大學中國文學研究所1991年碩士論文）即有〈胡應麟年譜〉。

編〉刊成，王世貞爲之作序。萬曆十八年（1590）則有汪道崑爲《詩藪》作序，他所看到的是《詩藪》三編。

是書寫成，共計四編二十卷，然有題作「二十卷」，有作「十八卷，續編二卷」，有作「內編六卷，外編六卷，雜編六卷，續編二卷」，實則無太大差異。臺灣可見者有明萬曆四十六年（1618）汪湛然金華刊《少室山房全稿》本，國家圖書館、故宮博物院圖書館等藏；明崇禎五年（1632）延陵吳國琦重刊《少室山房筆叢》本，國家圖書館藏，廣文書局將此本的《詩藪》部分影入《古今詩話續編》發行；又有同樣由吳國琦刊於崇禎五年的重刊《少室山房全集》本，國家圖書館藏；日本貞享三年（1686，清康熙二十五年）武村新兵衛刊本，國家圖書館、臺灣大學研究生圖書館藏；清光緒二十二年（1896）廣雅書局校刊本等。其後，中華書局上海編輯所一九五八年據日本貞享刊本出版校補標點本；上海古籍出版社一九七九年出版二十卷標點本，臺灣正生書局則有翻印排印本。此書也收入《全明詩話》〔註20〕。

蔡鎭楚《石竹山房詩話論稿》的〈明代詩話考述〉著錄是書另有明萬曆三十七年（1609）張養正刊本，書藏南京圖書館。然此條著錄的西元年代作「一五九九」，是萬曆二十七年，則此本是萬曆三十七年或二十七年所刊，無法論定。其又著錄是書有明刊本，天津師大圖書館、山西師人圖書館、吉林大學圖書館等藏，以及清鈔本，上海圖書館藏，筆者均未見。

是書各卷的內容配置情形，據廣文書局所影印崇禎五年（1632）《少室山房筆叢》本，其〈內編〉六卷，以體分卷，論述古、近體詩，包括雜言、五言、七言、樂府、律詩、絕句等；〈外編〉六卷，以時代爲序，評論自周以至元代的歷代詩歌；〈續編〉二卷，專論明初至嘉靖間的詩歌；〈雜編〉六卷較爲繁蕪，漫談遺逸的篇章、載籍及三國、五代、南度（南宋）、中州（金）的詩歌。內容豐富，且有其體系，時人多予肯定，如王世懋序其書即謂：

> 自鍾嶸《詩品》以來，譚藝者亡慮數百十家，前則嚴滄浪、徐迪功二錄，近則余兄《藝苑巵言》，最稱篤論。然嚴、徐精而未備，《巵言》備而不專，論詩若夫集諸家之長，窮眾體之變，敲宮扣角，兼總條貫，其在胡元瑞之《詩測》乎！

胡震亨《唐音癸籤》亦以：「吾嘗謂近代談詩，集大成者，無如胡元瑞」許

〔註20〕《詩藪》的刊刻情形較爲紛亂，可參考前註所引謝鶯興的碩士論文中〈胡應麟的著述考〉。

之，以為「吟人從此入，庶不誤歧嚮爾」。〔註21〕但，後人多以其奉王世貞《藝苑巵言》為律令，僅以追隨者視之。如朱彝尊《明詩綜》卷四十七謂：「《詩藪》一篇，專以羽翼《巵言》」；陳田《明詩紀事》己籤卷六按語有云：「元瑞著《詩藪》附和《巵言》，元美大激賞之，許傳詩統，謂後我作者，其在此子矣」。錢謙益《列朝詩集小傳》丁集上「胡舉人應麟」傳更以強烈的言辭加以批判：

> 著《詩藪》二十卷，自邃古迄昭代，下上揚扢，大祇奉元美《巵言》為律令，而敷衍其說，《巵言》所入則主之，所出則奴之。其大旨謂千古之詩，莫盛于有明李、何、李、王四家，四家之中，撈籠千古，總萃百家，則又盛于弇州。詩家之有弇州，證果位之如來也，集大成之尼父也。又從弇州而下，推及于敬美、明卿、伯玉之倫，以為人升堂而家入室，殆聖體貳之才，未可以更僕悉數也。元美初喜其貢諛也，姑為獎借，以媒引海內之附己者，晚年乃大悔悟，語及《詩藪》，輒掩耳不欲聞，而流傳僞謬，已不可回矣。

其並云：「何物元瑞，愚賤自專，高下在心，妍媸任目，要其指意，無關品藻，徒用攀附勝流，容悅貴顯，斯眞詞壇之行乞，藝苑之輿台也」。錢謙益的評論指出部分的事實，那就是《詩藪》〈續編〉二卷中，評論明初至嘉靖間詩人與詩作業績，的確有對復古派中間人物如李夢陽、何景明、李攀龍、王世貞、王世懋等過於推崇之處〔註22〕，但「高下」除了存在於評論者的心中，更存在於讀者的心中，隨著時間的推移，「高下」會有不同的論斷與顯現，所以不值得憂慮，倒是錢謙益所謂「流傳僞謬，已不可回矣」的感慨，以及對胡應麟其人其書的攻擊，可以見出《詩藪》在當世的流行程度與影響力，因為「沒有一個合格的思想家或作者會浪費時間來攻擊稻草人」〔註23〕。

〔註21〕 胡震亨《唐音癸籤》，卷32，頁275，謂：「胡《詩藪》自騷、雅、漢、魏、六朝、三唐、宋、元以迄今代，其體無所不程，其人無所不騭，其程且騭，亦無弗衷。唐詩，其論詩中之一也，而論定於是。元美才地高，書所腹也。即元瑞見地實（按此處原缺三字，據上海古籍出版社1981年版周本淳校點《唐音癸籤》補），書所目也。即元美亦稱其上下千古，周密無漏而刻深，成說詩一家言，此可徵矣。吾嘗謂近代談詩，集大成者，無如胡元瑞。其別出勝解者，惟鄭繼之（鄭善夫）老杜詩評可與劉辰翁諸家詩評並參。吟人從此入，庶不誤歧嚮爾」。

〔註22〕 胡應麟對李、何、李、二王的推揚情形，詳見本論文「少室山房詩評」條的相關論述。

〔註23〕 這句話很具形象的指出，反對某一種學說的激烈論調，往往是顯示著這種學

今人對《詩藪》的研究相當重視。有全面性探看，如鄭亞薇《胡應麟詩藪之研究》（政治大學中國文學研究所碩士論文，1977 年）、郭紹虞《中國文學批評史》（臺北：文史哲出版社，1982 年）、陳國球《胡應麟詩論研究》（香港：華風出版社，1986 年）及袁震宇、劉明今《明代文學批評史》（上海：上海古籍出版社，1991 年）、廖可斌《明代文學復古運動研究》（上海：上海古籍出版社，1994 年）。也有重點式探討，如金鍾吾《胡應麟的詩史觀與詩論研究》（臺灣師範大學國文研究所碩士論文，1985 年）著重於詩史觀的研究、簡錦松〈胡應麟《詩藪》的辨體論〉（《古典文學》第一集）著重談辨體觀念、張文勛〈胡應麟神韻說述評〉（《社會科學戰線》1990 年 1 期）著重於神韻說的分析、陳國球《唐詩的傳承——明代復古詩論研究》（臺北：臺灣學生書局，1990 年）著重對唐詩的看法。後人研究的角度很多，也顯見《詩藪》內容的豐富，而袁震宇等鳥瞰整個明代文學批評的成績，將此書許爲「格調說的集大成者」，則將胡震亨的「近代談詩，集大成者，無如胡元瑞」的看法加以修正，而將此書置於較爲適當的位置、給予較客觀的評價。

筆者以爲是書對於格調詩說的繼承與發揚，最值得注意的有二端：一是在創作理論上總結前人零散的詩學見解，並加以強化或修正。例如《詩藪》〈內編・古體上・雜言〉頁　　（廣文書局影印明崇禎五年刊本，下同）提出「體以代變，格以代降」的主張，以爲：「漢、魏、晉、宋、齊、梁、陳、隋，八代之階級森如也；枚、李、曹、劉、阮、陸、鮑、謝、江、何、沈、徐、庾、薛、盧，諸公之品第秩如也」，而階級、品第之清晰，正見出「其文日變而盛，而古意日衰也；其格日變而新，而前規日遠也」（《詩藪》〈外編二・六朝〉頁二），主張「文章自有體裁，凡爲某體，務須尋其本色，庶幾當行」（《詩藪》〈內編・古體上・雜言〉頁二十九）。此說與李東陽的「漢、魏、六朝、唐、宋、元詩，各自爲體」、「六朝、宋、元詩，就其佳者，亦各有興致，但非本色」之類說法是有所承繼的。他們都在辨體之外，提出「本色」，來代稱「入門須高、取法乎上」的「高」與「上」，作爲詩歌復古的最高標的。而李東陽的「本色」主要是指漢、魏、唐代的詩歌，胡應麟則更加嚴格的依體製細分，《詩藪》〈內編・古體上・雜言〉頁二十一以樂府的學習爲喻云：

説在作者所處的環境中舉足輕重，甚至強烈的吸引作者自己，因爲沒有人會浪費時間去攻擊一個假想的或不堪一擊的目標。語出柯靈烏著、黃宣範譯《歷史理念》（臺北：聯經出版公司，1983 年），頁 24、25。

今欲擬樂府，當先辨其世代，覈其體裁。郊祀不可爲鐃歌，鐃歌不可爲相和，相和不可爲清商，擬漢不可涉魏，擬魏不可涉六朝，擬六朝不可涉唐。使形神酷肖，格調相當，即於本題乖近，然語不可失爲漢魏六朝，詩不失爲樂府，自足傳遠。苟不能精其格調，幻其形神，即於題面無毫髮遺憾，焉能有亡哉？

《詩藪》〈內編・古體上・雜言〉頁二十九更具體指出，像「辭」體的本色就是「楚辭」，必須以之爲學習標的，否則如陶潛所寫〈歸去來辭〉，沒有具備楚辭的特色，即非本色〔註24〕。所以，格調詩說由李東陽到胡應麟，不僅後出轉精，實也後出轉嚴。此外，胡應麟將「興象風神」與「體格聲調」並列爲作詩大要，將格調詩說融合了對「神韻」的推求與講究，這也是較謝榛論「興」、論「意」更爲明確的宣示〔註25〕。

一是以對歷代詩歌的實際評論，加強闡述格調詩說中「體以代變，格以代降」的主張，並由對當世詩歌的評論中，明確指出格調派論詩的最終目標，亦即何景明「舍筏」、謝榛「釀蜜」的最終意涵，是在於紹承、兼融前代詩歌體製與風格，集其大成，進而寫出有明一代的詩歌，超越宋、元，與漢、唐並列爲詩歌的三大盛世。他的說法正是格調派爲什麼必須辨體、爲什麼講究復古、爲什麼汲汲推求研究各種詩法等等的根本原因，也正是他之所以能夠集格調詩說大成的原因。

藝林學山

八卷，胡應麟著，存。

胡應麟著有《詩藪》，已見前。

是書爲胡應麟《少室山房筆叢》之一，刊入其全集，故版本相當多。有明萬曆刊《少室山房筆叢》本；明萬曆四十六年（1618）汪湛然金華刊《少室山房全稿》本及《少室山房類稿》本；明崇禎五年（1632）延陵吳國琦重

〔註24〕 簡錦松〈胡應麟《詩藪》的辨體論〉頁346（《古典文學》第一集，臺灣學生書局出版），對胡應麟評陶潛〈歸去來辭〉並非「本色」的問題，有著重的分析說明，可參考。

〔註25〕 關於胡應麟的「興象風神」說，是其詩論的重點，前引張文勛〈胡應麟神韻說述評〉、劉明今《明代文學批評史》，及郭紹虞《中國文學批評史》等均有重點論述。而黃景進《王漁洋詩論研究》（臺北：文史哲出版社，1980年）第四章〈神韻的意義，並將「神韻」說的用法及現代學者的闡釋等加以考察分析，對「神韻」的精義與發展情形有清楚的論述，可參考。

刊《少室山房筆叢》本及《少室山房全集》本；清光緒二十二年（1896）廣雅書局校刊《少室山房四集》本及《少室山房筆叢》本，其中《筆叢》為新文豐圖書公司影入《叢書集成續編》發行。另有清乾隆《四庫全書》的《少室山房筆叢》本，此本有臺灣商務印書館影印發行以及《明清筆記叢刊》的《少室山房續筆叢》本，此本未見。

　　是書前有胡應麟寫於萬曆十八年（1590）的〈藝林學山引〉一文，可知此書寫成之時間。〈引〉中並謂此書係根據楊慎《藝林伐山》等書而寫作，其云：「其特見岡弗厭余衷，而微辭眇論，亦間有未易懸解者，因更掇拾異同，續為錄，命之日『藝林學山』」。而是書之體例亦因此特別設計，將楊慎的論述置於前，胡應麟的評論置於後，並低一格編排，以示區別。

　　是書書名雖依據《藝林伐山》而來，其評論異同的選材來源其實包括楊慎詩話、說部、文集等多方面的著作。如卷一、卷二是評論《升庵詩話》的部分內容；卷三是評論《詞品》；卷四是評論《楊子卮言》；卷五是評論《譚苑醍醐》；卷六是評論《升庵文集》中的部分序文；卷七、卷八是針對《正楊》，以按語的方式，提出意見；最後附有胡應麟對楊慎《藝林伐山》、《赤牘清裁》、《唐絕增奇》、《譚苑醍醐》、《升庵詩話》、《韻林原訓》、《千里面談》、《五言律祖》等書的簡要考述，是其蒐羅楊慎著作的聞見與心得。

　　嚴格說來，此書屬於詩話的內容，主要在卷一、卷二、卷三及卷五，其他各卷是零星的記述，所以全書的詩話部分並不集中。但其份量卻很夠，特別是其以楊慎著作及詩說為評論考證的焦點，本身就是一種極佳的「讀者接受」，也是「批評的批評」的具體行動。所以是書對於楊慎的詩說具有補益作用，也是胡應麟詩學論著中不可忽視的著作，因之研究明代詩話的學者，如前述周維德教授就將是書列入《全明詩話》，而蔡鎮楚教授也把是書收錄於〈明代詩話考略〉之中。

　　此書質疑於楊慎之處，主要有幾個方面：一是與楊慎在詩歌鑑賞上的不同看法，如卷一引《升庵詩話》「劉駕詩」條有謂「劉駕詩體近卑，無可采者，獨『馬上續殘夢』一句，千古絕唱也」，胡應麟以為「此晚唐小巧語，何絕唱為？入《玄怪錄》可耳」。這反映兩人的詩學品味不同，楊慎推重六朝詩、兼擅詞作，對小巧精緻的詩與情境能夠欣賞，但其「千古絕唱」的評語實亦太過，何況胡應麟是走盛唐堂皇大道的，要建立明代詩歌的豐功偉業的，自然不屑於「晚唐小巧語」，故而刻意加以反駁。

　　胡應麟質疑於楊慎者，又在詩人的時代分期問題。如卷一引楊慎「劣唐詩」條有謂：「學詩者動輒言唐詩，便以爲好，不思唐人有極惡劣者，如薛逢、戎昱，乃盛唐之晚唐」，胡應麟評曰：「戎昱是中唐，薛逢是晚唐，皆非盛唐」，兩則詩話的眞正癥結在於復古的宗主不同，楊慎對於崇唐風尙不以爲然，胡應麟則傾向推重盛唐，其《少室山房詩評》〔註26〕並因此評價楊慎的詩有云：「楊用修格不能高，而清新綺縟，獨掇六朝之秀，合作者殊自斐然」。

　　胡應麟質疑於楊慎者，又在引詩與考證的精確度。如卷一引楊慎「御梨」條云：「《文選》〈魏都賦〉：『中山出御梨』，王昌齡詩『霜飛天苑御梨秋』」，胡應麟首先指出王昌齡詩句應爲李頎的七言律句，並謂「詳其聲調自得之，今李集有此而王集無可考也」，除了翻查王、李二人的詩集，證明確是李頎的作品，他也運用格調論者熟參詩歌聲調的方法加以檢視。此外，他又考證「御梨」的得名係由於產自「天苑」，亦即天子的御花園，其云：「出天苑，故曰『御梨』，意自聯屬，必以《文選》爲證，亦太拘也」，指出只要確切解釋「御梨」的意思，即可將詩意聯貫，楊慎必引《文選》〈魏都賦〉的句子作解，實在太過拘泥。

　　是書卷一又引楊慎「詩史」條中痛斥宋人創爲杜甫「詩史」之說，以作爲自己寫詩直陳其事的護身符。楊慎以爲「如詩可兼史，則《尙書》、《春秋》可以併省，又如今俗卦氣歌、納甲歌，謂之詩易可乎？」針對楊慎的意見，胡應麟糾正其引據的失誤：

> 按，以杜爲詩史，其說出孟啓《本事詩話》，非宋人也。若「詩史」
> 二字所出，又本鍾嶸「直舉胸臆，非傍詩史之言」，蓋未嘗始於宋也。
> 楊生平不喜宋人，但見諸說所載，則以爲始，於宋世漫不更考。恐
> 宋人有知，揶揄地下矣，明人鹵莽至此。

引據失於考證，這是楊慎詩說的缺點，胡應麟也在《少室山房詩評》進一步評論：「用修才情問學，在弘、正後，嘉、隆前，挺然崛起，無復依傍，自是一時之傑。第詩文則餖飣多而鎔鍊乏，著述則剽竊勝而考究疏，大概議論太高者，力常不副，涉獵太廣者，業苦不精，此古今通病，匪獨用修也」，可謂胡應麟對楊慎詩文著述的總評。

〔註26〕此書爲周子文纂輯自《詩藪》，收入所編《藝藪談宗》的卷6，有明萬曆刊本，關於此書詳見本論文「藝藪談宗」條的論述。

詩筌

六卷，王述古（1564～1617）著，存。

王述古，字信甫，號鍾嵩，河南禹州人，生於嘉靖四十三年（1564），萬曆十七年（1589）中進士，歷官富陽縣令、戶部主事、刑部主事、山西右布政使、陽和兵備等，萬曆五十四年（1617）卒於官，年五十四。事蹟見《明史》卷三二九、《明儒言行錄續編》卷二等。據蔡鎮楚《石竹山房詩話論稿》所述，是書有明刻本，現藏於河南圖書館。筆者未見。

雪濤小書

一卷，江盈科（1553～1605）著，存。

江盈科，字進之，號綠蘿山人，湖南桃源人，生於嘉靖三十二年（1553），萬曆二十年（1592）中進士，除長洲知縣，擢吏部主事，歷官四川提學僉事，萬曆三十三年（1605）卒於任。〔註27〕所著《雪濤詩評》，與《閨秀詩評》並稱《詩評》，並與《談叢》、《聞紀》、《諧史》併刻成《雪濤閣四小書》四卷。

據江盈科於萬曆三十二年（1604）冬天寫作的〈雪濤閣四小書自序〉，提及《詩評》等四小書係其「官棘寺時，曹務簡少，審讞既畢，佗無所營，乃裒輯舊日所譚說者，與所聞知者，及論詩之言、戲謔之語爲四種」，則是書約自萬曆二十六年（1598）由長洲知縣改官大理寺後開始陸續裒集，至三十二年成書，爲其晚年所編之本。

四書又於萬曆四十年（1612）加入《雪濤小說》，刻成《亘史鈔》六卷（或稱《亘史外紀》），今國家圖書館藏有萬曆四十年（1612）由潘之恒刪定、吳公勵校刊之本。其後則各書分散刊行，《雪濤小書》爲流傳最著者，此書包括《詩評》、《閨秀詩評》及《諧史》三種，一九三五年由章衣萍重新鉛印，列之爲《國學珍本文庫》第一集第十一種，據章衣萍〈雪濤小書前記〉云：「《雪濤小書》二卷，余偶得之於中國書店破紙堆中，蓋明版也。此書又名《亘史外紀》，爲冰華生所輯」，則章衣萍所見應即萬曆四十年吳公勵校刊本，大西洋書局於一九六八年將此書影入《中華古籍叢刊》第二十一種，京

〔註27〕江盈科之生年見《雪濤閣集》卷四〈初度〉詩，自注云：「余生癸丑」，即嘉靖三十二年。卒年則見袁宏道《袁中郎全集》之〈詩集・五言律下〉〈哭江進之〉詩。其生平則以袁中道《珂雪齋前集》卷十六〈江進之傳〉最詳。

都中文出版社亦於一九六九年影印發行，廣文書局復於一九七一年影入《古今詩話叢編》行世。

雪濤詩評

一卷，江盈科著，存。

《雪濤詩評》即《雪濤小書》之《詩評》，截出部份內容而單行。有明末《古今詩話》本及清順治《說郛》續卷本，然二本均經過刪節。是書之品評亦散見後世詩話之引錄，如清趙吉士即於所著《寄園詩話》多加摘錄。〔註28〕

江盈科詩學觀念的建立，與袁宏道關係至密，袁宏道〈哭江進之〉詩序曾記載：

> 猶記令吳之日，與兄商證此道，初猶不甚信，弟謂兄曰：「果若今人所著，萬口一聲，兄何以區別其高下也，且古人之詩，歷千百年讀之，如初出口，而今人一詩甫就，已若紅朽之粟，何也？」進之躍然起曰：「是已」。後爲余敘《敝篋》，遂述此意，蓋實語也。〔註29〕

江盈科的領悟，除了見諸〈敝篋集引〉，〔註30〕更在《雪濤詩評》中反覆申說推演。《雪濤詩評》爲江盈科詩觀的主要展現，以「求眞」爲理念中心，討論詩歌創作及品評的整個過程。如創作的取材問題，〈用今〉條謂：「必盡目前所見之物與事，皆能收入篇章，然後可以極詩之妙」。即使是使事用典亦以「眞」爲法則，〈用今〉條云：「至于引用故事，則凡已往之事，與我意思互相發明者，皆可引用，不分今古，不分久近。蓋天下之事，今日見在則謂之新，明日看今日則謂之故」，其〈巧詠〉條鼓吹「化腐爲新」亦是相同主意。

在詩歌語言的運用方面，江盈科主張以口頭語入詩，〈詩有實際〉條以擬樂府〈擬失雞〉等詩爲例云：「則此等制作，未免俚俗，而才料取諸眼前，句調得諸口頭，朗誦一過，殊足解頤，其視匠心學古，艱難苦澀者，眞無啻啖哀家梨也，即此推之，詩可例已」。

用字如能自出新意，即值得肯定。〈詩有實際〉條以一閨秀的初月新月

〔註28〕是書今有《螢雪軒叢書》本，見《詩話叢刊》（臺北：弘道文化公司，1971年），下冊。

〔註29〕見《袁中郎全集》（臺北：世界書局，1978年）之《詩集》，頁111，。

〔註30〕見明萬曆二十八年（1600）刊《雪濤閣集》，卷8，頁11。

絕句爲例，贊賞其「下字最新巧，人思不到，又似不待思者」。〈巧詠〉條又云：「大凡詩句，要有巧心，蓋詩不嫌巧，只要巧得入妙」。如何能創作出巧妙的詩作，江盈科在〈詩膽〉條提出「夫詩人者，有詩才，亦有詩膽」，必須順應個人性情與秉賦，亦即切近個人「本色」，才能有最合適的表達。由於詩的創作須切近個人本色，其〈詩品〉條即強調：「若係眞詩，則一讀其詩，而其人性情，入眼即見。大都其詩瀟灑者，其人必豁快；其詩莊重者，其人必敦厚；其詩飄逸者，其人必風流；……，譬如桃梅李杏，望其華便知其樹，惟勦襲掇拾者，蒙蒙虎皮，莫可方物」，強烈申言詩須表現詩人性情。

由構思、取材、用事、用字，一首詩的完成，俱以「眞」爲務，則「眞詩」會達到什麼效果？〈貴眞〉條謂：「夫爲詩者，若係眞詩，雖不盡佳，亦必有趣；若出于假，非必不佳，即佳亦自無趣」，這裡的「趣」並非傳統深遠、超俗、難以言喻的「趣」，而是一種淺近、活潑、本色的美感，在江盈科看來，這種美感是令人耳目一新而且更加貼近人心、耐人尋味的。除了趣的展現，眞詩更能自然而然的達到時人所追求的「古」的最高境界。〈尚意〉條以楊愼所賦〈銀豆篇〉說明「此詩卓有古意，然未嘗有意模古」，進而提出「乃知眞詩自古，不在模古」的重要看法。〈評唐〉條更以杜甫詩古骨古色，如萬金彝頂，以爲「其七言律，固云洪肆，然細思細讀，何一句一字不是眞情實景，在盛唐中，眞號獨步」，將「眞詩」與古詩畫上等號，推到典範的地位。

創作之外，「眞」亦爲其品評的重要依據。江盈科之所以重視婦女的詩作，不惟在《雪濤詩評》〈采逸〉條以女性詩作爲采逸的重點，〈詩有實際〉條給予關中婦人詩以「此等語取之目前，要自古雅暢快，有三百篇之風」的高評價，更以女性「直攄胸臆，尚能爲不朽之論，況丈夫乎」，特別撰作《閨秀詩評》以針砭當日剿襲泥古的詩壇風氣，所以〈求眞〉條云：「善論詩者，問其詩之眞不眞，不問其詩之唐不唐、盛不盛，蓋能爲眞詩，則不求唐不求盛，而盛唐自不能外；苟非眞詩，縱摘取盛唐字句，嵌砌點綴，亦只是詩人中一個竊盜掏摸漢子」。

以「眞」爲理論中心，江盈科亦不廢辨體，其嚴明詩與文的分別，〈當行〉條即謂「詩自有詩料，著個文章字不得，試看唐人詩句，何一句一字非詩？近時文人用文筆寫詩，敷暢曼衍，譬如縉紳先生，剽竊雅致，綸巾深衣，打扮高士裝束，終有軒冕意思在，深于詩者，自能辨之」，是故寫眞詩也要寫對詩，若時人以文入詩，即不「當行」，就不是正確的創作方式。

江盈科求眞但不廢法古，主張「善作詩者，自漢魏盛唐之外，必遍究中晚，然後可以窮詩之變」（見〈用今〉條），所以他所主張的法古，其實是在方法上加大眼界以及學習的範疇，並強調應變，如〈法古〉條所說的「眞古」，就是「不即法，不離法」的。而「眞」也正是其遍究古人的詩作、窮詩之變後所歸納出的原則，能夠寫出自己的眞情實性，則「眞詩自古」，將「古」與「眞」巧妙的涵融，不致互爲抵觸。

由於公安派「三袁」並無詩話專著，江盈科的《雪濤詩評》推演該派詩學主張，可謂深具代表意義。其對「眞詩」的追求與說解，肯定巧、俗、趣的論詩趨向，也帶出對人情人性的進一步省視，在晚明詩學的論述中深具代表性。

閨秀詩評

江盈科著，一卷，存。

江盈科著有《雪濤小書》、《雪濤詩評》已見前。是書與《雪濤詩評》並稱《詩評》，但自有序言，自成一書，並非居於《雪濤詩評》的附庸地位。

《閨秀詩評》除與《雪濤詩評》共刊入《雪濤閣四小書》及《雪濤小書》之外，又有單獨刊入《綠窗女史》之〈閨閣部‧才品〉，爲明末刻清心遠堂所刊，該書題秦淮寓客編，現由天一出版社影入《明清善本小說叢刊》發行。此本共品評二十八位女詩人、四十四首作品，較《雪濤小書》本品評二十五位詩人、三十九首作品爲多。由於《雪濤小書》本應係據《亘史外紀》本刊刻，《亘史外紀》係經潘之恒刪定，是故《雪濤小書》中的《閨秀詩評》應爲潘之恒刪定之本，內容多有刪節。而《綠窗女史》所錄的《閨秀詩評》應較接近江盈科手訂的原貌，內容較完整。

是書分別撰錄詩人本事、詩作及評語，其中詩作係全首著錄，而非摘句批評，是故此書雖名爲「詩評」，其性質卻近於「詩選」，這種撰作方式，較有利於女詩人作品的被記錄與閱讀。此外，是書以「閨秀」爲女性的總稱，所錄女詩人實際包括女冠、宮人、妓女、閨秀等，品論則以詩作爲主，兼及詞作，且未以時代爲序，結構鬆散，此又與「詩話」自由書寫的特色相符。據書前江進之自序云：

> 余生平喜讀閨秀詩，然苦易忘，近摘取佳者數首，各爲品題，以見女子自攄胸臆，尚能爲不朽之論，況丈夫乎？

知是書之撰作確實以女性詩作的記錄與閱讀爲主，其言雖不乏偏見，但其意實在鞭策男性「自攄胸臆」、「爲不朽之論」，是故此書不惟提高或鼓勵女性詩人的發聲、增加其詩作的能見度，亦是江盈科針砭詩壇蹈襲風氣的具體行動！

要讓女性詩作值得品論閱讀，首在抬高她們的地位與價值，江盈科在〈姑蘇鄭姬詩引〉，〔註31〕即將之與《詩經》比併：

> 毛詩十五國風，多婦人女子之言，然自〈卷耳〉、〈葛覃〉外，出于
> 正者絕少，即〈桑中〉、〈溱洧〉號爲淫蕩之極，聖人亦不削而存之，
> 蓋美惡邪正雜然臚列，使夫覽者自擇而法戒備焉，故曰「詩可以觀」。
> 迨于後世，婦人女子之能言者較少，蔡文姬、謝道韞數輩，寥寥空
> 谷足音，乃其人率掛訾議。至于薛校書、劉采春、鶯鶯、盼盼諸所
> 題詠，又皆淫狎媟嫚，語不稟于正，然雖不稟于正，而以閨閣之流，
> 捄藻摛詞，至掩騷人墨鄉，關其口而奪其所長，斯亦造化所獨縱，
> 故自不朽。

這段爲鄭姬個人詩集所作的序文，可作爲〈閨秀詩評自序〉的呼應與說解。江盈科從孔子的「刪詩」得出一種合理的包容，乃至於道德的支持，用以挑戰傳統對女性詩人身份以及詩作的不利批評，爭取女性在詩史上的地位。所以傳統「正」與「不正」的評語，並非江盈科對女性詩作的唯一論定，他反而採取與品評男性詩作相同的角度，去閱讀及檢視女性的詩作。這個角度就是他在《雪濤詩評》的〈求眞〉條中所強調的：「善論詩者，問其詩之眞不眞，不問其詩之唐不唐、盛不盛，蓋能爲眞詩，則不求唐、不求盛，而盛唐自不能外」。

《閨秀詩評》的選採與品評取向是由「直攄胸臆」出發，正是以「眞」爲品評與接受的基準，著重揭示女性詩作以口頭語書寫心中事的可貴。如評陳玉蘭寄夫戍邊詩云「悽惻之情，盤于胸臆，二十八字曲盡其苦」；評廉氏〈寫眞寄外〉詩爲「質而不俚，眞率而多思」；評篛桃諫寇萊公奢侈之〈東綾詩〉，爲「一句一字皆眞切，與蹈襲者迥別」之類，均著重於眞情實境的流露。即使如葉正甫妻劉氏〈製衣寄外〉、豫章婦〈絕客詩〉因爲以口語入詩，導致「詩體稍俗」，亦給予「眞切不浮」或「結語新麗可喜」的評價。

在眞情實性的抒發之下，作品會隨之展現多種面向與美感，如朱淑眞巧

〔註31〕見《雪濤閣集》，卷8，頁53。

妙翻寫杜甫「誰家巧作斷腸聲」詩，江盈科讀出其中的「清絕可愛」；嚴蕊的〈紅白桃花詞〉，被評為「都是眼前字襯貼，婉轉有致」；薛氏的「生憎寶帶橋頭水，半入吳江半太湖」為「有趣」等，此亦《雪濤詩評》〈求真〉條所謂「最要闡發玲瓏，令人讀之，耳目俱新」所達成的效果。如果是含蓄敦厚、怨而不怒的情性表達，則更能使「真」接近於「正」的理想，所以校書盧象妻崔氏因老夫少妻而心中不樂，發之於詩云：「不怨盧郎年紀大，不怨盧郎官職卑。自怨妾身生較晚，不及盧郎年少時。」江盈科即許以「心中不樂事，徐以一語自解，其妙入神，歸于無怨」，評價極高。

由「真」而「正」，江盈科進一步以「古」作為真詩的另種判讀。如評魚玄機〈賦得江邊柳〉、〈贈鄰女〉云：「蒼老古拙」；劉采春〈囉嗊曲〉三首為「古色照人」等，對照於他在《雪濤詩評》〈評唐〉條中品評杜甫：「杜子美詩，古骨古色，如萬金彜頂，偶遇買手，逢識者，自然善價而估」，「至其七言律，固云宏肆，然細讀細思，何一句一字不是真景真情」，上述的評語可謂將女性詩作藉由對「真」的闡述，帶到「古」的最高層次，也正是其所揭示的「乃知真詩自古，不在模古」（〈尚意〉）的境界。

值得注意的，江盈科在《閨秀詩評》著錄了女詩人如李公昂妻陳氏、周濟之妻朱靜庵的「博學工詩，為世所推」，而陳氏〈春草〉、〈舊行閩山見居人以竹引泉〉，江盈科評為「古意、古調、古句，兼擅其長，絕技也」，朱靜庵〈湖曲〉則為「寫景入畫，大是佳手」，評價很高，這除了反映出當時女性詩人自身的努力，更牽涉到性情與學力的問題。

在江盈科的言論中，因為矯正時弊的需要，而偏重性情的闡揚，較忽略學力的探討，論者也以此攻詰他及公安派的著作與主張。〔註32〕但在品論女

〔註32〕江盈科明顯論及學力與詩作的關係，主要是〈祭屠孺人〉一文（《雪濤閣集》，卷11，頁12），文中提及「自古詞人，不由學力，而筆侔造化，氣奪洪鈞者，千載上下，惟一青蓮，故後世之評詩者，必曰杜甫詩中之聖，李白詩中之仙。……」，意雖肯定學力的重要，然較之其對真情實性的推重，顯得份量不足。是故《四庫全書總目》，卷179，〈別集類存目六〉「袁中郎集」條即謂：「然七子猶根於學問，三袁則惟恃聰明」，而鍾惺〈與王稚恭兄弟〉則云：「江令賢者，其詩定是惡道，不堪再讀，從此傳響逐臭，方當誤人不已。才不及中郎，而求與之同調，徒自取狼狽而已」，又云：「若今日要學江令一派詩，便是假中、晚，假宋、元，假陳公甫、莊孔暘耳。學袁、江二公，與學濟南諸君子何異？恐學袁、江二公，其弊反有甚於學濟南諸君子也。」（《隱秀軒集》，卷28）。

詩人時，江盈科「博學工詩」的著錄，只是單純反映女詩人的多種面目？還是女性詩人能如此，況丈夫乎？抑或顯示其不廢學力對創作的影響？不論如何，江盈科努力讓女性詩作成為「眞詩」的典範，讓女性的詩作值得品論、閱讀，也讓女性有機會成為詩史中的「不朽」，本身就是一新耳目的作法，這種作法除了作為當日詩壇的針砭，更具有鼓勵女性從事創作的意義。〔註33〕

詩評

一卷，蔣一葵纂輯，存。

蔣一葵，字仲舒，江蘇常州人，生平不詳，惟《明清江蘇文人年表》引《武陽合志》謂其於萬曆二十二年（1594）於南京應試，《北京圖書館古籍善本書目》則著錄其於萬曆三十四年（1606）刊所著《堯山堂外紀》一百卷及所輯《堯山堂八朝偶雋》七卷。

是書今有日本文林軒寶曆壬午（1762）刊本，此本題作「詩評集解」，有華陰先生注，「華陰先生」據書內署名，為日人讚岐良芸玉伯耕，伯耕應為其字，此本並由日本古典研究會影入《和刻本漢籍隨筆錄》發行。蔡鎮楚《石竹山房詩話論稿》之〈明代詩話考略〉著錄此書有明刊本，《漢語大詞典》資料室藏，此本當在日本寶曆刊本之前。臺灣未見此書，筆者所見為周維德教授提供鈔自日本寶曆刊本之鈔寫本。

是書為詩話之彙編，共分〈統論〉和〈雜論〉二部分。〈統論〉有二章，輯錄「高廷禮曰」、「李本寧曰」兩大段論詩之語。「高廷禮曰」係節錄自《唐詩品彙》卷前王僎所作〈唐詩品彙敘〉中所引錄的高棅論詩語：「詩自《三百篇》以降，漢魏質過于文，六朝華浮於實，得二者之中，備風人之體，惟唐詩為然。然以世次不同，故其所作亦異」，再緊接著節錄高棅自撰的〈唐詩品彙總敘〉一文，自「略而言之，則有初唐、盛唐、中唐、晚唐之不同，詳而分之」開始，一直到「為韓、李、張、王、元、白、郊、島，之製，辯盡諸家，剖析毫芒，方是作者」之間的序文，二段文字可說輯錄了高棅「四唐」說的精髓。而「李本寧曰」則節錄李維楨的〈唐詩紀序〉，起自「譚者曰，唐以詩進士，童而習之故盛，士以詩應舉，追趨逐嗜故衰」，至「攬撷多而精華少，摹擬勤而本眞漓，是皆不善學唐者也」為止。李維楨在這段序文中論述

〔註33〕關於《閨秀詩評》，筆者另撰〈詩史可有女性的位置？──以兩部明代詩話為論述中心〉（《漢學研究》，17卷1期，頁177～200，1999年6月），可參考。

唐詩的發展歷程，以及唐詩與唐代著名詩人創作上的利弊得失，最後歸結指出明代學詩的弊端，並認為明代詩人應該「善學唐」，其謂：

> 不佞竊謂，今之詩不患不學唐，而患學之太過，即事對物，情與景合而有言，幹之以風骨，文之以丹彩，唐詩如是止爾。事物情景，必求唐人所未道者，而稱之弔詭蒐隱，誇新示異，過也。山林宴遊則興寄清遠，朝饗侍從則制存莊麗，邊塞征戍則悽惋悲壯，暌離患難則沉痛感慨，緣機觸變，各適其宜，唐人之妙以此。今懼其格之卑也，而偏求之悽惋悲壯、沉痛感慨，過也。律體出，而才下者沿襲為應酬之具，才偏者馳騁為誇詡之資，而選古既廢矣，好大者復諱其短，強其所未至，而務收各家之長，撮諸體之勝，攬撷多而精華少，摹擬勤而本真漓，是皆不善學唐者也。

蔣一葵引錄兩段文字，用來總述其論詩的宗旨，他引高棅的「四唐」之說以及李本寧的評比唐詩、修正學唐觀念的說法，來標示出自己輯著是書的用心之處。此外，由李維楨所序的《唐詩紀》係刊刻於萬曆年間，〈唐詩紀序〉又收錄於所著《大泌山房集》卷九，《大泌山房集》亦刊刻於明萬曆年間，推測蔣一葵應為萬曆年間之人。

〈雜論〉共有八十二則，入錄歷代詩人及詩話的論詩語，間雜以己見，所錄包括殷璠〈河嶽英靈集序〉、蔡居厚《蔡寬夫詩話》中關於唐詩發展的理論，以及皎然《詩式》、嚴羽《滄浪詩話》、楊載《詩法家數》、謝榛《四溟詩話》、皇甫汸《解頤新語》、王世貞《藝苑卮言》等著作中評述唐詩之語，對於諸家論述詩歌創作的理論和方法，如劉會孟（劉辰翁）曰：「絕句難作，要一句一絕，短語長事，愈讀愈有味為正」之類，輯引亦多，顯示對詩法的重視。

蔣一葵藉由其兄對李攀龍詩歌「俊潔響亮」的評論，申說自己的復古看法，認為「海內為詩者，爭事剽竊，紛紛刻鶩，至使人厭。余謂學于麟，不如學老杜，學老杜尚不如學盛唐。何者？老杜結構自為一家言，盛唐散漫無宗，人各自以意象聲響得之，政如韓柳之文，何有不從左史來者。彼學而成，為韓為柳，吾卻又從韓柳學，便落一塵矣。輕薄子遽笑韓柳非古，與夫一字一語，必步趨二家者，皆非也」，可見其論復古學詩，與李維楨的意見頗為相近。

附帶一提，蔣一葵所纂輯《堯山堂八朝偶雋》七卷，《四庫全書總目》卷

一九七〈詩文評類存目〉著錄，蔡鎭楚〈明代詩話考略〉亦予著錄。然而是書係輯取前人比偶四六之文，包括制、誥、表、賦、序、啓等之名文俳句，及記錄相關記事而成，故《總目》謂其「蓋王銍《四六話》之類」，而《紅雨樓書目》亦著錄是書於「四六類」。筆者以爲《堯山堂八朝偶雋》的性質與詩話有別，不應列爲詩話，故附載於此，以資辨明。

藝藪談宗

六卷，周子文纂輯，存。

周子文，字歧陽，江蘇無錫人，《四全書總目》卷一九七〈詩文評類存目〉「藝藪談宗」條謂其中萬曆十一年（1583）進士，其餘生平皆不詳。

是書《欽定文獻通考經籍考》作「《藝藪談》，六卷」，有脫字；劉德重、張寅彭《詩話概說》所附〈歷代詩話要目〉則著錄是書有「四庫本」，亦誤，蓋僅見〈詩文評類存目〉著錄而已。國家圖書館藏有明萬曆梁溪周氏原刊本，廣文書局影入《古今詩話續編》發行，然此本卷前周子文〈藝藪談宗序〉的撰作時間被剜去，經查楊繩信編《中國版刻綜錄》，〔註34〕知是書爲萬曆二十五年（1597）刊刻。蔡鎭楚〈明代詩話考述〉著錄是本，且謂北京師大圖書館亦藏此書。是書收入周維德《全明詩話》。

是書專門彙集有明一代名家之詩論，包括與人論詩、說詩、談藝、序詩、自序等，體裁各異，但均屬具代表性的詩論，足以見明代詩學之盛。周子文〈藝藪談宗序〉稱：「予特彙而輯之，使一披卷而擿詞之法具在目前，游藝者舍是無以臻其境而入其室，實詞林之關鍵，述者之指南」。他一反視詩話爲解頤賞玩的傳統態度，以爲此書「大可以施廟堂而資制作，小可以廣聞見而舒性情，蓋不特集群賢之大成，亦庶幾鳴一代之盛治矣」。在序文中周子文也藉選輯是書之便，綜論了明初至萬曆間的詩學概況與業績，其謂：

> 洪、永以後，家臯夔而人稷契，迄今談藝之士實繁有徒。如宋景濂、
> 王浚川（王廷相）、何仲默、屠長卿（屠隆）、王百穀（王穉登），則
> 與同方簡書往復，論詩上下古今，詮藻群品，至當不易。如高廷禮、
> 李本寧（李維楨）、朱太復（朱長春），則於詩序中寓矜賞評騭之意。
> 如李文正《麓堂詩話》之精切簡當，徐昌穀《談藝錄》之綺靡工緻，
> 楊升庵《談苑醍醐》之該博精詳，王鳳洲《藝苑巵言》如老吏斷案，

〔註34〕楊繩信《中國版刻綜錄》（西安：陝西人民出版社，1987 年）。

> 必不可移,皇甫百泉《解頤新語》,如玉食八珍,雋永有味。其他如
> 都玄敬、王麟洲、焦漪園(焦竑)、何元朗、謝茂秦、胡元瑞諸君,
> 皆議論侃侃,情實妥協,均之各成一家言,足以流響一時,取信千
> 載者。

這段序文除了具有介紹是書所選錄諸名家的作用,也重點勾畫明代詩學的主
要潮流,同時也是格調詩家的點將錄。

是書卷前又有〈凡例〉說明著錄的原則,包括原帙、刪節、摘錄,主要
專取論詩的部分。而詩論作者身分多元,有甲科、有孝廉、有山人,各擅才
情,論詩之致則一。各卷的內容分別為:

> 卷一:宋濂〈答章秀才論詩〉、高棅〈唐詩品彙序〉、何景明〈與李
> 空同先生〉、李東陽《懷麓堂詩話》、徐禎卿《談藝錄》、王廷
> 相〈與郭价夫論詩〉。
>
> 卷二:楊慎《譚苑醍醐》、都穆《南濠詩話》。
>
> 卷三:皇甫汸《解頤新語》。
>
> 卷四:王世貞《藝苑卮言》。
>
> 卷五:王世貞《藝苑卮言》、何良俊《四友齋叢說》、謝榛〈詩說〉。
>
> 卷六:王世懋《藝圃擷餘》、胡應麟《少室山房》、王穉登〈與方子
> 服論詩〉、屠隆〈與友人論詩〉、焦竑《焦氏筆乘》、李維楨〈詩
> 論〉、朱長春〈選杜詩序〉及〈詩自序〉。

相對於先前明代其他詩式或詩話彙編,如梁橋《冰川詩式》、黃省曾《名家詩
法》、朱紱《名家詩法彙編》等,是書所選輯的文章以及纂輯的成績,有幾項
特點可以注意:

其一,所選錄的範圍集中在明代,不及於唐、宋、元詩論,能有效與當
世其他彙編區隔,形成特色。

其二,所選取之明人詩論,體材很廣,包括書信、詩序、自序、詩話等,
較能多元記錄及呈現明代詩學的業績,也使沒有詩話專著但論詩極為精闢的
名家,得以彰顯。

其三,未輯錄詩式、詩格等作詩的習套教材,而專收層次較高的詩學論
著,使是書纂輯的層次有所提昇。

其四,藉纂輯來評騭選拔心中認可的詩論,間接反映自己的詩學見解。

所以《四庫全書總目》卷一九七「藝藪談宗」條謂其「大致以王世貞爲圭臬，蓋萬曆中葉，七子之餘燄猶未盡熸，故子文據《藝苑巵言》一書，遽欲衡量千古也」。而「衡量千古」一語，即筆者前面所言：「重點的勾畫了明代具正統地位的詩學主流，同時也是格調詩論的淵藪」。

其五，所選錄篇章包括流傳較不普及的詩論作品，如皇甫汸《解頤新語》、王穉登〈與方子服論詩〉、朱長春〈選杜詩序〉及〈詩自序〉等，具有保存資料文獻的功能。

其六，所輯錄多爲具理論價值的詩論，如高棅〈唐詩品彙序〉是「四唐」分期觀念的由來；何景明〈與李空同先生〉是代表性復古理論，可見李、何論詩殊途同歸之跡；李東陽《懷麓堂詩話》揭開格調論詩的先聲；徐禎卿《談藝錄》說情入細、影響深遠。此外，如王廷相〈與郭价夫論詩〉提出「三會」、「四務」之說；屠隆〈與友人論詩〉漫談性靈的抒發；朱長春〈選杜詩序〉提出詩法非爲沈約之法，而由杜詩領會並提出「四法」的獨到理論。〔註35〕顯示周子文的纂錄，能就詩論詩，以詩論的內容、重要性考量，而不只就詩家的名氣考慮。

然而若就明代的整體詩說而言，是書所收仍未能全面，特別是對於「非主流」的詩論，如李贄等人的意見，並未加以收錄，這對於呈現明代詩論的多樣性，自然有未及之處。此外，部分詩論經過刊削割裂，未能完整呈現，此乃篇幅所限，也是「彙編」體製常見的缺點。

騷壇祕語

三卷，周履靖（1542～？）纂輯，存。

周履靖，字逸之，號梅顛居士，浙江嘉興人。《明清江蘇文人年表》引《味水軒日記》卷三謂其生於嘉靖二十一年（1542），卒年則不詳。康熙二十年

〔註35〕朱長春的「四法」頗有意思，他由杜詩領會出「四法」，此四法並不是從杜甫開始，而是自古有之。其謂：「四法者，由性情設，還爲性情制」，由於情有理的制約，理不可棼，所以「其法在體」；由於聲過則屬，調過則離，情過則柔，理過則贅等考量，加上情之太過，又有蕩、嗇、淫等情狀，不可任之，所以「其法在格」；由於要求布置勻稱，骨脈貫通，節奏和諧，不屬不離，其整若亂，無情而若有情，不言而意存其情，所以「其法在章」；而追求一質一文，迭鄉爲經，佐情而變化無窮，所以「其法在句」。朱長春以爲「四法」是環環相扣的：「句合成章，章合成格，格合成體，體合成詩，此法古法，而獨備杜甫」，學詩之人應該掌握其法，不可謂詩歌無法。

（1681）《嘉興府志》卷十七〈人物・隱逸〉則謂著錄：「明周履靖，字逸之，少羸，棄經生業，廢箸千金，庋古今典籍，編茅引流，雜植梅竹，嘯傲於其中，自號梅顛居士。妻桑氏貞白，相與偕隱倡酬，時以比爲『梁孟』云。及老，家殖益落，意泊如也，劉鳳作〈貧士傳〉遺之。所著詩盈百卷，手書金石古篆隸晉魏行楷及畫，史稱是」，而《四庫全書總目》卷六〇〈傳記類存目二〉著錄李日華爲周履靖所作《梅墟先生別錄》時，謂：「能詩好事，與其妻桑貞白自相唱和，多刊書籍以行，《夷門廣牘》即其所編，蓋亦趙宧光、陳繼儒之流，明季所謂山人者也」。

是書見《紅雨樓書目》〈詩話類〉及《千頃堂書目》卷三二〈文史類〉著錄，然卷數均作「二卷」。《澹生堂書目》卷十四〈詩話類〉則著錄作「一冊，《夷門廣牘》本」；《販書偶記續編》則著錄是書：「三卷，明嘉禾周履靖編，舊鈔本」。是書今有明萬曆二十五年（1597）金陵荊山書林所刊、周履靖所編《夷門廣牘》本，此本有上海涵芬樓影入《景印元明善本叢書十種・夷門廣牘》、廣文書局影入《筆記三編》、新文豐圖書公司影入《叢書集成新編》發行，並收入《全明詩話》。《四庫全書總目》卷一三四〈雜家類存目十一〉著錄《夷門廣牘》，評該叢書所收周履靖自著諸書云：「其所自著，亦皆明季山人之窠臼，卷帙雖富，實無可採錄也」，評價不高。

是書分上、中、下三卷，摘取皎然《詩式》、嚴羽《滄浪詩話》、范晞文《對床夜語》、楊載《詩法家數》、范德機《木天禁語》、陳繹曾《詩譜》、懷悅《詩家一指》等前人詩法詩話祕笈的內容，重新歸納排比與分類，並逐一冠以清晰的類目，成爲詩法祕笈的總彙編，各卷的類目爲：

上卷：本、式、製、情、景、事、意、音、律、病、變、範。

中卷：要、格、體、情、性、韻、調、會。

下卷：總論詩、五言長篇古詩法、五言律詩、七言長篇古風法、對法、句法、字法、氣象、家數、音節、辨體一十九字。

各類之下又各有條目，如上卷「式」類，有「二十名」、「二十三題」；「製」類有「三停」、「十一變」、「九用」；「情」類有「十二感」、「三體」；「景」類有「十二類」、「四眞」、「三奇」、「四玄」；「事」類有「四即事」、「六設」、「五故事」等等，類別之下別有其類，歸納再歸納，層疊細瑣中有其體系。

是書的論述語言簡潔，以宣示詩法原則爲主，沒有舉例說明以及敷說演

繹。如「情」類論述「十二感」云：

喜	寓物而見	怒	始欲張而終平
哀	極之而後反	懼	在義理中
愛	在言外	惡	欲忠厚
欲	欲動而歸於正	憂	瞀亂而有處置
差	不敢盡言	惜	發於深愛
思	直切則自有分數	樂	因物而見

「十二感」分析了情感的種類，也說明各種情感入詩的方法，而其最高的原則，不外是「含蓄」二字。除了說明詩法，是書有些條目猶如詩歌創作用語的註釋。如上卷「製」類的「十一變」分別為：

抒情	攄發真情	立意	自發新意
寫景	描寫真景	設事	假設情事
敘事	敘述實事	論事	論說事情
用事	引用古事	儗人	儗著一人
比物	借物喻事	詠物	詠物寄情
論理	論說事理		

這對於初入門的讀者，有助於掌握與記誦。而「彙編」既是經過纂輯者的檢選歸納排比，自然會貫注了纂輯者的詩學觀念，特別是周履靖纂輯是書的策略，是將前人詩法之書加以濃縮歸納，萃取出其中的精華條文，而示人以學詩的「祕語」，正如方士煉丹，從一爐藥材中提煉出結晶丹藥一般，因此更能顯出其詩學見解。

　　對於詩歌的學習取法方面，周履靖固然尊尚復古一路，但看法仍有不同。如中卷「體」類詳盡辨析「古體」、「律體」、「絕句體」的分別，並品評各詩人的詩作風格，其於「古體」條下的按語，提出「唐詩分三節」的主張，其理由在於：「盛唐主辭情，中唐主辭意，晚唐主辭律」。在「律體」條下，也沒有「初唐」的名詞，而是將沈約、吳均、何遜、王筠、任昉、陰鏗、徐陵、江總、薛道衡九位詩人稱為「律詩之源」，認為他們是「律詩之源而尤近古者，視唐律雖寬，而風度遠矣」。而沈佺期、杜審言、王維、高適、杜甫、李白、岑參、常建、錢起、姚合、劉長卿、郎士元、李益、李端、許渾、皇甫冉、皇甫曾十七位詩人，則列為「盛唐」，其謂此數家「視齊梁益嚴矣，意思從容，乃有古意，皆祖風騷，宗鮑謝」，其將姚合、許渾等列名於盛唐，顯然有極多

的個人主觀思考。至於杜牧、李商隱、張籍、王建、韓愈、柳宗元、劉禹錫、白居易、元稹、賈島十位詩人，周履靖則列為「中唐」，並云：「諸家詩律視盛唐益熟矣，而步驟漸拘迫，皆祖風騷，宗盛唐，謂之中唐」。其後則無「晚唐」的論列，顯然他把杜牧、李商隱兩位優秀的「晚唐」詩人提升到「中唐」的層次，而把「晚唐」取消，用來強調「晚唐」在律體中是「不入流」、不足為法的。

除了上述由辨體、時代來論列詩歌的學習，在是書的上卷更有「範」類，直揭詩歌學習的典範。如五言古詩的「範」是古詩十九首、漢樂府、建安、陶淵明、陳子昂、李白、杜甫；七言古詩的典範是鮑明遠、王建、李白樂府、張籍、杜甫、李賀；五言律詩的典範是張籍、杜甫、李白、劉長卿；七言律詩的典範是杜牧、許渾、李商隱、李白、杜甫；五言絕句的「範」是王維、裴迪、李白、杜甫；七言絕句的「範」是杜牧、岑參、劉禹錫、李白。周履靖並加按語謂：「初學詩者，且宜模範此數家，成趣之後，方可廣看！」這份典範排行榜，無疑的注入周履靖個人的詩學看法，他不但直接挑戰了「詩必盛唐」的學詩風尚，在七言絕句條中未以杜甫為「範」，也打破杜詩兼備眾體、杜詩無不可學的「定見」，甚至，他把許渾、杜牧、李商隱、李賀等詩人都提昇到「典範」的地位，可謂立論大膽。

是書之所以加入這些與時俗乖格的意見，除了周履靖自身不同於時俗的經歷與思想使然之外，與復古派走向衰微與修正，及社會中自我意識的覺醒趨勢，都是有關聯的。所以，相較於時代稍前的詩法、詩式彙編，如黃省曾《名家詩法》、梁橋的《冰川詩式》、朱紱等人所編的《名家詩法彙編》等，其纂編的精神與梁橋是較為接近的，他們都是較為刻意的修正彙編纂輯方式，運用了更有系統的分類，而梁橋更出以例證說解，再附益歷代詩說的精要，以繁複多樣力求周全。周履靖則出以詩法原則的宣示，省去例證，直言詩法的核心，看上去全是「骨架」，但卻以簡練明確力求周備。周履靖特以時代較晚，思想的束縛較小，所以在書中貫注了不少個人的獨特見解，也建構了一個頗具個人色彩的學詩程序，讓讀者循序漸進。

然而，不論周履靖或梁橋都掙不開復古的使命，他們整編傳授的仍是古人作詩的祕法絕竅，斤斤計較的仍是字句音節體式等問題，好比選列名家法書，依著名家的筆勢、筆法，描畫紅線框架，等待初學書法的人循著紅線，用墨筆將框架填滿，這固然是入門的手段，卻也難成高深的學問。

詩源撮要

　　一卷，張懋賢纂輯，存。

　　張懋賢，四明（今浙江寧波）人，生平不詳。是書多見諸家著錄，然各有出入。如《萬卷堂書目》著錄編者爲「吳成」、《紅雨樓書目》〈詩話類〉著錄編者爲「張懋」、《晁氏寶文堂書目》上卷〈詩詞類〉則不著錄編者名氏，只有《澹生堂書目》卷十四〈詩式類〉謂：「《詩源撮要》一卷，張懋賢，《夷門廣牘》本」，最爲完備。

　　是書有明萬曆二十五年（1597）金陵荊山書林刊《夷門廣牘》本，上海涵芬樓影入《景印元明善本叢書十種‧夷門廣牘》、新文豐圖書公司影入《叢書集成新編》發行，又有民國間商務印書館《叢書集成初編》本，並收入《全明詩話》。

　　《夷門廣牘》所收是書，卷前下署「四明後學張懋賢編次」及「檇李後學周履靖校正」，周履靖著有《騷壇祕語》，已見前。卷末則附有楊仲弘〈詩法源流舊序〉。故是書之所以以「詩源撮要」命名，實因其書係摘取《詩法源流》的精要而成。

　　全書選列杜甫之詩，其下辨析各詩之詩格，包括「結上生下格」、「拗句格」、「節節生意格」、「吳體」、「接項格」、「交股格」等凡二十八格。所引各詩又別有單句的評釋以及總體的評價，如總評〈詠懷古蹟五首〉謂：「句字皆雅實，意度極高遠」，而評〈愁〉詩之首句「江草日日喚愁生」云：「草之生喻愁之多，喚字好」，評次句「巫峽泠泠非世情」云：「巫峽阻險，水之泠泠，豈世之清哉？」而如評〈秋興八首〉的第二首首聯「夔府孤城落日斜，每依北斗望京華」，云：「第二句交股，起後二聯。長安有北斗城，又指北斗，言依者，不遠也，又言依北斗爲標準而望京華也」，則有評釋析論作法。這些總評和摘評，有出於自己的看法，也有引自前人之言，是故是書不僅只是摘取《詩法源流》的精要，也將詩歌的評釋與詩格的體例結合，等於是爲《詩法源流》所著錄的詩格加上註釋，讓學詩之人可以將詩歌全文、評釋說解與詩格對照觀覽，是種方便的編纂設計。

竹里館詩說

　　五卷，汪時元著，存。

　　汪時元，生平不詳。所著《竹里館詩說》，有萬曆二十五年（1597）張惟

喬刊本，現藏北京圖書館，見《北京圖書館古籍善本書目》著錄。此書筆者未見。

冷邸小言

一卷，鄧雲霄著，存。

鄧雲霄，字元度，號衡疑外史，廣東東莞人。據道光二十年（1840）刊《冷邸小言》卷前所附《廣東通志》本傳，其人制行方嚴，慷慨重然諾，爲文淵浩宏碩，尤工於聲律，萬曆二十二年（1594）中鄉試，萬曆二十六年（1598）中進士，歷任蘇州府長洲縣縣令、南京戶部給事中、湖廣僉憲、四川參議廣西兵備等，以丁繼母憂，不復出，後以縣官誣陷，發憤病卒。著書甚多，遍及詩文詞曲，有《百花洲集》、《漱玉齋集》、《留都疏草》、《西征集》、《遊三岳稿》、《竹林小記》等。

是書經《四庫全書總目》卷一九七〈詩文評類存目〉著錄，〔註36〕並云：「此書前有自序稱『論詩什九，品古什一』，大旨以嚴羽爲宗，尊陶謝而桃蘇李，左王孟而右杜韓，司空圖所謂不著一字，盡得風流者，亦詩家之一派，不可廢也，然以爲極則，則狹矣」。〔註37〕然是書之流傳不廣，並曾散佚，故其裔孫鄧仁聲於道光二十七年（1847）梓刻之時，即謂其祖所著諸書俱存，「惟此編散佚已久，仁聲留心搜訪，始見鈔本，亟借歸，先嚴見之即繕就，仁聲嗣又得公全集，因見此編原刻，再三校對，將付剞劂」云云。筆者所見者，即爲道光刊本。〔註38〕蔡鎮楚〈明代詩話考略〉謂廣州圖書館藏有明鈔本，今又有《嶺南叢書》之《嶺南詩話叢編》本，二本臺灣未見。

是書約成於萬曆二十六年（1598）以後。鄧雲霄官於南京戶部給事中，時與客品古論文，覺有中矣，則急命小史書之，而投之匭，後改官深僻之地，檢得前匭，加以芟輯成此書。其〈冷邸小言自敘〉謂：「論詩什九，品古什

〔註36〕劉德重、張寅彭《詩話概說》中所列〈歷代詩話要目〉，謂此書有「四庫本」，其說錯誤，蓋《冷邸小言》僅見《四庫全書》存目著錄。

〔註37〕鄧雲霄的創作風格與其論詩取向一致，《四庫全書總目》，卷179，〈別集類存目六〉著錄其所著《解弢集》一卷，謂：「雲霄作《冷邸小言》，論詩以妙悟爲宗，以自然爲用，故茲集所載，多仿王孟之音，而醞釀深厚則未及古人。昔嚴羽作《滄浪詩話》，標舉盛唐，而所作乃惟存浮響，雲霄所論所作，蓋亦似之矣」。

〔註38〕此刊本臺灣未見，筆者所見係周維德教授提供清道光二十七年（1847）刊本之影本。

一，不知孰屬客語，孰屬我語，總而署之曰『小言』」，至於「冷邸」則因南垣俗稱「冷邸」，故以名書，以存昔時佳趣。

是書之品論，除如《四庫全書總目》所言，係以嚴羽《滄浪詩話》為宗之外，文字明曉暢達，無故弄玄虛之態，亦為特色。其論詩主張「詩以道性情」、「看詩者觀其情性所之」，進而推崇「和平敦厚」的情性表達風格，云：「大抵詩以和平溫厚為主，稍露聲色，便墮外道」。以為能夠達到這個標準的，首推《三百篇》，故謂：「《三百篇》溫厚和平，情深語婉，睠顧不忘，終不露一毫聲色」。〔註39〕由《三百篇》而論學詩之道，均以「和平溫厚」一以貫之，其謂：「為詩者，受胎於《三百篇》，成骨於《離騷》、漢、魏、晉，長肉於六朝之俊逸華腴者，然後取初、盛唐之閒雅風流，以為舉止談笑，雖甚韶秀，不帶綺紈氣，雖甚豪舉，不作罵坐語，可謂文人也已」。他以這個標準評論詩歌，也權衡詩人之人品。如評王安石〈明妃曲〉「漢恩自淺胡自深，人生只在相知心」、顧況〈去婦詞〉「回頭語小姑，莫嫁如兄夫」二詩，云：「此皆人倫之罪人，三百篇之蟊賊也」，贊許白居易「君王若問妾顏色，莫道不如宮裡時」、李夢陽「郎乎幸愛千金軀，但願新人故不如」，為「雖各同一題，而人品心術實天淵矣」。其將詩歌與人品混同等論，並以「和平溫厚」為唯一品論的標的，不無褊狹迂腐之失。

此外，是書極力推崇七子一派，除數引李夢陽、謝榛、胡應麟等人的詩說之外，其崇唐抑宋，以及主張學古等，均以極多的篇幅，多方比喻反覆申說。特別是在公安派興起的當日，〔註40〕其對復古詩說之闡揚，更是不遺餘力，嘗針對時勢流風表示不以為然：

> 說者謂，一代有一代之詩，一人有一人之作，何必效顰風騷魏晉，學步初盛唐人？還當自創奧堂，顧甘拾人餘唾。予以為不然。詩有自然之情，有自然之法，有自然之韻，非學古人、學天地間，不得不然也。如欲創奧堂矣，可不用前人木石，不可不用前人規矩準繩；

<hr>

〔註39〕推崇《三百篇》溫厚和平的相關論述，數見其書，如其讀《國風》又云：「始悟詩以溫厚和平為主，言之者無罪，聞之者足以戒。稍露幾微，便墮村婦罵偷雞口吻矣」，可謂其品論詩歌的重要標準。

〔註40〕袁宏道〈敘小修詩〉作於萬曆二十四年（1596），即謂「詩文至近代而卑極矣。文則必欲準于秦漢，詩則必欲準於盛唐，剿襲模擬，影響步趨，見人有一語不相肖者，則共指為野狐外道」云云（見《袁中郎全集·文鈔·序文》），此序一般目為公安派文學理論的初步形成。

恥拾人餘唾矣，能不取音於舌根，轉聲於齒韠，以足語，以手呼，得乎？故用古人已用之句，是蹈襲也，用古人自然之情、之法、之韻，雖用古而實自用也，何也？我實有之，反是則病狂譫語耳。如花月人所共賞也，今歲之花，非昔歲之花，而花樣不殊；今夕之月，即前夕之月，而月境忽別，是以屢賞而不厭。如曰是花也、月也，前夕前年曾看過，別討一花月而觀之，必夢入鬼道而後可。今之工寒澀、索奇僻，無景無情、無聲無韻，是入鬼道而已，何取焉？

此段詩話，揭示學古乃在用前人的規矩準繩，以寫自然之情、之法、之韻，故學古的要義在於「用古人自然之情、之法、之韻，雖用古而實自用也」，以此來回應當時反對擬古者所謂「一代有一代之詩，一人有一人之作」之說。其說雖言之成理，但仍不精確，譬如「用前人規矩準繩」一語，即相當含糊，若寫詩出以自我情性，但卻亦步亦趨於古人詩歌的體式、句法、字法等，務求合於「規矩準繩」，則《三百篇》至矣，後世又何有五言、七言、古詩、律詩、絕句等不同詩體、不同語言、不同書寫產生的可能？

當然，其所謂「前人規矩準繩」可能更有深層的涵意，試引是書另一則詩話加以論述，其云：

詩家情、景、氣、格、風、調六字，缺一則非詩，然其中最難者是「風」字。蓋如人之風流者，一段飄逸，不在言笑，不落形骨，不寄衣妝，轉盼含顰，咳唾步趨，皆覺可悅，惟裊絲飄雪，差可擬比，全不由人力矣。

其「情、景、氣、格、風、調六字」，應是由王世貞以「才思格調」論詩，胡應麟再闡釋以「體格聲調，興象風神」，一脈演繹而來。王世貞的「才思格調」之說，見於《藝苑卮言》卷一所云：「才生思，思生調，調生格。思即才之用，調即思之境，格即調之界」，〔註41〕意即詩的格律聲調是詩人才華與思想的顯現，詩的格律聲調又對詩人的才華思想加以引導與規範，故其云：「不孜孜求工於效顰抵掌之似，大較氣完而辭暢，出之自才，止之自格，人不得以大曆而後名之」，〔註42〕「才思格調」原是指導詩歌創作，而「止之自格」與「人不得大曆而後名之」，亦正是格調對於才思加以規範與制約的緣故。

〔註41〕見木鐸出版社翻印《歷代詩話續編》本，頁964。
〔註42〕見《弇州山人四部稿》（國家圖書館藏：明萬曆五年世經堂刊本），〈方鴻臚息機堂集序〉。

　　胡應麟的「體格聲調，興象風神」見於《詩藪》內編〈近體中・七言〉
云:「作詩大要不過二端，體格聲調，興象風神而已」，並深入說明:「體格聲
調，有則可循;興象風神，無方可執。故作者但求體正格高，聲雄調鬯，積
習之久，矜持盡化，形跡俱融，興象風神，自爾超邁。譬則鏡花水月，體格
聲調，水與鏡也;興象風神，月與花也，必水澄鏡朗，然後花月婉然，詎容
昏鑑濁流，求睹二者，固法所當先，而悟不容強也」。〔註43〕胡應麟的說法，
是以「興象風神」矯正、補強過於強調「體格聲調」的不足，「興象風神」是
「悟」，「體格聲調」爲「法」，由「法」以求「悟」，所以「悟」不離「法」，
故爲作詩之重要二端。

　　鄧雲霄所謂「情、景、氣、格、風、調」，正是轉襲於王、胡二人之說。
其所特重的「風」，所謂「一段飄逸，不在言笑，不落形骨，不寄衣妝」諸
語，正是胡應麟所謂「興象風神」之意，亦俱由滄浪詩論脫化而來，是詩作
神情佳妙、難以言喻之處。至於其所揭示「氣」，可謂「才思」煥發，「格」
與「調」則指「體格聲調」。較不同的是，加入「情」、「景」二端，其論〈關
雎〉之以雎鳩起興申言:「凡詩之道，觸物起興，即景生情」，又講求「發興
高曠，不墮谿徑，忽然而起，意遠情深」，這也是鄧雲霄論詩特別檢視著力
之處。所以，他所主張的學古「不可不用前人規矩準繩」應包括「情、景、
氣、格、風、調」六端，否則「非詩」也，而此六字詩法實承襲前人之論，
並非新見。

　　胡應麟之論詩，對鄧雲霄的影響很大，如胡應麟談「悟」與「法」，有
謂:「漢唐以後談詩者，吾於嚴羽卿得一『悟』字，於明李獻吉得一『法』
字，皆千古大關鍵。第二者不可偏廢，法而不悟，如小僧縛律;悟而不法，
外道野狐」。〔註44〕可以說鄧雲霄論詩主「情、景、氣、格、風、調」，又特
重於「風」，係由對嚴羽詩說之「悟」而來，而其於李夢陽談詩也深致贊許，
云:「李獻吉云:『疊景者意必二，闊大者半必細』，此言洩律詩三昧。杜之
『吳楚東南坼，乾坤日夜浮』，此疊景而意二也，然極闊大矣，下即接以『親
朋無一字，老病有孤舟』，又何情緒淒愴而極其細也……」，此所謂「洩律詩
三昧」，其實是胡應麟的說法，〔註45〕鄧雲霄擷取之再另舉詩例加以發揮而

〔註43〕見《詩藪》(臺北:廣文書局影印崇禎五年吳國琦刊本)內篇〈近體中・七言〉，
　　　　頁29。
〔註44〕同前註，頁29。
〔註45〕胡應麟此說見《詩藪》內編〈近體上・五言〉，頁10，其云:「李夢陽云:『疊

已，這也正是李夢陽「法」的所在。

鄧雲霄對於李夢陽之詩，也給予極高評價。如其論閻立本觀張僧繇之畫，三日往觀不足，更留宿其下，坐臥觀之，云：「比之詩道，杜子美、李獻吉非坐臥盤桓，竟日累月，鮮得其解者也」，將李夢陽詩與杜甫並論，顯見推崇。是故，在學古的方法與實踐方面，李夢陽可謂最符合鄧雲霄「用古人自然之情、之法、之韻，雖用古而實自用也」的理想。

可注意的是，後七子中的李攀龍，是鄧雲霄詆毀的學古失敗例證。其詆詞的理由在於李攀龍之詩未能出以和平溫厚，其云：「詩貴謙沖溫厚，風韻自然可挹。……若李于鱗（按應作麟字）則云：『主家池館帝城隅，上客相如漢大夫』，癡蠢之氣薰人，真村漢耳」。這裡同樣以「和平溫厚」的觀點作為品騭的標準，卻說明了其論學古有善學、不善學的區別，但這段評論所顯示的意義，更在他是以遠較後七子更嚴格的品評標準及復古理念，來面對萬曆中葉以後復古派本身的不同蛻變。

除了更嚴格、更強力的主張學古以外，鄧雲霄對宋詩的貶抑，也是他著力之處。是書有一則詩話以吹簫喻詩，並以之分別唐、宋詩：

> 又問詩法，曰，汝知吹簫乎？氣太微則一唉而無聲，氣太旺則聲過而不發，惟吐氣如蠶絲，優游紆徐，直貫而出，穿雲裂石，皆一縷所振矣。初盛唐詩，樓上之簫也，聽之隨風飄揚，逸韻哀音，沁人腑肺，而殊無指爪唇舌之跡；中晚近耳之簫也，但聞點指摭摘，囁唇舔嗒，何韻之有？即韻亦滯響耳；宋則吹火筒，全然無響，付之祖龍可也。

鄧雲霄說詩，比喻精彩，說理亦明白，為其所長。但其將宋詩「付之祖龍（按此為秦始皇之別稱）」，意即付諸火炬焚之的比喻，實不免過激，此與其極力推服滄浪、獻吉有關，亦見為人之「制行方嚴」（見前引《廣東通志》本傳）。

鄧雲霄如何將崇唐抑宋的觀點歸結為詩法？是書另一則詩話說得較明白：「余宦吳中，久不覺漸入吳音，因悟詞章之道，惟在所入。枕籍盛唐，時時把玩，即使爛熟，亦必微吟而諷之，急響以揚之，使其人之興趣神情，直

景者意必二，闊大者半必細』，此最律詩三昧。如杜『詔從三殿去，碑到百蠻開。野館濃花發，春帆細雨來』，前半闊大，後半工細也。『浮雲連海岱，平野入清徐。孤嶂秦碑在，荒城魯殿餘』，前景寓目，後景感懷也。唐法律甚嚴惟杜，變化莫測亦惟杜」。

若與余對面，日摩月染，自當沁入腑肺。若晚唐之詩，止錄其佳句一二，以備采輯。宋、元之語，則架上且不宜存，況案頭乎？」

明中葉胡應麟以《詩藪》集七子復古一派詩論大成之後，詩壇有兩個重要的趨向，一為復古派逐漸走向總結與修正的道路，一為公安派逐漸興盛。鄧雲霄屬於前者，他引嚴羽的「悟」來說詩，從李夢陽的「法」推演學古的方式與程序，他代表的是對公安派所引領風潮的不妥協，選擇以更嚴格而保守的態度，堅持復古的路徑。〔註46〕

詩言五至

五卷，屠本畯著，存。

屠本畯，字田叔，浙江鄞縣人，以門蔭入仕，官至福建鹽運司同知。雍正十一年（1733）修《寧波府志》卷二六〈文苑〉，謂其：「風流蘊藉，工詩文，善談論，晚年益以文史自娛，喜客逾甚，所言未嘗及世事，自稱曰『憨叟』，一時詞家俱奉為祭酒」，《四庫全書》著錄所著《閩中海錯疏》（〈地理類三〉）、《茗籍》（〈譜錄類存目〉）、《韋弦佩》（〈雜家類存目〉）、《情采編》（〈總集類存目〉）等書。《明詩紀事》庚籤卷二八謂其為尚書屠大山之子，以蔭授刑部檢校，遷太常典簿，歷南禮部郎中，出為兩淮運同，改福建，遷辰州知府，著有《屠田叔詩草》。

是書見《紅雨樓書目》〈詩話類〉及《千頃堂書目》卷三二〈文史類〉著錄，今存明萬曆二十六年（1598）刊本，書藏中國科學院圖書館，然《中國科學院圖書館藏中文古籍善本書目》著錄此書為十卷。蔡鎮楚《石竹山房詩話論稿》著錄中國科學院圖書館所藏為殘本，僅存卷五至卷十，且其書名題作「詩言」。徐𤊹除於《紅雨樓書目》著錄是書，並於所著《筆精》卷三「詩道之弊」條著錄「屠田叔詩談」一則曰：「屠田叔詩談云：『近時崇尚，甫解之乎？輒便咿啞，稍習聲偶，遽壽棗梨，人靡不握管城以摘詩，詩無不丐元晏而為序，詩道崇尚無過今日，清風輳響亦無過此時」。此書筆者未見。

〔註46〕鄧雲霄對復古派步向蛻變的更嚴格而保守的堅持，可以與本論文上編孫月峰《排律辨體》條的論述參看，他們都對復古派後期的轉變加以嚴格的省視與詆訶，並往上推崇李夢陽的詩法，代表了復古派胡應麟、王世懋等所走的修正路數之外，以更嚴格的復古來修正復古派轉型方向的另股潮流。

騷壇千金訣

一卷，李贄（1527～1602）纂輯，存。

李贄，初名載贄，字卓吾，號宏甫，福建晉江人。據《明清江蘇文人年表》引《李贄年譜》，其生於嘉靖六年（1527），卒於萬曆三十年（1602），年七十六。其中嘉靖三十一年（1552）舉人，歷官南京國子監學正、南京刑部員外郎、雲南姚安知府等職。好禪、談心性，嘗去髮著禪衣帽坐於堂皇，為上官勒令解任。又著《藏書》，品騭古今人物，而專崇釋氏，詆毀孔孟，居黃安，日引士人講學，雜以婦女，種種行為不合於當世，然聲名極高，焦竑、袁宏道等或從之論學，或往謁請益，所標舉「童心說」諸主張，影響明代思想及文學甚鉅，然終不免為言官所劾，自通州被逮至京，於獄中以剃刀自殺。事蹟見陶望齡《歇庵集》卷十一〈祭李卓吾先生〉（萬曆三十八年（1610）真如齋校刊本）、袁中道《珂雪齋前集》卷十六〈李溫陵傳〉（偉文圖書公司一九七六年影印明天啟二年（1622）汪從教刊本）、《明史》卷二二一、《罪惟錄》卷十八等。

李贄以思想聞名，並未以詩名於當世，故《列朝詩集小傳》、《明詩綜》、《明人詩品》、《明詩紀事》等重要明詩選本均未著錄其人其詩。《騷壇千金訣》是其詩話著作，《澹生堂書目》卷十四〈詩評類〉著錄云：「《騷壇千金訣》一冊一卷，李贄，《枕中十書》本」。今可見明萬曆間刊《抄補枕中十書》本；明刊《枕中十書》本；明大雅堂刊《大雅堂訂正枕中十書》本，此本題作「大雅堂訂正騷壇千金訣」，版心則有時題作「吟壇千金訣」；又有清康熙十二年（1673）刊《李卓吾先生祕書八種》本（一名《大雅堂藏書》），此本入錄《全明詩話》。

據國家圖書館藏明大雅堂刊《大雅堂訂正枕中十書》本，此本卷前有袁宏道〈枕中十書序〉，序中記載李贄生前對於自己著作的看法。袁宏道問：「爾數部中，誰是最得意者？」，李贄曰：

> 皆得意也，皆不可忽也。《藏書》，予一生精神之所寄也；《焚書》，予一生事跡所寄也；《說書》，予一生學問所寄也；別有十種，約六百餘紙，于中或集諸書，或附己意，此予一生遊戲三昧所寄也，尚未終冊，完當請足下校之。

兩人自此分別，一在南，一在北，不數年李贄竟以禍殞。由袁宏道此序，知《騷壇千金訣》是李贄晚年的纂輯，李贄視之為「一生遊戲三昧所寄也」

〔註47〕。

　　《枕中十書》的命名及發現經過，袁宏道序中也有記錄，那是己酉（萬曆三十七年，1609）其主陝西試畢，夜宿三教寺，偶于高閣敝篋中，獲此稿，讀之，大叫驚起，詢及老僧，僧謂：「鄉者，溫陵卓吾被逮時，寄我物也，囑以秘之枕中，毋令人見，今人已亡，書亦安用？」宏道曰：「嘻，奇哉，不意今日復睹卓吾也，卓吾其不死矣」，並為之修補續全，交由僧冰雪訂而藏之。

　　李贄的詩學思想以《焚書》卷三的「童心說」最具代表性，其謂「童心」是「絕假純眞，最初一念之本心」，他把「童心」與詩文等聯繫來談：「苟童心常存，則道理不行，聞見不立，無時不文，無人不文，無一樣創制體格文字而非文也。詩何必古選？文何必先秦？降而為六朝，變而為近體，又變而為傳奇，變而為院本，為雜劇，為西廂曲，為水滸傳，為今之舉子業，皆古今至文，不可得而時勢先後論也」。所以，「童心」揭諸眞與假的對立，眞心與道理聞見的對立，只要常存童心，則無一樣創制體格文字而非文，則詩何必辨體？何必嚴明體格？又何必取法乎上？

　　李贄的詩學主張，並未貫注於所著《騷壇千金訣》。因為《騷壇千金訣》是詩法彙編，依序纂輯嚴羽《滄浪詩話》的〈詩辨〉、〈詩體〉、〈詩法〉、〈詩評〉及〈考證〉。又有〈詩議〉輯錄明人劉基、解縉、方孝儒、丘濬、唐順之、瞿景淳、王世貞的詩論，其中不乏楊士奇、林環、商輅等罕見的輯錄。其下又引「詩有三體」、「詩有四格」、「詩有四練」、「詩有五忌」、「詩有八病」諸說，均出自託名白居易的《金鍼集》，然纂輯的來源並未註明。而「詩準繩」中「五言古詩」、「絕句」、「榮遇」、「諷諫」、「登臨」、「征行」、「讚美」、「贈和」、「哭挽」諸條全出自楊載《詩法家數》。「總論」條亦輯自楊載《詩法家數》。

　　其他又有「詩口訣」，其中「三不可」輯自《驪唐文集》；「八句法」輯自《王直方詩話》；「四不」、「四深」、「二要」諸條，為釋皎然之說；「三偷」輯自李叔《詩怨類格》；「十難」、「十易」、「十戒」、「十貴」輯自陳永〈吟窗雜錄序〉；「二十四名」輯自《原積集》，及「唐人句法」、「宋朝警句」、「風

〔註47〕李贄「遊戲三昧之所寄」，除《枕中十書》外，其另纂輯《詩學會海大成》三十卷，是詩學類書，由焦竑於萬曆二十六年（1598）刊刻，見《北京大學圖書館善本書目》。

騷句法」等的輯列。故是書纂輯前人詩式、詩格、詩話，以及時人論詩之語，不論內容、體例與纂輯的方法，都與前人所纂輯的詩法彙編無異，成為明代如朱權《西江詩法》、黃省曾《名家詩法》、朱紱《名家詩法彙編》、茅一相《欣賞詩法》等眾多詩法彙編的一員，與其《焚書》、《藏書》的思想則無大關涉。

李贄加入詩法彙編的纂輯行列，且是書之書名「千金訣」，即以所纂輯資料的珍貴難見而命名，李贄並視之為「一生遊戲三昧所寄也」，反映出此類詩法彙編，確實在明代文人中以「祕本」、「珍本」流傳，其受歡迎的意義並不只在指出格調派復古模古的學習典範，更是文人「遊於藝」的情趣所在。是書所纂輯的內容，偏重詩歌字句、法式、創作口訣等枝節末葉的問題，與李贄〈童心說〉「苟童心常存，則道理不行，聞見不立，無時不文，無人不文」的說法，會不會抵觸？筆者以為，李贄的「童心」是內在情感思想的作用，要出於「真」，要超脫「聞見道理」的束縛，而詩法則是外在的創制體格文字（即其所謂：「無一樣創制體格文字而非文也」），必須加以熟習體會，二者在創作的過程中共同巧妙作用，一任本心，約之音律法度，方能成就詩歌。〔註48〕所以，李贄的主張「童心說」與纂輯《騷壇千金訣》，仍有涵融的作用。

豫章詩話

六卷，郭子章（1542～1618）著，存。

郭子章，字相奎，號青螺，號蟫衣生，江西泰和人。《明人傳記資料索引》謂其生於嘉靖二十一年（1542），卒於萬曆四十六年（1618），年七十七。據《明詩紀事》庚籤卷十謂，其中隆慶五年（1571）進士，除建寧推官，遷工部主事，歷郎中，出為潮州知府，歷官四川僉事、浙江參政、山西按察使、湖廣布政使、福建布政使、兵部侍郎、右都御史、兵部尚書等。光緒元年（1875）刊《吉安府志》卷二六〈人物志〉有傳，謂其「宦蹟所至，隨地著書，有燕、閩、晉、粵、蜀、浙、吳、楚諸草，及《平播錄》、《易解》、《蟫衣集》等書

〔註48〕謝肇淛《小草齋詩話》卷一〈內篇〉頁五（日本天保讀耕齋六世孫林煒刊本），敘述情與詩法如果不能互相作用，會產生流弊，其云：「隨其所感，皆足成聲，然非約以音律、閑以法度，其散且流蕩放軼而不可止，故曰〈關雎〉樂而不淫，哀而不傷」，可以互參。

行世，又有《豫章大記》一百卷」。事蹟另見《皇明詞林人物考》卷二〈郭參軍〉等。

　　是書以「豫章」爲名，「豫章」即江西。此書多見著錄，《欽定文獻通考經籍考》著錄是書六卷，《脈望館書目》〈集部・詩話類〉則著錄「《豫章詩話》二本」；《千頃堂書目》卷三二〈文史類〉、《明史藝文志》均著錄「郭子章，《豫章詩話》六卷，又《續豫章詩話》十二卷」，別有《續豫章詩話》十二卷；《澹生堂書目》卷十四〈詩話類〉著錄「《續豫章詩話》四冊十二卷，澹生堂餘苑本」，此「澹生堂餘苑本」或爲祁承㸁家之鈔寫本，而《續豫章詩話》今實未見。此外，《八千卷樓書目》、《善本書室藏書志》卷三九著錄《豫章詩話》有舊鈔本，其中《八千卷樓書目》題作「明鄒子章撰」，「鄒」爲誤字；《善本書室藏書志》則進一步著錄此舊鈔本爲許周生藏書，並謂：「是編論其鄉人之詩與詩之作於其鄉者，上自古初，下迄於明，多據郡縣志書，頗有愛博嗜奇之失，前有萬曆壬寅（三十年，1602）張鼎思序，《四庫》入存目」云云，說明是書之內容與得失。

　　是書最早爲明萬曆壬寅（三十年，1602）莆田吳獻台校刊本，國家圖書館、江西圖書館藏，廣文書局影入《古今詩話續編》發行，此本前有萬曆壬寅孟夏張鼎思序，稱郭子章「以未刻《豫章詩話》見寄，且屬一言弁其端」，故知此本爲最早之刊行。南京圖書館藏有清鈔本，此本筆者未見，不知是否即《八千卷樓書目》、《善本書室藏書志》所著錄之鈔本？民國十年（1921）南昌豫章叢書編刊局編刻之《豫章叢書》，根據明鈔吳獻台校刊本，將是書付印，此本現藏中央研究院傅斯年圖書館，卷末附有民國胡思敬撰〈校勘記〉及其寫於己未（民國八年，1919）十月的〈豫章詩話跋〉，此本並由新文豐圖書公司影入《叢書集成續編》發行，也收入《全明詩話》。

　　關於是書內容的評論，前引《善本書室藏書志》之評語，實本諸《四庫全書總目》而來。《總目》卷一九七〈詩文評類存目〉謂是書多據郡縣志書所採，未免蕪雜，並舉房璘妻高氏碑刻之類、盧仝韓愈用龍鍾躘踵字之類，皆無關於豫章爲例，說明其愛博嗜奇之失。而胡思敬〈豫章詩話跋〉謂：

　　　　此書世罕傳本，且專載江西掌故，自漢初及有明中葉，凡鄉人負才
　　　　嗜學，稍能以文辭自見者，皆可考見顚末。今以明抄吳獻台校本付
　　　　刊，而弁《四庫總目》於首，《總目》謂此書多據郡縣志所采，吾郡
　　　　瑞州所領縣，皆有志，顧無一人廁名其中，知其言不足信矣。

基於是書，對其鄉里文士的著錄未備，而對《四庫全書總目》「多據郡縣志書所採」語提出質疑，間接也對是書的「博」，有所疑問。然江西以其山川風物的精彩豐富，人文的薈萃，特別是產生詩史上極具影響力的江西詩派，本身就有豐富的文化條件，值得加以整理記錄。

以詩學的著述而論，宋代呂居仁即有〈江西詩社宗派圖〉的著述，清代也有裘君弘《西江詩話》、張泰來《江西詩社宗派圖錄》，〔註49〕後二書均針對呂居仁的著作提出修正與增添。以張泰來爲例，其不滿於呂居仁者，包括其書所列江西宗派人物之籍貫，不皆爲江西；其書所列詩人之詩學淵源與風格不盡相同；其書漏列許多重要江西文人等，而進一步推進上溯江西的文學傳統，以爲「《三百五篇》之後，作者原有江西一派，自淵明已然，至山谷而衣鉢始傳」，〔註50〕張泰來的不滿，導因於以地域特色論述文學的觀念與方法上的差異。

當代學者龔鵬程以之爲例，並結合其他相關著作加以省視，在〈區域特性與文學傳統〉一文，歸納以地域論述文學的角度：一爲由人與自然的結合關係立論，著眼於創作者與生長地域自然地理條件的關係。二爲由人與人的自然關係立論，觀察同地域創作者的同鄉或異代同籍貫的關係，如何構成該地域的文化傳統。三爲由該地域的歷史文化條件立論，探看一地政經工商文教等發展狀況，對創作者的生活態度、人生觀、創作觀、作品表現等的影響。〔註51〕

郭子章《豫章詩話》的撰著，來自其「宦蹟所至，隨地著書」的習慣，故著重記錄江西的詩學活動，也與明代方志地理書的撰著風氣興起有關。是書的撰述角度，與張泰來等不同，係著重人與自然的結合關係，亦即張鼎思〈豫章詩話序〉所云：

> 詩話而曰豫章者，其人豫章之人也，不然，則其與也，不然，則宦而遊，過而登覽者，豫章之山川也。網羅見聞，拱枵今古，運以卓

〔註49〕 裘君弘《西江詩話》，國家圖書館藏有清刊本，廣文書局影入《古今詩話續編》；張泰來《江西詩社宗派圖錄》，有《昭代叢書》、《知不足齋叢書》、《清詩話》本。

〔註50〕 關於呂居仁、裘君弘、張泰來諸書之關係，及地域與文學傳統的相關議題，詳見龔鵬程〈區域特性與文學傳統〉（《古典文學》第12集，臺北：學生書局，1992年）。

〔註51〕 同前註，見該論文第四節〈地域與文學傳統〉。

識眇論，而一于詩乎發焉。

著錄以江西爲籍貫、與江西相關的詩人詩事，兼及書寫江西山川景觀的詩作，旨在存其人、存其詩、存其事，故張鼎思序中又以爲：「此非徒說詩也者，蓋詩史也」，以「詩史」許之。這反映出是書的著錄重點在於保存與記錄，而不在「評論」，因此他不具有以地域爲觀點的批評意識，無法深入構築江西的文學特色與傳統。關於此點，可以是書對於呂居仁〈江西詩社宗派圖〉的著錄加以觀察：

> 呂居仁作〈江西傳衣詩派圖〉，以山谷爲祖，列陳無己等二十五人爲法嗣，陳無己、潘大臨、謝無逸、徐俯、洪朋、洪炎、林敏修、林敏功、王直方、洪芻、饒節、高荷、江革、李錞、晁沖之、潘大觀、江端本、李彭、謝邁、楊符、何顗、韓子蒼、夏均父、僧仕可、僧善權。〔註52〕

此則詩話只在記錄、呈現呂居仁〈宗派圖〉的內容，沒有其他批評意見，與前引張泰來、裘君弘的反駁或增添呂居仁〈宗派圖〉，其撰作目的是不同的。正因爲《豫章詩話》以保存、記錄江西的詩學業績與活動爲撰作目的，如果資料的取材與論列不夠謹嚴，就容易流於貪多、蕪雜的毛病，《四庫全書總目》對是書「愛博嗜奇」的評語，應即針對這點立論。

　　以地域爲觀點，論述探看區域性的文學傳統，這樣的觀念與思考角度，《豫章詩話》較不能顯現出來，他只成就了江西的「詩史」。在明代詩話中，另一部《蜀中詩話》也是以地域爲書寫著錄的範疇，但其原爲《蜀中廣記》的〈詩話記〉，《蜀中廣記》著錄四川的名勝、邊防、通釋、人物、方物、仙、釋、游宦、風俗、著作、詩話及畫苑，蒐採宏富，等於是一部四川的地方史。〈詩話記〉爲後人別輯成《蜀中詩話》，其著述的方式乃廣博的取材於志書筆記詩話諸書，著錄與四川相關詩人的作品、生平行誼、詩學活動、詩作風格，不但勾勒四川一地的詩史，亦將之置放於整個中國詩歌流變史中加以論述，所以《蜀中詩話》與《豫章詩話》的撰述方法與撰述目的可謂一致。

　　這顯示到明萬曆年間，以地域爲書寫範疇的單本詩話，其撰作目的多在保存、呈現與記錄該地域的詩人詩作、詩學活動，較少運用以地域爲觀點的批評意識，深入探求或構築該地域的文學特色與傳統。這一個論述方向，實

〔註52〕《豫章詩話》（臺北：廣文書局影印明萬曆吳獻台校刊本），卷4，頁9。

有待清代詩話來努力。〔註 53〕

藝海泂酌

十一卷，存晉乘四卷、唐乘二卷，馮時可著。

馮時可，字敏卿，號元成、文所，江蘇華亭人。其中隆慶五年（1571）進士，除刑部主事，改兵部，歷員外、郎中等職，出為貴州副使、廣西參政、湖廣參政等職，所著有《超然堂集》、《吳閭集》、《西征集》、《滇南集》、《左氏釋》、《春秋辨疑》等。事蹟見《雲間志略》卷二十〈馮憲使文所公傳〉、嘉慶二十二年（1817）刊《松江府志》卷五四〈古今人物傳六〉、《明詩紀事》庚籤卷十等。

《澹生堂書目》卷十四〈文式文評類〉著錄是書十一卷。今存明萬曆三十年（1602）刊本，國家圖書館藏，然僅存〈晉乘〉四卷、〈唐乘〉二卷。又據東北師範大學圖書館所編《古籍善本書目解題》（東北師大圖書館一九八四年三月版），該館亦藏有〈晉乘〉四卷及〈唐乘〉二卷。

是書〈晉乘〉前有張以誠寫於萬曆三十年（1602）之〈晉乘題辭〉，稱：「元成先生自〈經乘〉，先秦、漢魏以及宋、元、我明各有乘，每乘談藝十七，敘事十三，所談出入，必挾風霜，所敘衮鉞，獨創月旦」。〈唐乘〉前有王家屏寫於萬曆二十九年（1601）的〈藝海泂酌唐乘引〉，亦稱：「元成尚有〈經乘〉、〈先秦乘〉、〈漢乘〉、〈魏乘〉，以及晉、宋、梁、陳、隋、北朝、宋、元、我明各有乘，以工鉅，先易者，俟諸刻成，當共為序之」，二序可大略見《藝海泂酌》之規模，且因卷帙龐大，採用陸續刊刻的方式刊行，全書也因此而零散，難睹全帙。

以〈晉乘〉、〈唐乘〉來看，是書主要品評晉、唐代的重要詩人與詩作，對前人詩話的相關評述作出再批評，並提出自己的詩學意見，間接也對當代詩壇狀況加以評論。其涵蓋面極廣，且實際的熟讀品味作品，就詩論詩，所以他的見解並不人云亦云，而能時有新意，讀之會心有趣。如李、杜孰優孰

〔註 53〕清代詩話中，以地域為書寫評述範疇的單本詩話，數量頗多，成就也較高，除裘君弘、張泰來的著作之外，又有鄭方坤《全閩詩話》、陶元藻《全浙詩話》、吳文暉《澂浦詩話》、梁章鉅《南浦詩話》及《雁蕩詩話》等，又有專門收錄一地女性詩人詩作的詩話，如梁章鉅《閩川閨秀詩話》、丁芸《閩川閨秀詩話續編》等。蔡鎮楚《中國詩話史》第四章〈清詩話的專門化〉有相關論述，可參看。

劣的問題，歷來眾說紛紜，馮時可提出品味李、杜二家詩的心得，〈唐乘〉卷一頁四云：

> 李白、杜甫，豪邁高簡、有氣節，相同；其流離困躓、終世無家，亦相同。然其詩皆以困而大昌，俱得《國風》諷刺之旨，李詩氣韻生動、飛揚六合；杜詩神力雄渾、涕淚千古。讀李詩能愁而不愁，讀杜詩能不愁而愁。

其「讀李詩能愁而不愁，讀杜詩能不愁而愁」，表達出一位尋常讀者的鑑賞與體會，而不使用批評家高高在上的語調，所以很能喚起讀者對李、杜詩的尋思與共鳴。

馮時可的品評不僅出於對實際詩作的研讀與推求，其他相關的評騭也見攔入討論，其中王世貞、王世懋、黃省曾的評論，即多見徵引商榷。如〈晉乘〉卷一頁三十六，針對王世貞評陸機：「陸不在多，而在模擬，寡自然之致」，以爲「然其集固在模擬，不免亦有獨運」；頁三十八又引王世貞評傅玄擬張衡〈四愁詩〉爲「大是笑資」等語，謂：「雖然，玄佳處亦多，豈可以短而廢長」。這兩則詩話中，馮時可對王世貞批評的再批評，手法是一致，都是主張不能以偏概全的批評詩家，看起來似乎是較爲客觀的。然而要求全面審視作品方能進行評論，固然是批評家應具備的基本功夫，但在形成批評言說時，卻不得不針對詩家詩作的大體、特色言之，或舉其犖犖知名、具代表性的作品來加以評論，這與「以偏概全」應該是有分別的。

馮時可顯然對王世貞的詩歌批評並不滿意，他在〈唐乘〉卷一頁十三，又藉由評論王世貞的言論，指出評詩不可只論一、二聯的看法，其云：

> 王元美云：「大曆諸公，才情所發，偶與境會，了不自知。其墮者如『到來函谷愁中月，歸去蟠溪夢裡山』、『鴻雁不堪愁裡聽，雲山況是客中過』、『草色全經細雨濕，花枝欲動春風寒』，隱隱逗漏錢、劉，至『百年強半仕三已，五畝就荒天一涯』，便是長慶以後手段」。雖然此就一二聯中語句稍緩而卑其調耳，然觀詩者仍須觀其上下全勢，如浮聲急響、比次相貼、文從字順，則又未可以一二聯論調也。

馮時可「觀詩者仍須觀其上下全勢，如浮聲急響、比次相貼、文從字順，則又未可以一二聯論調也」的說法，不啻是對傳統「摘句批評」的挑戰，也表達出其從事評論詩歌的基本理念，以及實際的評述操作步驟，這是此書能夠

自出新意的原因，其挑戰批評傳統、挑戰文壇巨擘，也使此書倍受矚目。

〈晉乘〉、〈唐乘〉二書所論的世代，雖與當世詩壇的距離遙遠，然在復古風潮的籠罩之下，卻又顯得貼近。馮時可雖然對於王世貞等人的詩論[註54]多所商榷，但其與復古派論唐、宋詩的遞嬗，看法仍屬一致。如〈唐乘〉卷二頁六九評述中、晚唐詩的時代風格之後，有云：

> 元輕白俗，郊寒島瘦，古有定評，杜牧之至疵，元白纖豔不逞，壞世傷教，不可湔滌，流爲趙宋，迄用無詩。大都初、盛唐詩，氣足以明志，氣完而意不必盡工；中、晚唐詩，氣不足以振意，意逾工而調愈離，譬之春禽入夏而變響，秋蛩撫節而增悲，曷知其所以然哉？

以時代氣運說明詩歌不得不變，而「流爲趙宋，迄用無詩」之說，實與七子如出一口。

儘管如此，其在〈唐乘〉卷一頁九云：「詩不必於備體，談詩而求備體，文士之鬥靡也。古《三百篇》賦比興皆觸意而出，矢口而成，安知備體？若求體備，便遠於性情。余嘗謂，學者但不當落人後，不必罩人長，所謂鞭弭壇坫、主盟代興，皆後世輕薄語」，強調詩歌抒發性情，不必刻意講求於體製的完備，不要被體製所束縛。所以〈唐乘〉卷二頁三二，他以杜甫〈北征〉、〈述懷〉諸篇爲例，以爲杜甫能「以唐音而運古意，眞射雕手」，又曰：「其不爲四言，不爲離騷，不用樂府舊題，是其獨立堂構，不蹈人蹊徑處。然杜甫不爲風騷，而得風騷之髓；韓、柳不用班、馬，而傳班、馬之神，深情遠興，篤念厚衷，豈淺學膚見所能窺其藩籬？」所以，「淺學膚見」只知在「體備」上下功夫，全不知古人所以名家，正在觸意而出，書寫深情遠興，亦在獨立堂構，不蹈人蹊徑。

這樣的觀念之下，他對當世的摹擬風氣提出質疑。〈唐乘〉卷二頁三十九針對學杜有云：「宋、元極學子美，如肖貌者，肖其衰病之貌；我明極學子美，如依聲者，依其咄遽之聲，即高者亦稱形似，罕能神解」，這些學杜之極者，對照前述杜甫的「獨立堂構，不蹈人蹊徑處」、「杜甫不爲風騷，而得風騷之

〔註54〕《藝海泂酌》對王世懋的詩評也有加以商榷，如〈唐乘〉，卷2，頁41引王世懋云：「今作詩必入故事，或謂盛唐即景造意，何嘗有此」、「然病不在故事，顧用何如耳。使事之妙，在有若無、實若虛」云云。以爲：「詩何必事？何必不事？要在偶觸，不在強索。蓋因興以發事，非牽事以就興」，說解用事之法更加圓融而自然。

髓」，何啻天淵？是故杜終是爲杜，而彼等終爲學杜！

由於這些質疑之聲十分鮮明，許學夷《詩源辨體》以復古派的觀點提出評論，認爲此書是袁中郎之先聲：

> 馮元成《藝海泂酌》，兼論古今詩文雜著，最爲繁雜。其論詩浮泛瑣屑，而實悟者少，間涉訓釋，大多穿鑿，至引古人詩句，則又似全不知詩者。又意在師心，恥於宗古，故盛推韓、蘇而無所避，此中郎之先倡也。但其資高學博，故於漢、晉人大體，間亦有得。〔註55〕

這一則批評指出馮時可論詩不依傍七子門庭的特點，雖肯定其「資高學博」，終以其「恥於宗古」爲憾。此則批評也可見《藝海泂酌》雖然刊刻並不興盛，但在當世的文人間確實相當的流傳，且是被劃歸公安的陣營，被視爲公安的先聲。而是書的「資高學博」，連許學夷也無法否認，這與馮時可踏實的熟讀作品、認眞的撰作態度有關，所以是書能夠引起話題、產生影響，並非偶然。這也反映明代人對於寫作詩話的態度，已是一種嚴肅的、專業的評論，馮時可是如此，許學夷也是如此。

讀詩拙言

卷，陳第（1541～？）著，存。

陳第，字季立，號一齋，福建連江人，萬曆時爲諸生，據《列朝詩集小傳》丁集中卷〈陳將軍第〉傳，其爲學官弟子，教授清漳，生徒雲集，後爲都督俞大猷（？～1580）招致幕下，教以兵法，起家兵營，出守古北，歷游擊將軍，居薊鎮十年，後致仕歸，爲名儒以終，其學以《詩》、《易》爲長，萬曆辛亥（三十九年，1611）年七十一，輯所著五言古詩爲《寄心集》，則其生年爲嘉靖二十年（1541）。所著尚有《毛詩古音考》、《屈宋古音考》、《兩粵游草》、《松軒講義》等。

是書係《毛詩古音考》之附錄，國家圖書館、故宮博物院圖書館藏有明萬曆三十四年（1606）會山樓刊《一齋集》本，《一齋集》係收錄陳第著作之自著型叢書。又有清乾隆四庫全書《毛詩古音考》本，臺灣商務印書館有影本發行。清嘉慶間張海鵬輯刊《學津討源》本，此本已將是書獨立成一書，而非作爲附錄，書名即題作「讀詩拙言」，新文豐圖書公司影入《叢書集成新編》發行。清道光二十五年《海山仙館叢書》本，此本有《八千卷樓書目》

〔註55〕《詩源辨體》（北京：人民文學出版社杜維沫校點本），卷35，頁349。

著錄。傳經堂刊本，此本爲北京師大圖書館所藏。詒莊樓舊鈔本，此本爲浙江圖書館所藏。據蔡鎭楚〈明代詩話考略〉，是書尚有《音韻學叢書》本及《凌氏傳經堂叢書》本。是書亦收入《全明詩話》。

是書爲專論詩韻之書，以爲「詩必有韻，詩之致也」，所以《毛詩》之妙正是「觸物以攄思，本情以敷辭，從容音節之中，宛轉宮商之外」，主張「《三百篇》，詩之祖、亦韻之祖也」，詩歌用韻應取法於《詩經》。然而由於時代變遷和地域的不同，古今語音會有流變，所以他認爲作韻書者宜權輿於《詩經》，「溯源延流，部提其字曰古音某、今音某，則今音行而古音庶幾不泯矣」，來避免以今音讀古詩的不和諧現象。

詩評密諦

四卷，王良臣纂輯，存。

王良臣，字忠亮，又字翼儆，江蘇常熟人。據《明清歷科進士題名碑錄》，其爲萬曆三十八年（1610）進士。又據光緒三十年（1904）重刊《常昭合志》卷二五〈人物‧耆舊‧王嘉言傳〉所附，謂其登進士後，知浦城縣，改國子監助教，擢刑部郎中，又曾出知梧州府，爲梧州名宦。該志卷四四〈藝文志〉則載其著有《詩評密諦》、《六朝餘韻》、《運甓》、《居易堂詩鈔》等。是書現有天啓年間所刊四卷本，藏於中國科學院，見《中國科學院圖書館藏中文古籍善本書目》著錄，筆者未見。

詩話類編

三十二卷，王昌會纂輯，存。

王昌會，字嘉侯，上海人。據同治十一年《上海縣志》卷十九〈王圻〉傳，王昌會爲王圻〔註56〕之孫，萬曆四十三年（1615）中舉人。然屢躓春闈，遂絕意進取，杜門讀書，又參與撰修《松江府志》，〈賦役〉、〈鹽榷〉諸大條目，皆出其手。晚年築室松原，極賓客宴游之樂，卒年五十八。

是書又稱「詩話彙編」，《澹生堂書目》卷十四〈詩話類〉著錄作「《詩話彙編》七本，王圻」，作者題爲王昌會的祖父王圻；《千頃堂書目》卷三二〈文史類〉題作「詩話彙」，有脫字；《明史藝文志》作「《詩話彙編》三十二卷」；

〔註56〕王圻纂輯《古今詩話》，其生平及《古今詩話》的相關論述，詳見本論文王圻《古今詩話》條。

《欽定文獻通考經籍考》則作「《詩話類編》三十二卷」。劉德重、張寅彭《詩話概說》附錄〈歷代詩話要目〉著錄云：「〈詩話類編〉三十二卷，《四庫》本」，此說有誤，蓋該書僅見《四庫全書》卷一九七〈詩文評類存目〉著錄。

　　王昌會所纂編《詩話類編》三十二卷，極可能以其祖父王圻所輯的《古今詩話》為底本，再加補益或整編而成，故《澹生堂書目》將是書作者著錄為「王圻」，可能不是誤錄。

　　是書有明萬曆四十四年（1616）刊本，國家圖書館、北京圖書館均有典藏，廣文書局並影入《古今詩話續編》發行，亦收入《全明詩話》，所以今日頗見流傳。書前有王昌會友人吳之甲〔註57〕所寫序文，謂：「嘉侯善繩祖武，獨飽青箱，汎瀾百家，醉心六籍、明經之暇，漁獵今古，裒採詩話，彙萃成編，上緯二儀，下隳八鴻，首颺忠孝節義，次敘科名仙佛，巨則郊廟宮闈，細及草木昆蟲，它若詼諧評賞、規諷讖異，咸收罥罣，廣資博洽」云云，可知是書纂錄緣由及旨趣。

　　卷前則有〈凡例〉，說明是書的輯錄體例，大抵有詩無話、有話無詩者不取；分門別類標其大概，略有重複者不妨互賞；每卷只標總類，不標細目，但寓有時間的次序；樂府亦加採輯，附於各門之後。而是書雖曰成帙，終是收羅未竟，但不妨於博覽，而日後所得將陸續增補，所以王昌會也請讀者「姑俟續集」。是書各卷的分類分別是：

卷一〈體格〉　　　　　　　　卷二至三〈名論〉

卷四至五〈帝王〉附后妃外戚　　卷六〈忠孝〉

卷七〈節義〉　　　　　　　　卷八〈夙慧〉、〈科第〉

卷九〈神仙〉附箕仙　　　　　卷十〈鬼怪〉

卷一一〈方外〉附尼姑　　　　卷一二〈宮詞〉

卷一三〈閨秀〉　　　　　　　卷一四至一五〈妓〉

卷一六至一七〈考訂〉　　　　卷一八至一九〈考訂〉

卷二○至二二〈品評〉　　　　卷二三至二四〈詩賞〉

卷二五〈詩遇〉　　　　　　　卷二六〈詩窮〉、〈詩彈〉

卷二七〈詼諧〉　　　　　　　卷二八〈感慨〉、〈識異〉

〔註57〕　吳之甲，字元秉，號茲勉，臨川人，萬曆三十八年（1610）進士，官至福建參政，生平見〈吳公暨配楊宜人合葬志銘〉（清順治十七年（1660）刊熊明遇著《文直行書》卷十四。

　　卷二九〈高逸〉　　　　　　　卷三〇〈弔古〉、〈哀輓〉
　　卷三一〈夢幻〉、〈規諷〉　　　卷三二〈雜錄〉

《四庫全書總目》評論是書有謂：「是編撤拾諸詩話，參以小說，裒合成書，議論則不著其姓名，事實則不著其時代，又並不著其出自何書，揉雜割裂，茫無體例，亦博而不精之學」，評價並不高。而是書係明代詩話彙編類著作的又一次大整編，有〈凡例〉說明纂輯著錄的體例，實非「茫無體例」，但其仍沿襲以往詩式、詩話彙編的缺點，如梁橋《冰川詩式》不標明所引錄詩法、詩格、詩式、詩話的書名或作者，〔註58〕以致是書仍是「揉雜割裂」、「博而不精」。

西園詩塵

　　二卷，張蔚然著，今存一卷。

　　張蔚然，字惟成（或作維成），浙江杭州人，生平不詳。民國十一年鉛印《杭州府志》卷九五〈藝文〉十著錄稱：「《西園詩塵》，杭州張蔚然撰」。又查徐㷆《紅雨樓書目》亦著錄是書，稱：「《西園詩塵》，二卷，惟誠」，《千頃堂書目》卷三二「文史」類則著錄：「張惟成《西園詩塵》二卷」，微有出入，「惟誠」或「惟成」應即張蔚然之字號，而《西園詩塵》則應有二卷之本通行。

　　是書今可見者惟有一卷本，如清順治刊《說郛續卷》三四收有《西園詩塵》一卷十條，作者題為「武林張蔚然」（按，武林即杭州），另《古今圖書集成》之〈文學〉下，亦收錄《西園詩塵》十條，兩者內容相同，應經過刪節或為殘本。該書現存十條篇目，分別為「函六籍」、「唐宋偏」、「騷體」、「古選則」、「習氣」、「古韻」、「律難」、「有聲無詞無義」、「三唐」及「擬古樂府」。又，其最末條「擬古樂府」，提及「歷下瑯邪」，則其時代約在萬曆年間，與李攀龍、王世貞同時或時代略後。

　　是書開宗明義即主張作詩應先窮經，不能以所謂「別才別趣」作藉口，其「函六籍」條稱：「匪謂六籍（按，即六經）同歸於詩，祇緣六義觸處皆是。不先窮經而以別才別趣自蓋者，究竟與此道何涉？」其下「唐宋偏」、「騷體」、

〔註58〕《詩話類編》卷1〈體格類〉也援引了梁橋《冰川詩式》的內容，然因未註明出處，所以無法明確的分辨。但卷1頁19「扇對格」條，著錄了梁橋「夏來幽興愜，攜酒問芳蘋。昨日花前醉，清衫藉玉人。今宵月下飲，翠袖舞紅茵；老去流光易，乘時欲怡神」詩，作為「中聯扇對」的例證。

「古選則」等條多在明辨詩歌體製，其作用仍在於作爲取法標的，如「古選則」條，認爲「選體東京而上，無跡可摹」，而典午以降，子建華實茂舒，情文備至，允是此體宗匠，可以與之羽翼的是阮籍的詠懷，他進而指出：「邇來吟壇，略分二家，尚逸者師陶，趣乏天成，多流而薄；掞藻者法謝，工裁人巧，漸類於俳，均非其至」。

因此，其論詩歌的學習並不專主一家或一代，「三唐」條討論近體詩的取法對象，主張「近體師唐固也」，但對當世動稱不作大曆以後語，提出「晚可廢乎」的質疑。他認爲「初唐有篇而無句，晚唐有句而無篇；初唐有骨而無聲，晚唐有聲而無骨，盛唐篇與句稱，聲偕骨勻，隨所意探，毋爲耳食，化而裁之存乎變，神而明之存乎人」，其意在兼融並包，不可偏廢。

這樣的看法亦貫注到時興的擬古樂府寫作之上。「擬古樂府」條即分析當日兩種寫作手法：「擬古樂府者，向來多借舊題，自出語格，病常在離；歷下瑯邪，酷意追仿，如臨摹帖，病復在合，若離若合，有神存焉，夐戛乎難哉，要之自得」，關於前者，張蔚然並未舉例，但當日影響力極大的李東陽擬古樂府，〔註59〕其作法即不依古題、不用古語，屬於所論「離」的典型；「合」的典型則應以李攀龍、王世貞爲最，二者各有所偏。張蔚然認爲學得不像，只是借題發揮，學得太像，又似臨帖，而離與合之間，有所謂「神」存在，一定要自己體會。是故其論詩不廢摹擬，不廢辨體，然在方法上更加圓融，甚至強調「自得」的重要，可視爲對七子一派的修正。

徐𤊹除在《紅雨樓書目》著錄是書，也在所著《筆精》卷三「西園詩塵」條中著錄是書的四則詩話，然謂作者爲「張維成」，與《書目》所錄的「惟誠」不同。徐𤊹對於張蔚然論詩不輕易否定前人、論學詩也不專主一家一代的諸多意見，深致推許，並云：「右數段皆發前哲之所未發，實論詩之金針也。今人乍占四聲，即自負曰『詩有別才』，不窺四部，而欲橫行藝苑，試取維成《詩塵》讀之」，有意的以《西園詩塵》所論針砭時人，從而顯示自己的詩學看法。而《筆精》所見爲二卷本《西園詩塵》，所錄四則詩話與《說

〔註59〕有明一代由於復古風氣的盛行，對擬古樂府的寫作極爲熱中除李攀龍、王世貞皆曾致力於斯之外，在他們之前，李東陽是重要的作者，且極具影響力，著有《擬古樂府》二卷，該書除有何孟春、潘辰等分別評點的兩種刊本外，朝鮮亦有《西涯擬古樂府》三卷本刊行。李東陽寫作擬古樂府，常因人因事而別裁機杼，不一定援用古人命題，也不因循古人語彙，自成一格，歷來即毀譽參半，詳參拙著《明代茶陵派詩論研究》頁23。又，關於擬古樂府的討論另見本論文下冊周霈「擬古樂府後語」條。

郛》續卷本有差異，除第一則從「易象幽微」起至「究竟與此道何涉」止爲相同，其餘三則詩話，或爲詳略不同，或爲《說郛》續卷所無，頗可補益，茲著錄於下：

> 五言古莫工於漢魏，莫盛於晉。七言古，莫工於初唐，莫盛於盛唐。五言律，莫工於盛唐，亦莫盛於盛唐。絕句，莫工於盛唐，莫盛於晚唐。獨七言律，自唐而工，至我明而始盛。

> 世謂作詩勿入唐以後事，自五代入明，事物人群之變，不知幾許，而謂盡不堪入詩料，此詞家習談，實藝林之積蠹。

> 宋三百年間，名卿碩儒高士踔絕，諸代製作紊紊，豈無篇句可追蹤往昔、流布來茲者。一稱宋詩，竟從抹殺，既未目睹且不耳聆，相率唾棄，眞可涕可怪。

以上三則詩話，主題及意見頗爲鮮明。其中駁斥時下「作詩勿入唐以後事」及抹殺宋詩的偏頗言論，辨析有力，難怪徐𤊹要當時那些「欲橫行藝苑」者，須取讀《西園詩塵》。至其論「七言律，自唐而工，至我明而始盛」，以詩史的角度，認定明代爲七言律的興盛時期。若觀察當世的復古主將如李夢陽、李攀龍、王世貞等人的詩歌創作，多致力於七律的寫作，可知明代的詩歌創作中，七律的寫作風氣確實是較其他詩體更爲盛行的。然如果進一步解讀「盛」字，可能不只是寫作風氣的盛行，而是包含著價值判斷，那麼張蔚然的說法是指明代七言律詩的成就最高、冠於前代，則此說就有爭議了。

　　事實上，明代晚期特別是萬曆以後的論詩者，逐漸開始觀察並總結明代初期、中期的詩人風格與成就。其中有因爲編選明詩總集之便，而針對所選列詩家作評論，如顧起綸的《國雅品》等。有專門撰作詩話加以評品，如王世貞的《明詩評》等。更有站在高處，回顧並評論明代詩壇的整體走向者，如胡應麟的《詩藪》，他不僅爲明代復古派評定成就，也指出明代詩歌能夠「度越宋、元，苞綜漢、唐」，開展詩歌創作的新領域。〔註60〕張蔚然「七言律，自唐而工，至我明而始盛」的看法，立足點與胡應麟相似，他推高明

〔註60〕 胡應麟的說法見《詩藪》內編〈古體上〉，筆者曾以「杜詩集大成」說爲論述點，探討胡應麟綜論歷代詩歌演變以及明人學杜的企圖與目的，他推廣「杜詩集大成」的意義，由復古而趨新，認爲明詩寫出自己的成就，而超越宋、元，集漢、唐之大成。詳見〈明代格調派詩論中的「杜詩集大成」說——以李東陽的《懷麓堂詩話》爲論述中心〉，《國立編譯館館刊》，第 23 卷，第一期，1994 年 6 月。

代復古詩作中七言律的成就，一方面挑戰了當時「唐以後無詩」之類的論調，一方面也強調明詩可以別開生面，對於當世詩壇有針砭、有肯定，無怪家中藏書豐富、見多識廣的徐𤊹，要特別徵引《西園詩麈》的言論，以爲「論詩之金針」。

說詩補遺

八卷，馮復京（1573～1622）著，存。

馮復京，字嗣宗，江蘇常熟人。據錢謙益《初學集》卷五五〈馮嗣宗墓誌銘〉，其生於萬曆元年（1573），卒於天啓二年（1622），年五十，而其父祖皆不仕，潛心述作，其亦「強學廣記，不屑爲章句小儒」。〈墓誌銘〉又謂其「少而業詩，鉤貫箋疏，嗤宋人爲固陋，著《六家詩名物疏》六十卷」、「君形容清古，風止詭越，翹身曳步，軒唇鼓掌，悠悠忽忽如也。性嗜酒，酒杯書帙錯列几案，歌嘔少倦，則酌酒自勞，率以爲嘗」，可想見其人也。所著另有《先賢事略》、《說詩譜》、《蟭螟集》及《明右史論》未成稿等。

是書又名「說詩譜」，並未實際刊行，故無法流傳，今有原稿本及清初鈔本，均藏於復旦大學圖書館，周維德整編《全明詩話》，將之收入。此書筆者未見，據周維德〈明詩話提要〉著錄是書云：「卷一，總論詩體、詩格、詩思、詩韻、詩病；卷二至卷四，論唐以前之詩；卷五至卷八，論唐詩。此編之撰，是針對『凡今之人，守瑯琊之《巵言》，尊心寧之《品彙》，羽北海之《詩紀》，信濟南之《刪選》，謂子美沒而天下無詩』之論而發。於是『歷觀唐人諸集』，兼及漢、魏、六朝之作，從辨體辨格入手，用『一生目力』，寫成此編，以否定七子詩有定格、句字摹擬的論調。他通過各個時代詩之具體分析，指出一代有一代之詩，不必法漢魏，宗盛唐，卑薄齊、梁、陳、隋。所以對前代之作，不必句摹字擬。即使大家之作，也不盡善盡美，如『李翰林之狂率，杜拾遺之刻露，皆非詩之正也』。李、杜如此，況他人乎？至於詩歌創作，他提出十點要求，即達才、構意、澄神、會趣、標韻、植骨、練氣、和聲、芳味、藻飾。詩歌創作要寫性抒靈，使才仗氣，可以動天地，感鬼神，震心魄，駭耳目」。

此段〈提要〉的論述相當詳細，所引馮復京書中「凡今之人，守瑯琊之《巵言》，尊心寧之《品彙》，羽北海之《詩紀》，信濟南之《刪選》，謂子美沒而天下無詩」等語，正是萬曆年間詩壇現象的寫實，可以看到王世貞《藝

苑卮言》、高棅《唐詩品彙》、馮惟訥《詩紀》、李攀龍《唐詩選》及《古今詩刪》，爲當世最爲讀者接受、最爲流行的詩學著作，也標誌出這些著作的影響力。相形之下，馮復京欲挑戰這樣的影響力，是極爲困難的，何況，馮復京的詩學觀念仍是復古，所尊奉的仍是唐以上的詩家與詩作，而其所指出的一代有一代之詩，也沒有下及宋、元與當代，沒有因此而肯定每個時代詩歌的特色與佳處。所以，他雖看出當世句摹字擬、迷信大家的弊病，實則並未拋開復古時風的牢籠，僅在辨體辨格、詩歌創作方面提出些微修正見解而已。

詩文要式

一卷，胡文煥著，存。

胡文煥，字德甫，號全庵，一號抱琴居士，浙江錢塘人（或作仁和人，仁和古即錢塘地），爲杭州著名刻書商。據丁申《武林藏書錄》中卷所載，胡文煥於萬曆、正德間，構文會堂藏書，並設肆流通古籍，刊《格致叢書》至三、四百種，名人賢達多爲序跋。其爲杭州書肆中刻書最多者，時人稱所刻之書爲「胡文煥板」。

是書見清乾隆元年（1736）刊《浙江通志》卷二五二〈經籍〉十二，及民國十一年鉛印《杭州府志》卷九五〈藝文〉十著錄。《趙定宇書目》則著錄黃葵陽家藏《稗統續編》中有《詩文要式》一本，不著卷數、作者，不知是否同爲一書。是書現有明萬曆三十一年（1603）刊《格致叢書》本，爲胡文煥採摭前人詩法文式之作，然國家圖書館所藏《格致叢書》均爲殘本，未見是書。周維德〈明詩話提要〉著錄是書：「首述詩文八法：曰養氣、曰抱題、曰明體、曰分間、曰立意、曰用事、曰造語、曰下字。每法下，又有具體分類論述。如養氣下，又分肅、壯、清、和、奇、麗、古、遠八類。八法之後，又有取論法、總論文、總論詩、論體、對偶、句法、字法、氣象、音節、辨體一十九字等目，是關於創作理論和創作方法方面的問題」，可見是書之大概。

詩家集法

一卷，胡文煥著，存。

胡文煥編有《詩文要式》，已見前。是書現有明萬曆三十一年（1603）刊《格致叢書》本，不著作者姓名。清乾隆元年（1736）刊《浙江通志》卷

二五二〈經籍〉十二，及民國十一年鉛印《杭州府志》卷九五〈藝文〉十，均著錄是書爲胡文煥所著，則此書應爲其編集前人詩法，並刊入《格致叢書》者。

詩法統宗

不著卷數，胡文煥纂輯，疑存。

胡文煥著有《詩文要式》、《詩家集法》已見前。明人趙用賢《趙定宇書目》著錄《稗統續編》中收錄《詩學統宗》七本，其下有小字註云：「計四十二種，內二十四種與《吟窗雜錄》同」，此則著錄，書名略有出入，然與《詩法統宗》應爲一書。清乾隆元年（1736）修《浙江通志》卷二五二〈經籍〉十二、民國十一年鉛印《杭州府志》卷九五〈藝文〉十皆著錄是書，惟不著卷數。是書筆者未見，據羅根澤《中國文學批評史·晚唐五代文學批評史》第二章〈詩格〉（上）云：

> 二十四年（1935）冬，北平琉璃廠文友堂書舖送售明人胡文煥《詩
> 法統宗》，所收五代前後的詩格，較《詩學指南》更多僧保暹《處囊
> 訣》一種。……二十六年（1937）夏，琉璃廠黎元閣書舖送售明刊
> 本南宋陳應行《吟窗雜錄》，所收五代前後詩格，與《詩法統宗》全
> 同，字句亦無大異。知《詩法統宗》出於《吟窗雜錄》，《詩學指南》
> 出於《吟窗雜錄》或《詩法統宗》不可知，但決不外此二書。

該書又云：「文友堂的送售人說《詩法統宗》是《格致叢書》的一部份，覈之沈乾一《叢書書目》，確是全同於《格致叢書》的評詩類，大概因爲《格致叢書》本是陸續編刊，所以評詩類遂題爲『詩法統宗』，分印單行。」〔註61〕羅根澤親見其書，其以詩格爲觀察重點，謂《詩法統宗》實源出於南宋《吟窗雜錄》〔註62〕，而清顧龍振所編《詩學指南》可能又出自《詩法統宗》。羅根澤並言胡文煥所編《詩法統宗》實即其所編的另一部叢書《格致叢書》的評詩類，上述看法值得參考。惟《詩法統宗》今已不見，臺灣現藏明萬曆三十一年（1603）刊胡文煥所編《格致叢書》並未分類，所收詩法詩格類著作計有四十種：

〔註61〕見學海出版社 1990 再版，頁 518。
〔註62〕《吟窗雜錄》在明代的刊行，楊繩信編《中國版刻綜錄》著錄嘉靖二十七年
　　　　（1548）崇文書堂刊有南宋陳應行所編《吟窗雜錄》五十卷。

魏文帝《魏文帝詩格》

（梁）鍾嶸《詩品》

（唐）李嶠《評詩格》《詩家一指》

（唐）賈島《二南密旨》《沙中金集》

（唐）白居易《文苑詩格》

（唐）釋皎然《詩議》

（唐）釋皎然《中序》

（唐）釋齊己《風騷旨格》《詩家集法》

（唐）白居易《金鍼詩格》

（唐）王昌齡《王少伯詩格》

（唐）王昌齡《詩中密旨》

（唐）王叡《炙轂子詩格》

（宋）梅堯臣《梅氏詩評》

（宋）魏慶之《詩人玉屑》

（宋）張鎡《詩學規範》

（宋）梅堯臣《續金鍼詩格》

（元）傅與礪《詩文正法》

（元）傅與礪《詩法正論》

（元）范梈《木天禁語》

（元）范梈《詩學禁臠》

（元）揭傒斯《詩法正宗》

（元）揭傒斯《詩宗正法眼藏》

（元）楊載《詩法家數》

（明）釋文彧《文彧詩格》

（明）王夢簡《詩要格律》

（明）黃子肅《黃氏詩法》

（明）徐禎卿《談藝錄》

（明）徐寅《雅道機要》

（明）徐衍《風騷要式》

（明）保暹《處囊訣》

（明）胡文煥《詩文要式》

　　（明）釋虛中《流類手鑑》

　　（明）胡文煥《六言詩集》

　　（明）李洪宣《緣情手鑑詩格》

　　（明）淳大師《詩評》

　　（明）王玄《詩中旨格》

　　（明）李攀龍《詩學事類》

《詩法統宗》之大概規模與內容，可得而見之。《四庫全書總目》卷一三四〈雜家類存目〉十一著錄《格致叢書》，並說明該書刊刻之情形：

　　　　是編爲萬曆、天啓間坊賈射利之本，雜採諸書，更易名目，古書一

　　　　經其點竄，並庸惡陋劣，使人厭觀。且所列諸書亦無定數，隨印數

　　　　十種，即隨刻一目錄，意在變幻，以新耳目，冀其多售。故世間所

　　　　行之本，部部各殊，究不知其全書凡幾種。

《總目》並引書中採摭《困學紀聞》論詩語爲《困學紀詩》、採摭《玉海》詩類一門爲《玉海紀詩》等爲例，評價極低。然《總目》所引二書，臺灣所藏《格致叢書》未見，果然是「部部各殊，究不知其書凡幾種」。而《詩法統宗》之成書，可能爲市場射利考慮，故從《格致叢書》中析出，單獨成套販售，此亦呼應前述羅根澤的推測。

　　　至於清顧龍振（苓窗）編刊之《詩學指南》，今有乾隆二十四年（1759）敦本堂刊本，據該書卷前浦起龍的序云：

　　　　自今取士兼用詩，一時選帖四起，然未有以條別宜忌爲世正告者。

　　　　顧君苓窗乃版行其手最叢話，曰詩學指南者，問序於儃叟。苓窗

　　　　涇陽之裔，其家景行梁汾中，以諸舊人皆詩者也，濡染緒論，以

　　　　出是編，比于行之有導，述爲圖經指南之云，誌所受也。……

是知《詩學指南》的編刊，乃因應清初科舉重行以詩取士的需要。全書五卷，所收包括傅與礪《詩法正論》、黃子肅《詩法》、揭傒斯《詩法正宗》、楊載《詩法家數》、《詩宗正法眼藏》、《詩學正源》、魏文帝《詩格》、賈島《二南密旨》、白居易《文苑詩格》等，嚴羽的《滄浪詩話》亦被析爲《詩辯》、《詩體》、《詩法》、《詩評》、《考證》各別收錄。全書多詩格、詩式之作，〔註63〕而時代、

────────────

〔註63〕明、清時人有以詩格、詩式之作爲詩話者，故詩話叢書多收這些體製短小的詩格或詩式，作爲學詩範本，如今最流傳的何文煥《歷代詩話》，即收有

作者亦標誌不全，且前後錯雜，毫無章法，並未經過良好的整編。

再者，《格致叢書》收錄李洪宣《緣情手鑑詩格》等九種詩格，作者皆題爲明人。《詩學指南》亦收錄李洪宣《緣情手鑑詩格》、徐衍《風騷要式》、釋文彧《詩格》、釋虛中《流類手鑑》、僧淳《詩評》、王玄《詩中旨格》、王叡《詩格》、王夢簡《詩要格律》、徐寅《雅道機要》九本詩格，除釋文彧、徐寅題作「唐人」外，其餘不著作者時代。周維德《全明詩話》將上述兩種叢書所收之詩格，悉認定爲明代的詩話作品。然，上述諸詩格，前引羅根澤《晚唐五代文學批評史》已有重點式論述，以爲皆係五代前後作品，他針對所購得的《詩學指南》云：

> 自《緣情手鑑詩格》至《雅道機要》，皆晚唐五代人所作，其餘除王昌齡《詩格》、《詩中密旨》、僧皎然《詩議》、《詩評》，皆宋初人僞作。總之皆五代前後產品。〔註64〕

故上述《格致叢書》收錄所謂明人之作，仍應存疑。

又，《格致叢書》所收李攀龍著之《詩學事類》者，應係類書，而非詩話，蓋類書之內容多縱橫世代，所錄皆割裂刊削，再予分門別類，以利翻檢使用，且李攀龍並無此類著述，應係僞託其名。《四庫全書總目》卷一三八〈子部‧類書類存目〉著錄胡文煥編有《詩學彙編》，並謂是書即就《詩學大成》採輯重編而來，而《詩學大成》本依託於李攀龍，是故此處所謂《詩學事類》者，或即刊削《詩學大成》而來。

詩林正宗

四卷（或作十二卷），余象斗纂輯，存。

范德機《木天禁語》、《詩學禁臠》。浦起龍在〈詩學指南序〉中謂：「詩有則焉，有指焉。則如伐柯之則，詩選是也，開之自晉摯舍人及其流，無慮以百數；指即指南之指，詩話是也，開之自梁鍾記室及其流，亦無慮以百數。此二家者，紛論漫汗，問道者苦之，抑其被於用也，又有辨，何者？詩教至梁陳間，漸講聲律，聲律興而條別宜忌，動輒有犯，初機之士，苟悔厥旨，則雖陳，莫尋其軌，犯輒不免焉。譬入匠氏之門，揣員方之成器，以爲道盡此矣，捉斤削而從之，其不蹈於偭規矩而敗度者幾稀。故詩選者，員方之成器也；詩話者，規矩也，此之不可不審也」。其意以顧龍振所編《詩學指南》皆屬詩話、爲規矩，乃以作詩之條別宜忌正告於世者。所以一般記事隨筆的詩話，反而較無法達到「規矩」的作用，反而是詩格、詩式之作，更接近其所謂的「詩話」。

〔註64〕見羅根澤《晚唐五代文學批評史》（臺北：學海出版社，1990年），頁517、518。

　　余象斗，字仰止，號仰止子，又號仰止山人、三台山人，又稱雙峰堂余文台，福建建陽人，為著名出版家。據張秀民《中國印刷史》頁五二○謂其刻書風格：「萬曆間建陽書林余氏，以文台余象斗雙峰堂最有名，自稱三台山人余仰止，自己編書刻書不少，在萬曆戊戌（二十六年，1598）編纂的《海篇正宗》二十卷，卷端有《三台山人余仰止影圖》，圖繪仰止高坐三台館中，女婢捧硯，童子烹茶，憑几論文之狀。又仰止余象斗編輯，雙峰堂文台余氏刊行的《詩林証宗》（按「証」為「正」之誤），亦有與此類似之《三台山人余仰止影圖》。這樣突出宣傳自己的作家兼出版家，在書史上是少見的」。又，余象斗所編刊之書，《中國印刷史》頁三八五亦有記述：「萬曆間除刊有《大方萬文一統內外集》、《校正演義全像三國志傳評林》二十卷、《全像忠義水滸志傳評林》二十五卷外，又自己編寫了《西漢志傳》、《南游記》、《北游記》、《皇明諸司廉明奇判公案》等」。

　　是書見《紅雨樓書目》之〈詩話類〉著錄，不著編者姓名，卷數為四卷。今則可見明余氏雙峰堂刊本，書名題作「仰止子詳考古今名家潤色詩林正宗」，卷數為十二卷，另有《韻林正宗》六卷，全書共十八卷，藏於北京圖書館，然僅存一至四卷，見《北京圖書館古籍善本書目》。此本筆者未見，然其書頗經刊刻，楊繩信《中國版刻綜錄》著錄了兩次的刊刻：其一為書林余氏雙峰堂萬曆間刊《仰止子詳考古今名家潤色詩林正宗》，不著卷數。其一為書林雙峰堂余文台萬曆間刊《仰止子詳考古今名家潤色詩林正宗》十八卷。此外，《中國印刷史》頁三八五又記錄「余氏雙桂堂刻余象斗編《三台詩林正宗》」，可知此書迭次刊刻，大抵此類詩話彙編有其市場，所以余象斗親自纂輯，而余氏出版世家也視之為賣點。

詩學叢言

　　二卷，冒愈昌（？～1633）著，存。

　　冒愈昌，字伯吝，江蘇如皋人，為博士弟子員，負盛名，豪邁亢直，為人所忌，遂浪遊吳越之間，詩名甚著。萬曆四十七年（1619）嘗與鍾惺、譚元春、茅元儀、傅汝舟等，集於南京烏龍潭，崇禎六年（1633）卒，〔註65〕著有《金陵集》、《綠蕉館小刻》等二十餘種。事蹟另見嘉慶十三年（1808）

─────────────

〔註65〕以上見張慧劍編《明清江蘇文人年表》頁 448、514，引自《譚友夏合集》卷一一及《拙存堂逸稿》卷 2。

刊《如皋縣志》卷一七〈列傳〉二。

是書見嘉慶十三年刊《如皋縣志》卷二一〈藝文〉三著錄，惟不著卷數。光緒元年（1975）刊《通州直隸州志》卷一六〈藝文志〉亦著錄：「詩學叢言，如皋冒愈昌撰」。是書今有明末刊本，題爲「詩學雜言」，藏上海復旦大學圖書館，筆者未見。

詩宗類品

六卷，孝文纂輯，存。

孝文，不知何許人。據周維德教授告知，是書有明萬曆刊本，現藏於吉林大學圖書館，蔡鎭楚《石竹山房詩話論稿》〈明代詩話考略〉亦有著錄，筆者未見。

詩說紀事

三卷，胡之驥著，存。

胡之驥，字伯良，江蘇蘇州人。據清光緒九年（1883）刊《蘇州府志》卷一三六〈藝文一〉著錄謂：「萬曆初，之驥與故懷寧守朱期至善，因家焉。嘗客燕趙，南浮江淮，北出雲中、上谷，與諸鉅公游，而瀟湘、雲夢，猶同堂也，期至卒，爲序遺稿，行世見《吳門筆乘》」。則其游跡遍天下，交接鉅公，或亦「山人」之類人物。

是書見前引《蘇州府志》之〈藝文一〉著錄，亦見民國二十二年鉛印《吳縣志》卷五六上〈藝文考一〉，均不著卷數，且《蘇州府志》所錄似誤將是書析爲二書，題作：「胡之驥，《詩說》、《注江文通詩集》、《紀事》」。

是書臺灣未見，據蔡鎭楚〈明代詩話考略〉所錄，今存明萬曆刊本，書藏上海圖書館。此本亦經鄭振鐸《西諦書目》著錄，惟內容不詳。

詩法大成

十卷，謝天瑞纂輯，存。

謝天瑞，生平不詳。是書見《販書偶記續編》著錄，並云：「無刻書年月，約萬曆間復古齋刊」，蔡鎭楚〈明代詩話考略〉著錄此書現有明復古齋刊本，書藏北京圖書館，又有明刊本，中央民族學院藏，筆者未見。

容齋詩話

六卷，陳基虞著，存。

陳基虞，生平不詳。是書《紅雨樓書目》〈詩話類〉著錄：「容齋詩，六卷，陳其虞」，書名應脫一「話」字，而作者名亦將「基」誤作「其」字。《千頃堂書目》卷三二〈文史類〉及《澹生堂書目》卷一四〈詩文評・詩話類〉則著錄：「客窗詩話，六卷，陳基虞」，書名又有出入，但應爲誤字，實爲一書。《玄賞齋書目》卷七〈詩話類〉及《趙定宇書目》引《稗統續編》均著錄《容齋詩話》，惟不著卷數及作者。是書今有明刊本，藏於北京圖書館，見《北京圖書館古籍善本書目》著錄，筆者未見。蔡鎮楚〈明代詩話考略〉著錄是書作「蓉齋詩話」，並謂中國社會科學院文學研究所亦藏有是書之明刊本。

古今詩話纂

六卷，李本緯纂輯，存。

李本緯，生平不詳。《明史藝文志附編・國史經籍志補》著錄其所輯《古今詩話纂》六卷三冊。據蔡鎮楚〈明代詩話考略〉所述，該書現存明萬曆刻本，藏於安徽圖書館。

綠天耕舍燕鈔

四卷，雪濤子纂輯，存。

雪濤子，不知何許人。是書見《欽定文獻通考經籍考》著錄，然不著撰人。《四庫全書總目》卷一九七〈詩文評類存目〉著錄是書則云：「不著撰人名氏，但署曰雪濤子輯，不知何許人也。其書雜取明人論詩之語，綴合成編，無所發明，考證大旨，排王李而主鍾譚，殆當萬曆、天啓之間《詩歸》盛行之後歟？」可想見其書大旨。據《北京圖書館善本書目》所錄，是書今有清鈔本，四卷，題「明雪濤子撰」，此本筆者未見。

名賢詩旨

一卷，作者不詳，存。

是書見《趙定宇書目》引《稗統續編》著錄，現可見清乾隆二十四年（1759）敦本堂刊《詩學指南》本，爲該叢書之卷五。是書雜引前人論詩之

語，所錄包括摯虞、劉勰、鍾嶸、張茂先、沈休文、劉禹錫、李德裕、李仲蒙、東坡居士、三山老人、朱晦庵、楊誠齋、嚴滄浪、漁隱、姜白石、庚溪、李希聲、王直方、呂居仁、潘邠老、潘子眞等，未嚴格按照時代排列，類信筆漫錄而成。此外亦有引錄書籍之詩論，如《金陵語錄》、《韻語陽秋》、《筆譚》、《小園解後錄》、《隱居詩話》、《緗素雜記》、《童蒙訓》、《復齋漫錄》、《藝苑雌黃》、《西清詩話》等。亦雜引元、明人的著作，如虞集《詩訣》、謝榛《詩家直說》。所錄書有詩話、有筆記，雜然紛陳，而各家著錄的份量不一，然皆有關詩歌創作理論、方法、體製等的討論，尚稱豐富。

由於是書經《趙定宇書目》著錄，趙定宇即趙用賢，〔註66〕生於嘉靖十四年（1535），隆慶五年（1571）中進士，卒於萬曆二十四年（1596），是故是書雖不著編者姓名，其編成時間應在萬曆二十四年以前。

詩文浪談

一卷，林希恩著，存。

林希恩，字懋勛，號龍江，又號子谷子，亦稱三教先生，福建莆田人，博學工文，能以艮背之法治病，生平立說，欲合三教爲一。《四庫全書總目》卷一二五〈雜家類存目二〉著錄其《林全子集》時謂爲「悠謬殆不足以與辨」。事蹟見《名山藏》卷九六、《南雷文案》卷九〈林三教傳〉及同治十年（1871）重刊《福建通志》卷七〇〈經籍〉。

是書有明末刊《古今詩話》本、清順治《說郛》續卷本，清初《古今圖書集成》〈文學下〉亦收有此書十二則。以上三種版本均爲十二則詩話，內容相同。

是書並經《澹生堂書目》著錄於卷十二〈集部・總集・逸詩〉，並謂：「《詩文浪談》一卷，林兆恩，《林子分內集》本」，林希恩作「林兆恩」，有誤字，而是書經祁承㸁（1562～1628）寓目，且著錄「林子分內集本」，則該書於萬曆年間或之前即已寫成。

是書直揭「詩言志，歌永言，聲依永，律和聲」之說，強調「詩之貴聲也」，故全書均集中以詩之聲立論，並以問答的形式，以「聲」爲中心，一一設問，再以「林子曰」闡釋精義。

〔註66〕趙用賢字汝師，號定宇，江蘇常熟人，事蹟見《國朝徵獻錄》，卷26，〈定宇趙公行狀〉、《明史》卷229等。

　　他首先討論詩之聲除區分平仄外，平仄之中又各有輕重清濁之分，此乃
天地自然之聲，可是唐以後鮮有知之者，因爲不知，所以也無法窮盡詩之變。
他以爲唐人所謂變體，就是變其平仄之聲，亦即在輕重清濁之間加以變化。
同時，「聲之有律，非特近體爲然」，實是古已有之，非惟古體有聲，《三百篇》
亦皆聲也。其實詩之有輕重清濁倒不是難得之祕，重視聲律的李東陽在其《懷
麓堂詩話》已經說過：「今之歌詩者，其聲調有輕重清濁長短高下緩急之異，
聽之者不問而知其爲吳爲越也」，所以他與友執作詩，常常請能歌的王古直等
加以歌唱。而詩之有聲律，自古已有的看法，謝榛在《四溟詩話》卷二即已
說明：「《三百篇》已有聲律，若『蒹葭蒼蒼，白露爲霜』。暨《離騷》『洞庭
波兮木葉下』之類漸多，六朝以來，黃鐘瓦缶，審音者自能辨之」。

　　林希恩又云，不惟《三百篇》與近體之聲不相涉入，初、盛、中、晚唐
之聲亦不相涉入，即使是宋以來集杜甫詩集者看來，一人之聲也有不相涉入
者，其舉「梨園子弟才作海鹽之聲，頃作弋陽之聲，又頃作鄉曲之聲，而概
謂一人之聲率相涉入可乎哉？」加以說明。正因爲聲之不相涉，故三百篇之
後有漢魏、有六朝、有唐、有宋，恥相襲也，即如騷賦亦然，騷而後有賦，
賦而後有文賦，這正是其所謂由聲可盡詩之變的具體說明，而上述聲之不相
涉的主張與「恥相襲也」之語，也具見其反對抄襲的態度。

　　最後，他強調輕重清濁之聲雖由吟詠而得，而其所最自得處，實在氣機
之自然。然此「自然」，須得擬議，須有師授，他否認「無師自悟」，云：「不
有所授，而能作靡靡之聲以動人乎？故上而爲聖爲賢，中而習舉子業，下而
百工雜技，莫不貴於得師，而曰學由心悟者，自誣而誣人」，此說則顯見對當
日心學的揚棄。

　　是書全以詩之聲立論，所言雖不盡新創，但宣示原則，頗有重心。清代
以後之詩話，數見全書專論聲調者，如王士禛（1634～1711）《古詩平仄論》、
趙執信（1662～1744）《聲調譜》、翟翬（1752～1792）《聲調譜拾遺》、翁方
綱（1733～1818）《小石帆亭著錄》等，所論盡皆精密入細，但此種全書通論
聲調的書寫方式，林希恩應已爲先聲。

藕居士詩話

　　二卷，陳懋仁著，存。

　　陳懋仁，字無功，浙江嘉興人。據康熙二十年（1681）刊《嘉興府志》
卷十七〈陳懋仁傳〉，謂其「性嗜古，節俠自喜，參軍泉州，不以簿書廢鉛槧，

記泉南事，多故牒所未備，足跡幾遍海內，晚歸著述，凡二十餘種。李維楨（1547～1626）嘗曰：『予周覽天下五十餘年，僅得檇李陳無功、子蓋謨，篤行博學，精考天文地理象數聲韻諸書，皆有師法，爲世所宗』。則其所處時代當在萬曆年間。所著《泉南雜志》、《年號韻編》、《析酲漫錄》、《庶物異名疏》、《藕居士詩話》，均見《四庫全書總目》著錄。

《欽定文獻通考經籍考》著錄是書，惟書名作「藕花居士詩話」；《千頃堂書目》卷三二〈文史類〉著錄：「陳懋仁《藕居士詩話》，二卷」；劉德重、張寅彭《詩話概說》〈歷代詩話要目〉謂此書有「四庫本」，此說錯誤，蓋是書僅見《四庫全書》之〈詩文評類存目〉著錄耳。蔡鎮楚《石竹山房詩話論稿》之〈明代詩話考略〉著錄此書，書名作「藉居士詩話」，「藉」爲誤字。

是書有清初鈔本及清鈔本，均藏於北京圖書館。周維德編《全明詩話》，收錄是書之「翰林院所藏鈔本」，此本當亦清代之鈔本，或即北京圖書館所藏鈔本之一。觀周維德教授所提供鈔自翰林院所藏鈔本，卷首有陳懋仁〈自序〉，謂是書係摘編舊稿而成，考證多而評騭少，如《百川學海》所錄詩話，什七因事，不專論詩之例。而是書之考證主要側重於詩句的典故、來歷，《四庫全書總目》卷一九七〈詩文評類存目〉「藕居士詩話」條謂：「懋仁及與袁宏道、鍾惺、譚元春游，故其論詩大旨，以公安、竟陵爲宗」。《總目》對於是書考證之舛陋處，亦一一條舉，至有謂：「所註杜詩諸故實，亦茫無根據，無一字可信也」者，對是書之考證成果提出頗多質疑。

詩事的考證得當與否，關係著學養閱歷與判斷力，自應加以辨析。然是書的側重考證，也反映著陳懋仁的詩學觀念，值得加以探看。首先，他強調詩歌用事以「無跡」爲貴，所以卷上第十二則詩話稱讚「杜詩用事無跡，往往如此，而注者每失之」；第七十三則詩話讚漢詩「胡馬依北風，越鳥巢南枝」，爲「若不使事而事在其中」；第八十四則詩話謂李賀詩「其語亦有來歷，所用故實隱而不顯」，並言：「讀有長吉所讀之書，始可學長吉之詩，若只貽笑優孟，夫何爲乎？」可見其竭力於考證，正在於彰顯「用事無跡」之妙。

其次，卷下第六十八則詩話，引鍾惺所言：「古人詠史，不指定一事，寫意而已。今人寫意詩，反靠定用事」，陳懋仁以爲「寫意在虛，用事在實。蓋才乏用虛，故摭事作料，而猶誇于人，曰博洽切題，而不知其拙」。此則詩話對鍾惺詩說加以補充證成，反映其論詩之旨確實與竟陵相淵源，也見其對於用事，強調不可以矜誇的立場。

　　再者，是書卷上第八十則詩話云：「袁中郎力糾明詩，藝林咸允，十集出，幾于紙貴。務去陳言，力驅剽竊，殊有功詩道」。然其對袁宏道自謂「不襲前人一字一意」，以為未必盡然，所以舉袁詩有「落絮粘行牘」，老杜已有「落絮粘行蟻」句；袁詩有「文雅王元美，清夷孫太初」，即本老杜「清新庾開府，俊逸鮑參軍」等為證。第八十一則詩話再次強調「中郎自以不襲前人一字一意，然往往入長吉圍中而不自知」，引袁詩以與李賀詩語相擬。陳懋仁所以細挑袁宏道詩之與前人相合者，並不是以此指摘中郎，而是其考證詩句出處的一貫態度，用以證明「詩之有來歷」，並不因公安詩說的提倡而有所不同。他對於袁宏道的詩十分推崇，是書卷上第八十二則詩話還保留其編選中郎詩選時所寫的序文：

　　　袁石公藝談天出，若以為明無詩者，以其覿緣多而生眞少也。夫
　　　詩如流黃間色，錯綜成章，重黯輕明，何機葳有，畏善各成，不
　　　是盜剽。故知所謂明無詩，非無詩也，無其不己出，而搬排人有
　　　者也。故其詩曰：「羶骨蝗回旋，驢背蒼蠅聚。曠眉少冶容，邯鄲
　　　無高步」，諷鋒雖利，實匪徒言。且自弘、正以前，尚靡一當于公，
　　　乃今人不自深得，至秕人唾而盜人涓，不知肖則人優，弗肖則我
　　　面并失。大要公不顧遺譏，殲剽礪鈍，在各出己見，不從人腳根，
　　　一語援濡溺耳。若其詩自為體，不資陰映，淺識者猶處違仁。故
　　　蕞其新秀獨至，與來者期劊陳根于慧圃，疏宿物于清渠。而後融
　　　諸性情，自出機杼，以無犯公摭腐拾浮之誚可也。又其詩曰：「除
　　　卻袁中郎，天下盡兒戲」，又曰：「碌碌彼人奴，餘膽蔽天地」，豈
　　　公為之斯必有以中公者？其謂不拾前人一字，似未盡然。總之，
　　　公蓋泛覽六朝，微闕少陵，乃心長吉，而自為石公者也。

陳懋仁所編之中郎詩選，並未刊行，然此段序文對於袁宏道的詩觀，有「所謂明無詩，非無詩也，無其不己出，而搬排人有者也」、「大要公不顧遺譏，殲剽礪鈍，在各出己見，不從人腳根，一語援濡溺耳」等的說解，也提出「今人不自深得，至秕人唾而盜人涓，不知肖則人優，弗肖則我面并失」的意見，對於袁宏道則致以「泛覽六朝，微闕少陵，乃心長吉，而自為石公者也」的總評。所以此序除了具有輔翼袁宏道詩說的作用，也反映其雖著重詩歌用事、詩句淵源的追索，但最終仍以自成一格、新秀獨至為可貴。

小草齋詩話

三卷，謝肇淛著，存。

謝肇淛，字在杭，福建長樂人。《明詩紀事》庚籤卷一謂其爲萬曆二十年（1592）進士，歷官湖州推官、南刑部主事、雲南參政、廣西按察使、布政使等職，有《小草齋集》。

錢謙益《列朝詩集小傳》丁集卷下謂：「余觀閩中詩，國初林子羽、高廷禮，以聲律圓穩爲宗；厥後風氣沿襲，遂成閩派。大抵詩必今體，今體必七言，磨礱娑盪，如出一手。在杭，近日閩派之眉目也。在杭故服膺王、李，已而醉心於王伯穀（王穉登），風調諧合，不染叫囂之習，蓋得之伯穀者爲多」，而朱彝尊《明詩綜》則謂其「詩格不高，而詩律極細，其持論亦平，如于鱗、元美、敬美、子與、伯玉，皆所傾心」，又謂：「是時景（竟）陵派已盛行，而在杭能距之」。錢謙益謂謝肇淛不染王、李叫囂之習，且受王穉登的影響，王穉登在當時是吳中詩派的詩人，與公安派來往倡和密切，此說說明謝肇淛除了承自閩中詩派的聲律圓穩，服膺王、李，公安派也給予一定的影響。朱彝尊則謂其傾心七子，能距竟陵派。

錢、朱二種說法，其實反映謝肇淛身處萬曆中、晚期，面對七子復古與公安、竟陵的遞嬗，其論詩、作詩都經過較爲全面的吸納與思考，有對嚴羽「以禪說詩」與閩人前輩高棅《品彙》推尊盛唐的堅持，也對詩境「無色無著」加以提倡，更標舉「古今談詩如林，然皆破的，深得詩家三昧者，昔惟嚴滄浪，近有昌穀而已」，指出心之嚮慕。其在實際的評論上，一方面批評七子故作俊語夸辭的毛病，一方面針砭公安淺率之失，左右攻詰，檢討弊病所在，並不確立惟一的詩學眞理。謝肇淛應是晚明紛亂時代下勇於申張自我的文人類型，其論詩、作詩也就不一定標舉明確宗主。

是書應寫於萬曆末年，曾經《紅雨樓書目》〈詩話類〉、《千頃堂書目》卷三二〈文史類〉、《明史藝文志》著錄，然均作「四卷」。今有明天啓四年（1624）刊本，此本卷前有馬欻寫於天啓四年之序，此序附於日本天保刊本及江戶寫本卷首。日本內閣文庫藏有《小草齋詩話》之「明天啓四年存刊本」，只有〈內篇〉、〈外篇上〉、〈外篇下〉三卷，又藏「日本江戶寫本」，則爲五卷之全本，該文庫又藏明天啓六年（1626）刊《小草齋文集》，故其典藏謝肇淛的作品頗爲全面。

周維德教授將《小草齋詩話》編入《全明詩話》，所據爲「讀耕齋刊本」，

亦只有前三卷，與日本所藏之本相同，其又據郭莫等《閑齋抄本》補入〈雜篇〉二卷。然在〈明詩話提要〉並未對「讀耕齋刊本」及郭莫等《閑齋抄本》的典藏與刊寫情形多作說明。

是書又有清刊本，上海圖書館藏，蔡鎮楚〈明代詩話考略〉著錄，然未註明卷數及刊刻者等相關資料。

又有日本江戶寫本，此本典藏於日本內閣文庫，書後有讀耕林子寫於戊戌季冬（日本萬治元年，清順治十五年，1658）之跋，可知此本鈔寫之時日。此本包括〈內篇〉、〈外篇上〉、〈外篇下〉、〈雜篇上〉、〈雜篇下〉，各為一卷，共計五卷，是為全本，有影本行世，國家圖書館藏有影本。據書末讀耕林子跋云：

> 《小草齋詩話》五卷，謝肇淛所著也。分為內、外、雜著，擬于莊子也。其論詩未必可為定論也，貶斥宋人，且往往駁議杜詩，而明代詩人崇尚至矣。近世大明學者之癖，各自如此，然而其可採觀者，儘有之。偶得之於書市，電矚塗朱以慰一時之目下，且又馬欻之序，天啟甲子也，乃是天啟四年而本朝寬永元年也，余之降生實在此年，感慨係焉，因書其後。

此「讀耕林子」者，即抄寫者自號，其據明天啟四年刊本抄寫，內、外、雜篇俱全，應為足本。然此本抄寫之訛誤頗多，如〈內篇〉頁四「興趣」作「與趣」；頁八「儀卿所謂悟者」作「惜者」；頁九「時政」作「時改」；頁十「舉子業」作「本子業」；頁十二「拗體」作「拗林」；卷二〈外篇上〉頁三「高棅」作「高棟」；頁五「本色」作「本邑」等，不一而足，閱讀時應注意。

又有日本天保二年（清道光十一年，1831）刊本，讀耕齋藏板。據魏子雲教授所贈之日本所藏讀耕齋刊本影印本，其「牌記」上題有「明謝在杭先生著」、「讀耕齋林先生舊藏本摹刻」的字樣，則是書係據讀耕齋舊藏本重新摹刻。其內容包括〈內篇〉、〈外篇上〉、〈外篇下〉，各為一卷，共計三卷。書前有讀耕齋六世孫林煒及天啟四年馬欻兩篇序。據馬欻序云：「余友謝在杭詩話一帙，分內、外、雜三篇」，知此本並不完整，缺〈雜篇〉的部分。林煒寫於天保年之序則謂此書為友人持其先人讀耕齋舊刊本，囑以影抄撰刊。

由於是書在中國及臺灣的典藏不廣，今人關於謝肇淛詩說的討論，僅有袁震宇、劉明今《明代文學批評史》於〈晚明的詩文批評〉中闢專節討論。該書分析謝肇淛詩論中「詩主漸悟」、「無色無著」之說，指出其提倡一種若

即若離、似是非是的風格或意境，是晚明時期縱談禪悟，滌盡禮法的社會思潮在神韻說上的反映。

筆者以為，詩學發展至明代晚期，要別開生面並不容易，謝肇淛經由對當世詩壇的批判，建立、凸顯自己的詩說，也留下明代詩壇的重要記錄。《小草齋詩話》前三卷較多理論的陳述，後二卷〈雜論〉則詩事的考證記錄居多。是書中對當時詩壇的批判言論多面且相當深刻，如卷一〈內篇〉頁二（見日本天保二年摹刻讀耕齋本，下同）提出「詩之七厄」說，即整體的評騭當世詩壇現象，有云：「今之士子，幼習制義，與詩為仇，程課之外，父母師友禁約不得入目，及至掇高第跕清華，猶不知四聲為何物、蘇李為何人者，求田問舍，懵然老死，此一厄也」，其說揭露明世熱中科舉制義，時人反對子弟涉獵古詩文的情形，同時也讓我們思考現今文學史、批評史所呈現的文學現象，畢竟是極為片面與狹隘的。

謝肇淛又謂，當世也有雋才逸足，不甘被公車束縛，然門徑未得、宗旨茫然，或墮於惡道，迷謬不返，或安於坐井，而域外未窺，以致縱有美才，竟無成就，此亦一厄。又有里兒浪子，學人咳唾，數語近似，就以為成仙成佛，而不明經讀史、博古通今，此又一厄。此外，他又指陳達官貴人的浮慕時名，效顰染指，既無宿根，又乏傳授，而讚賞附耳、彈射不聞；世冑公子竊他人之作，欺世盜名，文集百卷，而目不識一丁；又有山人傲睨不可方物，饑則依人，飽則颺去，胸中枵若敗絮，有志之士羞與為伍等等，皆詩之厄也。則見當世古文詞在科舉時文之外，為士人顯揚才名或換取衣食的一個途徑。

謝肇淛亦由摹擬來論時弊，如卷一〈內篇〉頁六云：「近之學杜者，無病而呻吟；學李者，未言而號叫；學六朝者，男作女吻；學漢魏者，少為老態。學之彌肖，去之愈遠，則亦效顰之過，而非古人之罪也」。卷二〈外篇上〉頁十又重申：「本朝詩病於太模仿，又徒得其形似，而不肖其丰神，故去之愈遠」，因此他以「悟」來作為求得古人丰神的良方，卷一頁十即謂：

> 參禪者聞擊竹櫟鍋，皆能悟道，此理可思。功非一日，悟非偶然也，詩無悟性，即步步依唐人口吻，千似萬似，只是做得神秀，地位較之獦獠，尚隔數塵在。

他以禪宗為喻，以為詩若無悟性，即使步步依隨唐人口吻，終只做得「神秀」，達不到「獦獠」，亦即「慧能」的境界。至於「丰神」何謂也？謝肇淛接著以美人為喻，有一段精彩的說明，其云：

> 作詩如美人，丰神體態，骨肉色澤，件件勻稱，鉛華妝飾，亦豈盡
> 卸不御，至於一種綽約流轉、天然生機，有傳神人所不能到者。今
> 人讚畫像，動曰形神酷肖，只少一口氣耳，不知政這一口氣，千難
> 萬難。

故學作詩就要悟得、求得詩歌的「綽約流轉、天然生機」，亦即詩歌的那「一
口氣」，謝肇淛說「千難萬難」，所以才值得「功非一日，悟非偶然」的多方
體悟研求。

　　由對「丰神」、「綽約流轉、天然生機」這種若即若離、難以言喻詩境的
闡述，謝肇淛提出對「興」的主張。卷一頁十二他指出：「詩以興為首義」，
而頁十一則直云：「詩境貴虛」、「詩情貴真」、「詩興貴適」、「詩意貴寂」，都
是推崇詩歌天真悠遠、虛緲自然的意境，他說：「詩無色，故意語勝象、淡語
勝穠；詩無著，故離語勝即，反語勝正」，反映在詩歌創作上就是著重於「興」
的手法，是純任天真、不廢雕琢、自然而妙的渾成。謝肇淛也注意將玄虛的
理論，加以落實，卷一頁十二即云：「繪繡者乏神情，摹擬者寡自得，太奇者
病理，過工者損格，涉議者色卑，牽理者趣失，意多者詞不流，事僻者調不
逸，無主者雜，自用者舛」，把創作上易犯的毛病，如過分雕琢、摹擬、過於
尚奇、多涉議論、說理、意過於詞、用事冷僻、沒有確立宗主、師心自用等，
一一指陳，使學詩者易於檢視、領悟，避免舛誤。卷一最末一則詩話則以「夜
半鐘聲到客船」、「驚濤濺佛身」等實際的詩句，以及王維畫中的雪裡芭蕉為
例，以為「詩家三昧，正在此中見解」，說明「詩境貴虛」、「詩無著，故離語
勝即，反語勝正」的道理。

　　由時人對「悟」的見解，謝肇淛著重以「學」為觀點，來針砭時弊。如
是書卷一頁八云：「悟之一字，誠詩家三昧，而今人藉口於悟，動舉古人法度
而屑越之，不知詩猶學也」；頁九云：「嚴儀卿曰『詩有別才，非關學也；詩
有別趣，非關理也』，此言矯宋人之失耳。要之天下豈有無理之文章？又豈有
不學之詩人哉？但當亭毒醞釀，融其渣滓，化而出之，使人共知，又使人不
知」；頁十云：「若不思不學，而坐以待悟，終無悟日矣」，這樣的反覆申說，
在是書中頗多。其論「學」，除了與「悟」標舉，還演為具體可行之法，卷一
頁十三云：

> 吾教世之學詩者，先須讀五經，不然無本原也。次須讀二十一史，
> 不然不知古今治亂之略也。次須讀諸子百家，不然無異聞異見也。

　　三者皆於詩無預，而無三者，必不能成爲詩。

其教世之學詩者，以五經、二十一史、諸子百家來豐厚蓄積，這是較一般「讀萬卷書」的說法，更加明確的門徑。而「學」與「摹擬」，在謝肇淛看來是絕然對立的，摹擬並不是「學」，反而是「不學」的結果，他說：「百工技藝皆有師，而詩獨無師。學百工技藝者，皆專精苦思，殿最工程，而學詩者，獨摹擬剽竊，苟且了事」，這也是對摹擬者的再一次指控。

　　在廣泛評論之外，謝肇淛就當世的詩人詩作加以評論。如卷三〈外篇下〉頁二七評同鄉詩人鄭善夫的學杜，以爲其「掊擊百家，獨宗少陵，呻吟枯寂之語多，而風人比興之誼絕。譬之時無春而遽秋，人未少而先老，才情未肆而詩格變衰，事未陳而聲淚俱下」，指出鄭善夫所學於杜詩者，已非杜詩的得意之處，何況其未能得其丰神，所以評以「風人比興之誼絕」。

　　至於其對李攀龍的評語，不但前後不一致，對照其對摹擬的批評，又顯得爭議。如卷二頁三針對李攀龍的鐃歌樂府批評：「掇拾漢人唾餘，而云日新之謂盛德也，將誰欺乎」；頁十評李夢陽「活剝少陵，高處自不可掩，而效顰之過，亦時令人嘔穢」，評李攀龍則謂：「于鱗一變爲雄色，天下翕然，從風而靡，亦小白之霸也」，在這樣的標準下，王世貞被評爲「取材雖廣，擇焉不精」，近時諸公則「以六朝易七子，色格愈下」。顯然在前、後七子中，謝肇淛最看重的是李攀龍，詆訶的只是其鐃歌樂府的摹擬。原因何在？同卷頁十二有云：

　　後生作詩，開口便誚于鱗，不知于鱗崛起山東，位既不尊，地復寡
　　援，一時製作，便使天下後世從風而靡，即拔山蓋世，不雄於此矣。
　　蓋其時，政當少陵濫觴之後，一旦以雄俊警拔之語變之，自能移風
　　易作，然此老苦心至矣，其用力亦深矣。

他並引錄李攀龍初作詩尚操「齊音」，日後下定決心絕去的故事，說明「前輩苦心若此，今之人能彷彿其萬一耶？」這一段詩話意欲爲「後生之誚于鱗」，提出辨正。其由攀龍出身之無依傍、作詩之苦心言之，固然足爲後生楷模，卻沒有就詩言詩，沒有針對時人的譏評主要是李攀龍摹擬以及字句的複出，提出具說服力、客觀的評論。而頁十二又云：「詩自有法，何必抵死學杜？宋三百年，正作此病，而今人往往未能脫去口吻，至謂獻吉得杜之變，于鱗得杜之正」，謝肇淛以爲李夢陽學杜，但李攀龍「與杜原不干涉，況其立意正欲矯獻吉之弊者，安得強而合之」，故其所讚賞於李攀龍者，又在其

「與杜原不干涉」、「立意正欲矯獻吉之弊者」。這點雖涉及個人的眼光與品味，然對照謝肇淛對當時詩壇的整體評騭，與其對詩學觀念的申說，無寧顯得突兀。

第四章　明代晚期的「現存」詩話
——泰昌至崇禎年間

詩品會函

四卷，陳仁錫（1579～1634）纂輯，存。

陳仁錫，字明卿，號芝台，江蘇長洲人。據《啓禎兩朝遺詩小傳》卷十謂其生於萬曆七年（1579），天啓二年（1622）中進士，授編修，以忤魏忠賢而去職。崇禎初，召復原官，累遷南京國子祭酒，卒於崇禎七年（1634），年五十六，諡文莊。其著書刻書種類繁多，《明清江蘇文人年表》著錄其所纂刻《石田先生文集》、《類編箋釋草堂詩餘》、《國朝詩餘》、《古文奇賞》、《明文奇賞》、《經世八編類纂》等，均有繫年，並謂其所編著還有《無夢園全集》、《白松堂集》、《蘇文奇賞》、《續補文選纂注》等，另有《史品赤函》等八函二十三卷。

是書見《中國古籍善本書目》叢部著錄，有明末刊本，收入其自輯的八函叢書之中。《石竹山房詩話論稿》〈明代詩話考略〉謂北京故宮博物院圖書館、安徽省圖書館有收藏。筆者未見。

藝圃傖談

四卷，郝敬（1558～1639）著，存。

郝敬，字仲輿，號楚望，湖北京山人。據《崇禎野乘》卷七〈郝給事傳〉，其卒於崇禎己卯（十二年，1639），年八十二。則其生年為嘉靖三十七年

（1558），該傳並謂其自小有奇辨，資性穎異，其父託之於同邑李維楨）。父卒，家道益落，而郝敬負氣豪邁，漸將不受覊圉，李維楨乃引繩墨俯其首，授館課業，後於萬曆十六年（1588）中鄉舉，萬曆十七年（1589）中進士，名噪海內，歷官縉雲知縣、永嘉知縣、禮科給事中、戶科給事中、宜興縣丞、江陰知縣、河南布政司都事等職，然落拓不得志，終致仕歸。其性率直不苟合當世，而「服古崇經術者四十年」，每謂：「今日詞賦剽竊兼并，及王勃一日草五王冊，無足多也，文不根經術，麋萍棘猴工，奚當乎？」因著《九經解》，可知其詩文學術皆以經術爲根本。所著另有《山草堂集》、《讀書通》、《孟子說解》、《山草堂嘯歌》等，事蹟又見《明儒學案》卷五五〈諸儒學案〉下三〈給事中郝楚望先生敬〉傳、《罪惟錄》、《明詩紀事》庚籤卷十六等。

是書有明萬曆至崇禎間，郝敬之子郝洪範遞刊之《山草堂集》內編本，國家圖書館藏；日本《內閣文庫》則收錄明崇禎間刊本，高橋情報一九九〇年並影印發行。而郝洪範所刊《山草堂集》，即爲收錄郝敬生平著作的自著型叢書，故依各書寫成時間而次第刊入，《藝圃傖談》卷前有郝敬寫於天啓三年（1623）之〈藝圃傖談題辭〉，則知此書成於天啓三年也。

該題辭並說明是書命名之由，「傖」乃其自謂也。蓋其本楚（湖廣）人，楚風俗剽悍，人卞急而少淹雅，故海內目楚爲「傖楚」，目楚人爲「楚傖」。郝敬自陳狂且天性，嘗有吳人挾書招搖，號稱翰林主人，郝敬火其書、溺其冠，杖而逐之，傾動一時。年過四十，則日取古聖賢書以自潤，浸淫百家，旁蒐藝圃，心有所會，復謂：「夫豈以一日之文儒，而能陶冶半世之傖父乎？」故將是書以「藝圃傖談」命名。

全書共分四卷。卷一論古詩，卷二論辭賦、樂府，卷三論唐體詩，卷四論雜文，以及燕閒語。其論詩宗旨極爲明確，以儒家詩教「溫柔敦厚」爲依歸。是書卷一頁二四即直謂：「溫柔敦厚四字，詩家宗印，不可易也」，〔註1〕卷一頁十三也謂：「言詩多方，總不離溫柔敦厚」，因此是書對於「溫柔敦厚」的推闡與應用，可謂極至。而「溫柔敦厚」四字係由解經學道而來，卷一頁五有云：「聖人以詩立經垂訓，教人繕性，以平其躁而宣其滯也。經解曰：『詩以道性情，溫柔敦厚，詩之教也』，子曰：『詩可以群，可以怨，可以興，可以觀』，故學詩即是學道，惟知道者能知詩」。以「溫柔敦厚」爲「詩之教」，

〔註1〕 《藝圃傖談》引文均引自臺北：國家圖書館藏，明萬曆至崇禎間《山草堂集‧內編》遞刊本。

則學詩與學道就畫上等號。由於體悟「詩者志也，在心爲志，發言爲詩」（卷一頁十二），「溫柔敦厚」又與性情的抒發有關，是節制性情的中和之道。

　　以此原則論詩，郝敬推求詩之實情實境，認爲無其志而強爲詩，是爲「詩妖」，有違性情之理，並批評「詩本性情，關風化，先王以詩觀風，古風醇朴，故詩溫厚和平。後世辭人，輕浮陝輸，故爲詩詭浪馳騁，聞樂知德，居然可見，風俗日壞，士習不端，今已久矣，何以爲詩？」（卷一頁十二）所以他所推求的實情實境，除了性情習尚之眞，尤要以義理加以制約，才可能「溫柔敦厚」，符合性情的中和之道，如謂：「性情之道，發乎情止乎義理，烏可盈而不反也？惟知道者不移」（卷三頁六）。

　　此外，他認爲性情如水流，是順流而下的，沒有逆流而上的道理。因此在卷三頁十二對於時下詩人以追求性靈之語，方顯新異，或以「極幽極曠極澹」來救所謂「極膚極狹極熟」之失，郝敬皆以「水的逆流」視之。甚至針對當世評詩以「熟」爲嫌惡，加以反駁謂：「近時評詩嫌『熟』，『熟』自是佳境，若以腐濫目『熟』，是不知『熟』也；以『生澀』爲佳，是不知詩也。溫柔正在熟，敦厚不在生澀，除卻此四字，千古無詩」（卷一頁十三），所以他的「性情」與時下公安、竟陵所宣示的「性靈」涵義並不一致。換言之，郝敬是以「溫柔敦厚」來矯正公安、竟陵「生澀」之失。

　　由實情實性的推求、義理的制約，進而討論「眞詩」與「假詩」、「浮詩」、「鈍詩」的分別，其云：

　　　　凡詩辭、情、境三者合，乃爲「眞詩」。辭、情合，境不合，爲「假詩」；辭與境合，情不合，爲「浮詩」；情、境合，辭不合，爲「鈍詩」。（卷一頁二三）

這是很細緻而獨特的析論，辭、情、境指的是什麼？同卷頁二二的一則詩話謂：「後世詩不離情、境、辭三者，即所謂賦、比、興也」，同卷頁四又謂：「興以情發，比觸境生，賦以辭成」，是知情屬興，境屬比，辭屬賦，就詩的創作而言，三者一以貫之。

　　傳統說詩，以興爲托物，以比爲借喻，以賦爲直陳，以爲是三者不相關聯。在郝敬看來，賦、比、興與風、雅、頌「六義」是一個整體，其謂：風主情，雅主事，頌主辭。情有悲懽，故風多感動；境爲實事，故雅多獻替；辭本聲音，故頌用登歌，經緯變合，六義互而生詩。漢魏以來，六義不明，以興爲托物，以比爲借喻，以賦爲直陳，各不相屬，六義分裂，豈可爲詩？

所以「六義」交互作用而成詩，又為其「學詩即是學道」、解經以論詩的另個特別見解。

以此為基準，加上前述「溫柔敦厚」的「詩家宗印」，他對歷代詩歌提出評論：「詩不熟《三百》，不知古人溫柔敦厚之意」（卷一頁二二），又曰：「《三百篇》全是義理凝成，所以晶光千古不磨」（卷一頁二十）。是故《三百篇》是其心中最高的詩歌典範，「六義」、「溫柔敦厚」都由從其中而來，故引為繩尺，用以丈量權衡古今詩文辭賦。其謂：「詩本溫柔敦厚，聖人教子學詩，不學詩無以言，蓋心平氣和，金聲而玉振，是為德音，故詩者性情中和之道，《三百篇》尚矣。漢魏以下，作者概不失此意，舍溫柔敦厚別無他途可走；六朝浸淫俳偶，然猶無方板直突之病；惟唐人近體興，峭屬刻削，狂心傲氣，皆托于詩，與聖人可言之意相戾矣。故詩人溫厚之氣，浮曼于六朝，而斲喪于唐。」（卷一頁八）這段話顯示其心中抱持著強烈「今不如古」的觀念，唐不如六朝，六朝不及漢魏，漢魏不及《詩經》，是故其對當世論詩以盛唐、漢魏為詩家最上乘表示不滿，以為：

> 既以盛唐漢魏為詩家最上乘，將置《三百》於何地？問之，則曰：「《三百篇》不可與詩等也」，夫謂「不可與詩等者」，亦陽尊之，而陰絀之。其絀之云者，乃所謂「理障」也，論理，未有過於《三百篇》者矣。又云「詩者吟詠情性者也」，吟詠情性亦未有過於《三百篇》者矣。又云「詩者不落言銓者也」，夫既為詩，孰匪言詮？唐亦言，漢魏亦言，《三百篇》亦言也，落與不落，不在言與不言，言者有不言者，如是，亦未過於《三百篇》者矣。而漢魏差近，若唐人聲偶俳倡，全涉技倆，性情之道甚遠，尚得謂之「不落言銓」乎？由此論之，詩教之壞，由學術不明。（卷三頁二）

此段詩話全文引錄，可見其針對嚴羽詩論的層層進逼，一步步構築鞏固他的理論體系，這也是他在前述對公安、竟陵詩論的質疑之外，對於當世復古詩論所提出的不同見解。

郝敬針對《三百篇》有無「淫詩」？宋詩如何評價？進行討論。卷一頁二即謂，「淫」是「放」也，「放」即「過度」的意思，並不是只有男女燕溺才謂之「淫」。何況，男女之情，聖人亦不能無，因而提出「有情欲之感，而無陷溺之私」，來解釋聖人的刪詩存詩，原在便利宣示道理而已，所以「雖鄭而非鄭也」。但如果「舒慘過度，雖微男女之私，亦淫也，言詩者宜首辨

此」。

　　卷三頁七謂：「唐人尙聲偶，溫柔之意雖微，而猶存敦厚，宋人聲偶益
趨奇險，時復雜以諧謔譏刺、輕薄佻巧之習，流濫不止，淫爲詩餘小辭，下
與教坊雜弄爲伍，祇供優人賣笑之資，鄭聲之淫於斯爲甚」。所以，宋詩不
如唐詩，至於詩餘小詞的過度諧謔譏刺、輕薄佻巧，在其眼中，已是不堪講
論。

　　他評論歷代詩歌顯然抱持一代不如一代的觀點，然而在卷一頁十五又論
述「日新說」，認爲「漢魏變爲六朝，其間晉、隋、宋、齊、梁、陳，代有
作者，不可謂不日新，總之爲六朝耳，寧詎謂晉、隋勝宋、齊，宋、齊盛梁、
陳乎？唐變爲近體，其間初、盛、中、晚，亦不可謂不日新，總謂之唐耳，
寧詎謂初勝中、晚乎？」此「日新」的觀念，看似與「今不如古」的說法矛
盾，但「今不如古」是總體而言，「日新」是細部而論。就總體而言，《三百
篇》最上，其次漢魏、六朝、唐、宋，等而下之。但就細部而論，六朝之中，
晉、隋、宋、齊、梁、陳各有新變，不可軒輊，唐詩亦然，必初、盛、中、
晚薈粹乃所以成唐詩。以此，郝敬方可以在詆訶「唐人近體與聖人之意相戾」
的同時，不將唐詩貶抑弗論，而特以卷三專論「唐體詩」，分辨其「日新」
之獨到與不及處，且其又能著重批選唐人詩作，另成《批選唐詩》的專著，
而不覺其矛盾。而其所建構的復古體系，也基於「日新說」，反對時下以重
漢魏、輕六朝，重盛唐、輕中晚之類看法，以「溫柔敦厚」爲權衡復古的尺
度，在是書卷一頁十六提出：

　　　　學古詩，氣韻自和平；學近體，聲音自亢厲；學漢魏五言，風度自

　　　　溫厚；仿樂府古辭，高者急促不和，卑者佹邪不雅。

這則詩話顯示，他的復古體系是以《三百篇》的「溫柔敦厚」作爲精神的傾
慕與學習，然後要兼納古詩的氣韻與漢魏五言的風度而成，像近體和樂府古
辭都不符合溫柔敦厚，在他看來是不應仿效的。此則詩話中特別標舉「五言」
的學習，是有特殊用意的，因爲郝敬認爲河圖中「五」爲天地之合，所以「五」
代表中和，是天地間的「完聲」，《詩經》四言爲「正始」，可產生一唱三嘆
有餘音的效果，若三言則「促而聲短」，七言則「繁而聲長」，後世歌行，長
短參差，馳騁放宕，流散敗度，去古愈遠，所以「《三百》而後，五言古爲
近雅」（卷一頁八）。

　　郝敬以近體詩爲例，由不同角度說明學古的進程。以爲唐人以功課爲

詩，較聲偶，爭巧拙，是用一生全力取勝，所以近體能夠精絕。但今世學詩，多是士大夫中舉之後才嘗試為此，功力自然不逮唐人，如果勦襲唐人聲偶，只是自顯其陋。所以他主張「不如仿古，為澤中之雉，其天全耳」，這裡的「仿古」，其實就是拋卻唐人近體，而往上學習古詩的氣韻與漢魏五言的風度，並以《詩三百》為極致的意思。

綜觀郝敬論詩，陳田在《明詩紀事》庚籤卷十六郝敬傳下按語已謂：「大抵以四、五言束縛千古之詩人，溢出一字，便覺不雅，固哉仲輿之言詩也，其所自作，殊多淺率，不副其言」。郝敬對四言、五言詩聲調上的推闡，或對詩歌溫柔敦厚風格的強調，固然有其道理，但過於執守強調，就忽略了詩體原有其變化演進的道理。即如其所拈出的「日新說」，也是不能只就細部而言，若能就總體來看，何嘗不代有作者，各有新變？豈可謂《三百篇》必勝於漢魏、六朝、唐、宋？甚至甘為「澤雉」，自限於《詩三百》、古詩五言的「牢籠」，拾古人餘唾，為古人所豢養，而以「天全」沾沾自喜，欲以此矯正當世復古、公安、竟陵論詩之弊，非但不見其功，反而愈見其以道論詩的虛矯與迂腐。

讀詩

一卷，郝敬著，存。

郝敬著有《藝圃傖談》，已見前。是書原為郝敬所著《毛詩原解》的卷前詩話部分，今有清光緒間趙尚輔校刊《湖北叢書》本，新文豐圖書公司影入《叢書集成新編》發行，並收入《全明詩話》。

是書所論以《三百篇》為主，特別對朱熹解經之說加以駁斥，兼及歷代詩歌的評論，其內容大抵與《藝圃傖談》互為補益。如謂：「六經惟誦詩多明法」，主張學詩者應向《三百篇》學習，又進一步申論賦、比、興的意涵，以為「興者，詩之情，情動于中，發于言，為賦；賦者，事之辭，辭不願顯託于物，為比；比者，意之象」，故而指出「鋪敘括綜曰賦，意象附合曰比，感動興發曰興」，亦即《藝圃傖談》所謂的「興以情發，比觸境生，賦以辭成」。

此外，其謂「詩多男女之詠，何也？曰，夫婦，人倫之始也，故情欲莫甚于男女，廉恥莫大于中閨，禮義養于閨門者最深，而聲音發于男女者易感，故凡詩託興男女者，和動之音，性情之始，非盡男女之事也」，又謂：「今據

古序以繹志，鄭、魏之詩其何者爲淫詩與？雖〈桑中〉、〈溱洧〉志在刺淫，
而詩本非淫也，豈得以辭而累其志」，則是針對朱熹解詩，只要稍涉情致，就
改爲「淫奔」的說法，因而一再解說「淫詩」問題，而所論仍不過《藝圃傖
談》所謂「雖鄭而非鄭」的意思。

是書尙主張詩歌取譬比物，要取諸目前，使人易曉，不可以奇僻傷害詩
人和平之旨，失去託興曉喻之意。又謂詩意要含蓄不露，追求悠揚委曲之趣、
言外不盡之旨等。皆由讀《三百篇》的體會發出，蓋作爲《毛詩原解》的題
綱總論也。

批選唐詩

二卷，郝敬著，存。

郝敬著有《藝圃傖談》、《讀詩》，已見前。是書有明萬曆至崇禎間遞刊
《山草堂集‧外編》本，國家圖書館所藏爲《山草堂集‧內編》，故臺灣未
見是書。筆者所見爲周維德教授所提供《山草堂集‧外編》鈔本。

是書兼具詩選與詩話的性質，所選評唐詩包括五言古、七言古、五絕、
七絕、五律、七律、五言排律，作品共計二百五十七首，分屬六十四位詩人。
這六十四人中包括陳子昂、王勃、宋之問、李白、孟浩然、王維、高適、岑
參、儲光羲、韋應物、張籍、柳宗元、戎昱、白居易、杜牧、許渾、李商隱、
韓翊、姚合、皇甫冉、戴叔倫、崔塗等，獨未選評杜甫之詩，因是書未有序
文說明選評標準，不知原因何在？

據《藝圃傖談》〔註2〕卷二頁二五評論陶潛〈乞食詩〉云：「淵明〈乞食
詩〉，亦是偶然興到語，杜甫詩染其習，每遇飲食，著意貪饞，差可厭矣」。
卷三「唐體詩」頁四，評杜甫「一片花飛減卻春，風飄萬點正愁人」及「風
急天高猿嘯哀，渚清沙白鳥飛迴」，謂：「此等語勢壯浪，人所膾炙，其實非
雅音也」，又評「王郎酒酣拔劍砍地歌莫哀，我今拔爾抑塞磊落之奇才」，以
爲與李白〈蜀道難〉、〈天姥吟〉、〈北風行〉等篇，皆險削翕忽，如驚飆走石，
霆火焚槐，溫柔敦厚之意、性情之理，所損實多，故氣格壯厲者，雅意寖微」。
頁十三則重申「詩主聲，聲主和平，此不易之理也」，近體中亦有和平者，如
王、孟、高、岑、李頎、劉長卿輩，自是一代正聲，而以爲李白、杜甫「氣

〔註2〕《藝圃傖談》引文均引自臺北：國家圖書館藏，明萬曆至崇禎間《山草堂集‧
　　　內編》遞刊本。

魄材具有餘，而狀浪不羈，時有猛悍之習」，因而論定中、晚唐詩人正欲淘洗磨礱初、盛唐，以「斂而退之」追求沖雅，而非不能企及。以是，郝敬所以不滿意於杜詩者，仍在其以「溫柔敦厚」爲唯一的詩歌權衡尺度，是其個人品評品味的展現，他也藉此對復古派推崇初、盛唐提出反駁。

但《藝苑儉談》卷三頁五對於杜甫五言古詩〈新婚別〉、〈垂老別〉、〈新安吏〉等，仍認爲「渾厚逼漢魏，名理皆風雅，故爲唐一代詩人領袖」，致以極高的推崇，對杜甫的感時憂國，卓有仁人義士之風，也致以許可。甚且以爲李白一味風流豪放，不如杜的悲壯。頁五又以杜甫「時而朴野，時而溫婉，時而凄涼，時而纖麗，時而深沉，時而沖淡，所以軼群冠倫」，以連續的排比和最高的讚譽加以肯定，並以之與李白並稱爲「大」。是以《藝圃儉談》對於杜詩駁斥有之，評價仍高。是則《批選唐詩》選評了李白的詩，而未選評任何一首杜詩，其原因仍是無法推求。

總體而言，是書品評語多簡短直接，如評王維〈隴頭吟〉爲「悲壯」、岑參〈喜韓尊相遇〉爲「疏宕」、姚合〈春日早朝寄劉起居〉爲「俊麗」、劉長卿〈尋南溪常道士〉爲「幽絕」、皇甫冉〈奉和王相公早春登徐州城〉爲「雄渾」、竇叔向〈春日早朝應制〉爲「工緻」、李昌符〈旅游傷春〉爲「流麗」、李頎〈送司勳盧員外〉爲「嘹亮」、趙嘏〈長安秋晚〉爲「清聳」等等，均只有簡短二字。而從前引詩例，已可見其選評詩作風格的豐富，所選錄者也不以名家名詩爲務，且能著重指出這些詩家詩作的藝術特色。

至如評高適〈邯鄲少年行〉「情至，無可復加」、評岑參〈青門歌送東臺張判官〉「情興俱到，無跡可尋」、張籍〈送遠曲〉「情在辭外，惻然動人」、張籍〈各東西〉「口頭語，最關情」、戎昱〈客堂秋夕〉「情境逼眞」等，則見其對詩歌創作中「情」字的重視，情如何敘寫？情與興、境如何綰合？都是他評品的焦點。

又如評沈佺期〈興慶池侍宴應制〉「聲色高華」、評蘇頲〈奉和春日幸望春宮應制〉「情境聲華俱佳」、評祖詠〈望薊門〉「此等詩，全不著事理，直以聲華勝，近體多類此」、劉長卿〈送陸灃倉曹西上〉「辭韻清麗，鏗金戞玉」、盧綸〈長安春望〉「眼前話，聲響鏗鏘」之類，則見其評詩亦重視辭彩的高華、聲響的鏗鏘，同時他不排斥選錄應制詩，對這類數量相當多的臺閣詩加以肯定。

是書對李白詩作的選錄數量與推崇程度，可謂唐世詩人之最。如評〈古

風〉二首謂：「李白詩，信筆舒卷，妙合天則，不似他人刻畫求工而反拙，所以擅長」；評其〈大堤曲〉而謂：「愈近愈古，愈俗愈雅。太白古詩，篇篇皆是樂府」等，皆可見推崇。至於所感嘆後生「溫柔敦厚之音盡」，則可見其論詩在切重檢視詩作的藝術風格之外，更以傳統儒家詩教爲依歸，所以評李白〈古風〉爲「語直而意婉，不厭其多」、〈贈盧司戶〉爲「若有若無」、〈沙丘城下寄杜甫〉爲「散淡，有深情」、〈春思〉爲「情思委曲」等，都是婉約含蓄的作品。而如選錄〈登新平樓〉，亦是基於「古詩響急，便似近體。至如太白之縱放溫柔尤少，另作太白看」的理由，因而特意收錄此詩並點出特色。郝敬對於李白詩作也有負面評述，如評〈蜀道難〉：

太白長歌，森秀飛揚，疾于風雨。本其才性獨詣，非由人力，人所不及在此，詩教大壞亦在此。後生學步，奮猛亢厲之音作，而溫柔敦厚之音盡，露才揚己，長傲負氣，辭人所以多輕薄，由來遠矣。嗟呼！西日東流，又豈人才哉？但可謂之唐體而已矣。

此評將「詩教大壞」的責任歸諸李白，又著重析論此詩的氣格壯厲、馳騁放逸，以爲有違於詩歌溫柔敦厚之意。可見《批選唐詩》對於李白詩歌，既有「另作太白看」之點評，也有「詩教大壞」之評價。原因在於是書與《藝圃傖談》、《讀詩》的論詩宗旨一致，都是以「溫柔敦厚」爲選評標準，恣意馳騁才氣、縱橫亢厲的詩作都不符「溫柔敦厚」之旨。所以郝敬對李白詩作是選擇性的、有條件的接受與讚譽，對於唐代詩人與詩作的批選亦然。

明詩平論

二十卷，朱隗著，存。

朱隗，字雲子，江蘇長洲人。朱彝尊《明詩綜》卷七六《靜志居詩話》謂：「雲子際鍾、譚盛行之日，唱酬吳下，遙應南風」，則其身處天啟、崇禎之際。同卷「孫淳」條下又謂朱隗與楊彝、張采、張溥、顧夢麟等，〔註3〕

〔註3〕 朱彝尊《靜志居詩話》謂：「詩流結社，自宋、元以來代有之，迨明慶曆間，白門再會稱極盛矣。至于文社，始天啟甲子，合吳郡、金沙、橋李，僅十有一人」，按，「白門再會」應指萬曆間金陵之「白門新社」，此爲詩社的性質，《列朝詩集小傳》丁集卷上亦有附見白門新社諸詩人小傳，可參考。其所謂「天啟甲子」的「文社」，指的是「應社」，朱隗、楊彝、張采等即爲最先經營「應社」的文人。楊彝，字子常，爲常熟的儒學生；張采，字受先，太倉人，崇禎元年（1628）進士，福王時官禮部員外郎，著有《知畏堂集》、《太

於天啓甲子（四年，1624）共結應社，可知曾經活躍於文壇，參與文社活動。至其詩學觀念，該書「朱隗」條謂：

> 然其論詩有云：「詩貴淵源風旨，不取蹈襲形模。漢、魏未嘗規模《三百篇》，盛唐未嘗規模漢、魏，今且拘拘習其聲音笑貌，何爲者耶？」又贈陳玉立長歌云：「譬如韓昌黎、杜少陵文章無一字無來路，何曾入蹊徑、尚平腐？也説不驚人不休，也説橫空盤硬語，堪嘆世人疲驢瘦馬逐隊行，及至跨險騰空鞭不去。五十年前，不知天下幾人僵死中原白雪中，後此還爲楚風誤」，則於景陵（按，即竟陵）非中心誠服可知。

上述記載可見朱隗論詩主要宗向，他不同意蹈襲形模的創作方式，然「詩貴淵源風旨」一語，顯示其仍舊主張取法古人，講究文章的淵源來路，卻又不主張爲古人所拘，是復古的修正路數。

是書有明崇禎十七年（1644）刊本，中國科學院圖書館藏，但僅存第二集的第九、十卷兩卷，見《中國科學院圖書館藏中文古籍善本書目》著錄。又有中國社會科學院文學研究所圖書館所藏清初刻本，此本爲第二集，共二十卷。此書日後爲清廷禁毀，列入《禁燬書目》。〔註4〕

是書卷前有朱隗寫於崇禎甲申（十七年，1644）的〈明詩平論序〉，說明編纂動機與意旨。序中首先強調「文章之道，何往而無法」，而詩歌之法應與情相相輔相成，其謂：

> 吾法固以當于情爲歸也，情必合于天下人之情而後謂之情，若夫各出而自是者，此不定之情，非已定之情也。已定之情則即所謂一定之法，而天下之人可以共守而無疑者也。情與法各有其一定，則雖詩之態屢遷，而皆可以吾之說繩之而離合判然。法雖非以執一爲言也，而即天下言詩之旨萬變而不出吾之宗。夫如是而後知法之不可廢于詩也審矣。明興，詩道大振，當其盛時，或云能超踰宋元而上

倉州志》等；張溥，字天如，太倉人，與同里張采齊名，號「婁東二張」，崇禎四年（1631）中進士，著有《春秋三書》、《歷代史論》、《七錄齋詩文集》等，編有《漢魏六朝百三家集》；顧夢麟，字麟士，太倉人，著有《織簾居詩集》。以上諸人《明詩綜》皆有傳。

〔註4〕按，北京出版社於2000年已將是書之清初刻本影入《四庫禁燬書叢刊》發行。以下引文俱引自此本。

逮漢魏盛唐，中一變而詭卓，再變而虛秀，近乃稍復嘉隆風氣。要
之一代之著作彙而錄之，可以云大觀已。隗自二十餘年以來，頗衰
輯諸篇，有明詩選平論之役。謬爲評次，間采前人所言，而斷以己
□，隨類傅會，其或偶有當于情與法之間者，則未可□，要即有起
而訶之者，亦寧無説而處此哉。

此序雖頗有漫漶，其窮二十餘年心力，纂輯品評一代之詩人詩作，深切用意
仍躍然紙上。編評之要旨有三：其一，以是書證成詩歌有法，法須以情爲依
歸，情爲天下人共有，法爲天下人共守。其二，以是書見證明代詩風流變、
詩人詩作特色。其三，是書別有矯正「詭卓」、「虛秀」詩風，振興詩道，使
如盛時「超踰宋元而上逮漢魏盛唐」的意圖。

　　是書入錄自天啓元年至崇禎十七年間的著名詩人，共四五九位。據卷前
頁五一一，朱隗〈諸先生姓氏・按語〉謂：「實多掛漏，殊愧大觀，統俟三集
備焉，海內詩流知當心炤也。」可知《明詩平論》預定出三集，此爲第二集。
同時他以一己之力蒐求一代之詩，眼界和能力仍屬有限，掛漏難免，因此自
言愧疚。至於〈按語〉所言第一集及第三集，是否曾經成書或出版，今已無
法考知。是書之著錄方式，由第二集目錄可知，各卷均按詩歌形式分類：

　　　卷一至卷四：五言古詩

　　　卷五至卷七：七言古詩

　　　卷八：樂府、四言詩

　　　卷九至卷十二：五言律詩

　　　卷十三至卷十六：七言律詩

　　　卷十七：五言排律、七言排律

　　　卷十八：五言絕句、六言詩

　　　卷十九至卷二十：七言絕句

各卷選錄與品評方式靈活，所評之詩作係全首著錄，故此書兼有「詩評」、「詩
選」性質，與明末盛行的「評林」相似，有利於詩人作品的記錄與閱讀。朱
隗又在詩評中標示〈附句〉，以結合摘句批評。如卷十一，頁六一五舒忠讜
〈海上苦雨〉詩後，朱隗評語即以〈苦雨句附〉爲標目，其下選錄「蛙語通
城竈，魚腥入市釁」、「雨師攜妾訝，河伯娶妻疑」、「淫到經旬後，寒添半夏
時」等詩句，未進一步加入評語，提供讀者自行領會苦雨詩句的創作巧思。
又如卷十三，頁六五三婁堅〈首夏賦贈孫容宇兄〉詩之後，朱隗評語即以〈附

句〉為標目,其下選錄婁堅詩歌佳句:「長日風花宜話別,貧家蔬果易留賓」、「素業有傳堪世外,秋山無半亦風前」、「收麥村邊飛槳暮,鳴鳩聲裡熟梅天」等,標舉並肯定詩人之秀句,供讀者自行欣賞領會。

詩評為全書重點,然品評方式與品質不一。有些詩作只有展示內容,附加圈點,未附品評。如卷一頁五一二陳繼儒〈遊林屋洞〉;卷一頁五一八、五一九錢謙益〈飲酒〉、〈鼈蝨〉、〈淮屋〉;卷四頁五四九董斯張〈高暉堂前燕〉、楊士修〈呈眉公先生乞詩序〉;卷九頁五九四吳鼎芳〈飯石峰晚步〉〈前溪〉、程嘉燧〈孫士徵甘露僧房話舊〉〈懷方民表〉等,數量很多,均僅錄詩作,加上圈點,提供讀者涵泳領會,而無評論說明。

有些品評詞語簡潔,點到即止。如卷一頁五一三評陳繼儒〈田園〉:「淳風古道,宛然目前」;卷一頁五一五評薛岡〈留別張隆甫〉:「激直怨斷,聲有餘悲」;卷三頁五四八評張鼐〈和東埜秋懷〉:「意調並古」;卷五頁五六四評鍾惺〈鄲中歌〉:「豪快乃爾,令人愁時長嘯,定中起舞」;卷五頁五六五評譚元春〈逢終南老僧歌〉:「拗僻」;卷六頁五七〇評陳名夏〈固始道〉:「節短聲哀」。這類批語多為四字駢偶的印象式語彙,與明初朱奠培《松竹軒詩評》一路,均是承襲鍾嶸《詩品》以來的評述風格。但如卷十一頁六一四評舒忠讜〈秋杪懷茂先養未客南都〉云:「中晚之際」,則僅見四字,語焉不詳。

有些詩評則完整具體、言之有物,能發揮指導閱讀與寫作的功能。如卷五頁五六五評鍾惺〈觀日歌〉:「形容處未免太苦,頗見刻畫之痕。但欲實寫此景,又得渾成自在,正復難于措手。向見太湖石公看日月對照題,元美、彥吉諸公俱有作,但虛則走活路不見到家,實地敷衍卻又易入肥俗,推開說入神仙荒唐語,又是歌行通套,大難矣。凡作詩須先看如何題、如何著筆,豈可不知甘苦痛癢,而漫置雌黃耶」。此藉評論〈觀日歌〉,申說看題著筆之難度與重要性。

卷九頁五九七評論王思任〈春倚〉諸詩:「或疑先生詩往往過奇,時有俚字險句,以為傷雅。不知雅在神韻,在氣骨,奈何以山人平腐之調為雅也」。此頁評詩人葛一龍之詩風有謂:「凡律多是得句起,覓得好句,方足上下,如鑄鼎安腳,終竟有痕。震父諸律方是得意起,一氣直下,不假補湊,此真高岑王孟嫡派。若意本淺澹,學作清態,以為格高調遠,反無可取。又不如從琢句煉字入門耳」。二則詩評藉王思任詩歌說明雅俗之分不在字句,應在神韻、氣骨。又綜論葛一龍詩歌,推尊雖太過,然藉其五律,說明起句之重要,

對於初學者仍有曉示。

又如卷十九頁七二九評陳繼儒〈讀少陵集〉：「東坡晚年方好讀陶集，杜祁公晚年方知讀楞嚴，王弇州晚年方好讀蘇文，乃知腸肥腦滿時鶻突不少。今人學未若贅疣而自負無前，只是氣浮，亦緣年力未到，眉公此語豈止點醒學詩人耶」。此乃藉陳繼儒詩中所謂「五十方能讀杜詩」而發揮，用以曉諭初學、點醒世人。

卷十九頁七四四評許經〈素葛〉，謂：「七絕不師中晚，而漫言太白龍標，亦是習氣語。如木叔令則諸絕，專擬皮陸，正是曉人。沈景倩以皮陸為正始，固不必如此立說。要之詩須入格合調，即中晚宋元，各具勝場，動言初盛，著手浮大，了無生韻，誠何取爾也」。藉由評論許經七絕取法晚唐皮日休、陸龜蒙，強調寫詩不必標榜初盛唐，而要廣泛擬寫，要求生韻，以入格合調為原則。

是書又見點竄詩句，此乃詩評中罕見之舉。如卷十一頁六一五選錄舒忠謐〈東阿題項王墓〉，將首聯「蓋世英雄夢，一杯萬古憐」之「萬」字圈出，改作「千」字。同卷頁六一六選錄華淑〈消夏灣〉，將頷聯「晴泛常疑雨，山居猶在舟」之「常」字圈出，改作「亦」字。頁六一七錄黃景昐〈銅雀臺〉，將首聯「尤有驚人語，謂山不厭高」之「謂」字圈出，改作「云」字。以上均未說明改竄原由。卷十二頁六三一入錄俞南史〈喜顧能毅荊溪過訪〉，改動則多達五字：

　　閉戶正深念，故人⟨親⟩來叩關。知君溪⟨水⟩上⟨上⟩水，見我⟨夢⟩郡中山。

　　率爾問家事，從容⟨閱⟩看舊顏。尊羹清不厭，詎肯便言還。

關於此詩的改動，朱隗略加評語說明，將「夢中山」改作「郡中山」，其謂：「夢中山是籠統語，不如換他實際」；將「閱舊顏」改作「看舊顏」，則謂：「宜平易字」。俞南史之詩在改動之後，朱隗評曰：「相知真率。汎然交往，即欲作此等語，不可得」。綜觀是書，此類改動數量雖不多，然可見是書之選評，並非純然標舉詩作典範，也藉「改詩」展示詩歌創作技巧，可謂將擬古格調諸說轉換為務實而具體的創作方法，以利初學者遵循。

詞府靈蛇

四卷，題鍾惺（1574～1625）著，程雲從訂，存。

鍾惺，字伯敬，號退谷，又稱止公居士、晚知居士，湖廣竟陵人（今湖

北天門）。其生於萬曆二年（1574），卒於天啓五年（1625）之六月二十一日，年五十二〔註 5〕。其萬曆十九年（1591）補諸生，萬曆三十一年（1603）中鄉試，萬曆三十八年（1610）中進士，歷官行人、工部主事、南禮部儀制司主事、祠祭司郎中、福建提學僉事等職。事蹟見《啓禎野乘》〈鍾學憲傳〉、《明史稿》列傳一六四附見袁宏道傳中，李先耕、崔重慶校點《隱秀軒集》（上海古籍出版社 1992 年版），附有〈前言〉及〈年表〉，於鍾惺生平記述頗詳。

　　鍾惺因困於政爭，在政績上無多大建樹，反在文學創作與評論上揚名，尤以詩學評論最有成就。錢鍾書《新編談藝錄》第二十九則詩說，謂：「竟陵派鍾、譚輩自作詩，多不能成語，才情詞氣，蓋遠在公安三袁之下」，又謂：「以作詩論，竟陵不如公安；公安取法乎中，尚得其下，竟陵取法乎上，并下不得，失之毫釐，而謬以千里。然以說詩論，則鍾、譚識趣幽微，非若中郎之叫囂淺鹵。蓋鍾、譚於詩，乃所謂有志未逐，並非望道未見，故未可一概抹摋言之」，〔註 6〕可謂評述中肯。其詩學評論主要體現於與譚元春所合評的《詩歸》，此書評定於萬曆四十二年（1614），鍾惺於萬曆四十五年八月（1617）作有〈詩歸序〉，謂是書「引古人之精神，以接後人之心目，使其心目有所止焉，如是而已矣」。

　　《詞府靈蛇》亦題作鍾惺輯選評定，《販書偶記》著錄是書四卷，有天啓乙丑（五年，1625）精刊硃墨套印袖珍本，今國家圖書館、北京圖書館所藏，應即此本，廣文書局影入《古今詩話續編》發行，亦收入《全明詩話》。此本書前有鍾惺撰於天啓五年秋日的〈敘靈蛇二集〉序文，稱《靈蛇》之選，共有三集，庶為全書。然此序作於「秋日」，而鍾惺已於此年六月二十一日卒，則此序之出於偽託，已是十分明白，因而是書並不出於鍾惺之手。

　　是書卷下署名作「鍾惺評、程雲從訂、唐捷元校、唐建元梓」，是金陵著名書商的刊刻，其內容則為詩話彙編。書中註明「評曰」的部分，照理說應是鍾惺的評語，然如〈精集〉「漢婕妤班姬」條：「評曰：其源出於李陵，〈團扇〉短章，辭旨清怨」；「晉司空張華」條：「評曰：其源出於王粲，其體華騙，

〔註 5〕關於鍾惺的卒年，《明人傳記資料索引》作天啓四年（1573）；《歷代人物年里碑傳綜表》亦作天啓四年，其〈備考〉云：「或作卒天啓五年」；《明清江蘇文人年表》引《譚友夏合集》卷 12 謂卒於天啓五年；李先耕、崔重慶校點《隱秀軒集》，則作天啓五年之六月二十一日，今據其說，《文學遺產》1987 年第 6 期有〈鍾惺卒年辨正〉一文，可參。

〔註 6〕《新編談藝錄》，臺灣翻印本，1983 年。

興託多奇巧，文字務研冶，猶恨其兒女情多，風雲氣少」等等，根本是鍾嶸
《詩品》的評論，其餘可想而知。

　　是書共分精、氣、神、骨四集，均是這樣的情形。〈精集〉有〈衡品〉、〈廣
衡〉兩個部分，主要纂輯鍾嶸《詩品》、王世貞《藝苑卮言》等人對詩歌的評
品。〈氣集〉分六門，主要纂輯諸家詩文集之序，申言六義、情意與物象。〈神
集〉分二十三門，纂輯前賢詩話中關於創作方法的討論，並加以區分包括三
詩境、三詩思、辨體、三宗旨、三語勢、五趣向、六式、論頷聯、論詩腹等
類目。〈骨集〉有三十三門，主要纂輯釋皎然《詩式》、《詩議》中的論詩語包
括確評、重義例、跌宕格、調笑格、對有六格、二俗、十五例、品藻、原道
等。《詩府靈蛇》三集中，前二集曾刊行，第三集則未刊刻，筆者所見即第二
集。是書大抵為書商所纂輯，藉鍾惺之名以發行，此亦可見鍾惺詩名之盛行。

藝海瀝液

　　五卷，趙籲俊纂輯，存。

　　趙籲俊，生平不詳。是書見蔡鎮楚《石竹山房詩話論稿》〈明代詩話考略〉
著錄，並謂是書有明崇禎元年（1628）自刊本，現藏於大陸中山大學圖書館。
此書筆者未見。

詩源辨體

　　三十八卷，許學夷（1563～1633）著，存。

　　許學夷，字伯清，江蘇江陰人，生於嘉靖四十二年（1563），卒於崇禎六
年（1633），年七十一。其負氣多傲，以「舉業求售於一時，而詩文定論於後
世」，〔註7〕故早謝科舉，杜門絕軌，致力文史。曾刪輯參訂《左傳》、《國策》、
《太史》等，並自萬曆癸巳（二十一年，1593）年起，至萬曆壬子（四十年，
1612）年止，窮四十年之力，先後易稿十二次，完成《詩源辨體》。其事蹟見
惲應翼〈許伯清傳〉、陳所學〈詩源辨體跋〉等。〔註8〕

〔註7〕　見許學夷寫於崇禎五年（1632）《詩源辨體》完稿時的〈詩源辨體自序〉（杜
　　　　維沫校點《詩源辨體》本卷前）。此序並說明自己自萬曆癸巳起至萬曆壬子止，
　　　　窮四十年之力，先後易稿十二次，完成《詩源辨體》一書。
〔註8〕　惲應翼〈許伯清傳〉見 1922 年上海裂廬惲毓齡刊《詩源辨體》本卷首、陳所
　　　　學〈詩源辨體跋〉原為明崇禎十五年陳所學刊本卷末，二文現均收錄於杜維

是書流傳不廣，《販書偶記續編》著錄兩種版本，云：「《詩源辨體》三十六卷，《後集》二卷，附《許伯清詩稿》一卷，《輯補》一卷，崇禎間刊，民國十一年上海褧廬以古宋字排印本」。今查對其他典藏目錄，知是書主要有：

一、十六卷本，明萬曆四十一年（1613）刊本，北京圖書館藏，《北京圖書館古籍善本書目》著錄。此本附《許伯清詩稿》一卷，卷前有夏樹芳所撰〈詩源辨體〉序及許學夷〈詩源辨體自序〉。〈自序〉有云：「先是，館甥徐振之亦爲余傳是書，而吳中人多有鈔本，然中多未竄定，恐予身後或有竊「化書」爲己物者。會諸友釀金請梓，因先梓小論十六卷，餘詩三十卷尚冀好事者成之」，則此十六卷爲是書之首次刊行，且僅爲局部的刊刻。

二、三十六卷附《後集纂要》二卷本，明崇禎十五年（1642）陳所學刊本，北京圖書館藏，《北京圖書館古籍善本書目》著錄，此即《販書偶記續編》所錄明崇禎刊本。此本附有陳所學〈詩源辨體跋〉，陳所學爲許學夷之婿，其跋謂受外父託刊刻遺稿，然以能力所及，僅刊成論詩的部分，其選詩的部分「自唐溯周，手錄四千四百七十五首，自宋迄明，手錄六千三百六十二首」，則仍俟有心人能加梓行。該跋之後又引《江陰人物志》〈許學夷〉傳並詳記許學夷生卒年月等資料，以一併流傳。

三、三十八卷本，民國十一年（1922）上海褧廬鉛印本，此本書末有惲毓齡〈詩源辨體跋〉，謂：「迺取三十八卷本并十六卷後所附《伯清詩集》一卷，又搜輯《江上詩鈔》各遺詩，寫成一卷，及有關於先生之各序、跋，分別匯集，付之剞劂氏，用仿宋聚珍字印行」。

四、人民文學出版社一九八七年出版杜維沫校點《詩源辨體》本，此本卷末有杜維沫寫於一九八四年的〈校點後記〉，謂此本以惲毓齡排印本爲底本，加以標點，並用北京圖書館所藏十六卷初刻本和陳所學刻三十八卷本原書校勘，而底本所附序、跋及〈許伯清傳〉，收作〈附錄〉，至於《伯清詩稿》、《許伯清遺詩輯補》，因爲參考價值不大，所以不予收入。杜維沫〈校點後記〉也據所見各本指出，今所見《詩源辨體》並非許學夷親自完稿的原貌，其云：

此書原稿本來有詩論和詩選兩部分，計詩論十六卷，分裝二冊，詩選三十卷，分裝八冊。作者原擬將兩部分合刻，因限於物力，僅刻

沫校點《詩源辨體》之附錄。而此附錄尚載惲毓齡〈詩源辨體跋〉、夏樹芳〈詩源辨體序〉、許學夷〈詩源辨體自序〉等。

詩論十六卷，共有簡短的論詩文字七百五十則。從萬曆四十一年至作者逝世的二十年間，《詩源辨體》又由作者增寫、修訂爲三十六卷並《後集纂要》二卷，共三十八卷。此三十八卷修定本的原稿分裝十二冊，其內容是以時代爲序、作家爲單元，將詩論與詩選兩部分合併抄錄（《總論》及《後集纂要》自爲一冊），詩論文字由十六卷本的七百五十則增至九百五十六則，詩選部分增補尤多。修訂本在作者生前未能付刻，由作者託付其婿陳所學。作者逝世後九年（崇禎十五年）陳所學刻《詩源辨體》三十八卷本成，亦僅是抽刻修訂本原稿的詩論部分。

至於原稿的詩選，由於選詩數量在萬首以上，刊刻匪益，所以杜維沫推測「此詩選部分或早就散失，我們今天已無法見到《詩源辨體》這部書的全貌了」。

是書卷前有〈凡例〉說明撰著體例，重點包括：一、是書係綜論《三百篇》、《楚辭》、漢、魏、六朝、唐人詩，先舉其綱，次理其目。二、是書係「辨體」而非「詩選」，故各錄其體，以識其變。三、是書所錄歷代之詩，惟選其姓氏顯著、撰論及有關一代者，意欲學者熟讀淹貫、明白源流，而不欲造成總雜無倫，浩瀚難測。四、是書所錄諸家詩，先以五七言古、律、絕分次，諸體之中又各以體製、音調類從，註見諸家各體前，然唐人惟六言及七言排律不錄，以其非正體也。而六朝、唐人擬古等作不錄，蓋擬古不足以辨諸家之體。

由〈凡例〉亦見許學夷著書之勤，如云：「此編辨體小論，四十年十二易稿始成。或夜臥有得，即起書之；無燭，曉起書之；老病後不能手書，命姪輩代書」。他也批評當世說詩者多竊舊說以爲己說的缺點：「諸家說詩，多采竊舊聞，混爲己說，最爲可鄙」。所以是書中凡所引說，必明標姓字，或文氣相疑，即以小註明之，庶幾無主客之嫌，進而希望其他的作者也能一起遵循。是書各卷內容的配置分別爲：

卷一：周　　　　　　　　卷二：楚

卷三：漢魏總論、漢　　　卷四：漢魏辯、魏

卷五至六：晉　　　　　　卷七：宋

卷八：齊　　　　　　　　卷九：梁

卷十：陳　　　　　　　　卷十一：隋

卷十二至十四：初唐　　　卷十五至十九：盛唐

由於是書的撰作時間是由萬曆中葉到崇禎初年，在長達四十年之間，歷經復古、公安、竟陵各種詩學思潮的盛衰起伏以及相互間的抗辯衝突，所以對於詩壇情況頗有敘述及評論。許學夷在崇禎五年（1632）所寫的〈詩源辨體自序〉謂：

> 後進言詩，上述齊梁，下稱晚季，於道爲不及；昌穀諸子，首推〈郊祀〉，次舉〈鐃歌〉，於道爲過；近袁氏、鍾氏出，欲背古師心，詭誕相尚，於道爲離。予《辨體》之作也，實有所懲云。

其以「辨體」爲「懲」的方法，所謂「辨體」就是著重於詩歌體製聲調等形式的推求，並咀嚼品論詩歌的藝術風格，尋找及分析詩歌發展的「正」與「變」。許學夷在〈自序〉中進一步說明：「夫體制、聲調，詩之矩也，曰詞與意，貴作者自運焉。竊詞與意，斯謂之襲；法其體製，仿其聲調，未可謂之襲也。今凡體製、聲調類古者謂非眞詩，將必俚語童言、纖思詭調而反爲眞耳」。他主張「法其體製，仿其聲調，未可謂之襲也」，也指出袁、鍾「二氏既以師心爲尚矣，然於學漢魏、學初盛唐則力詆毀，學齊梁晚季，又深喜之」的矛盾。故是書之作，尤在「懲」公安、竟陵之失，而其嚴於「辨體」，則在重續復古論詩的流脈，也成爲繼胡應麟《詩藪》之後，復古詩論再次全面的總結。

　　除了在〈自序〉中反映自己的詩學觀念，是書卷三四〈總論〉頁三一三，〔註9〕則強調是書「辨體」的重點，在於找出詩道古今理勢之自然，其云：「予作《辨體》，其源流、正變、消長、盛衰，乃古今理勢之自然」，頁三一四則直謂：

> 予作《辨體》，自謂有功於詩道者六：論《三百篇》以至晚唐，而先述其源流，序其正變，一也；論〈周南〉、〈召南〉以至邶鄘諸國，而謂其皆出乎性情之正，二也；論漢魏五言，而先其體製，三也；論初、盛唐古詩，而辨其純雜，四也；論漢魏五言，而無造詣深淺之階，五也；論初、盛唐律詩，而有正宗、入聖之分，六也。知我者在此，而罪我者亦在此也。

儘管是書的卷帙龐大、內容縱橫各代，閱讀起來似不易入手，但筆者以爲這

〔註9〕以下引文俱引自《詩源辨體》（北京：人民文學出版社杜維沫校點本，1987年）。

一段詩話其實正是許學夷自己所揭示的「辨體」六個努力方向，也是探看許學夷詩論的重點。

目前研究許學夷詩論者，並不是非常普遍，但已大致掌握上述的六個角度，將其詩說予以勾勒，並嘗試給予評價。如朱金城、朱易安合著〈試論《詩源辨體》的價值及其與《滄浪詩話》的關係〉，〔註10〕由《詩源辨體》的「尋源流」、「考正變」，以及其對盛唐詩的標舉，探討其對滄浪詩說的繼承，並指出許學夷在評價詩歌時，甚至足以補充滄浪詩說，成為《滄浪詩話》的註釋，而是書在分析詩家詩作上所下的努力，是其他詩話所不及，且其評述不乏新見，也能如其所主張的：「學詩者識貴高、見貴廣」，全面的閱讀作品、看待問題，但該文也指出是書基本上承襲滄浪舊說，而不及滄浪那樣精闢、概括，不易引起批評家重視，且其復古理念應當予以批判。

這篇論文選擇影響力貫注整個明代的《滄浪詩話》，作為探討《詩源辨體》的角度，除了可見《詩源辨體》對《滄浪詩話》的承繼與闡發關係，也檢驗了《滄浪詩話》的影響。筆者以為，可以由此篇論文所架構的承遞路線，探看《詩源辨體》對整個明代格調詩說的承繼與總結的作用，如其言體製、聲調及自詡對歷代詩歌的辨識能力，與李東陽有相承之跡；其言「唐人律詩，以興象為主，以風神為宗」，〔註11〕是來自胡應麟的《詩藪》之類，則《詩源辨體》不僅承襲發揮滄浪詩說，也對明代格調說的各種發展面向，多方吸納拓展。

陳國球《唐詩的繼承——明代復古詩論研究》，〔註12〕則主要選擇許學夷對唐詩的討論，談其對詩歌變化關鍵的掌握、對各階段詩歌特色與風格的辨析，也以之為觀察點，注意唐詩對明代復古派創作的作用與意義。是書採用對復古詩論全面探看的觀點，所以他的取樣與討論的範圍包括《唐詩品彙》、《懷麓堂詩話》、《四溟詩話》、《藝苑卮言》、《詩藪》、《唐音癸籤》及相關詩歌選本等復古派代表性著作，因此也凸顯了《詩源辨體》與明代復古詩論間的承遞關係。第五章〈唐詩選本與復古詩論〉，也著重討論許學夷對高棅《唐詩品彙》的不同意見，〔註13〕這正好是攸關於前述許學夷自言有功於詩道的

〔註10〕 朱金城、朱易安〈試論《詩源辨體》的價值及其與《滄浪詩話》的關係〉，見《文學遺產》1983 年 4 期，頁 117～127。
〔註11〕 見《詩源辨體》，卷 34，頁 327。
〔註12〕 《唐詩的繼承——明代復古詩論研究》為臺灣學生書局 1990 年 9 月初版。
〔註13〕 同註 5，頁 270 至 274，該書並指出，對《唐詩品彙》有較多批評的許學夷，

第六種:「論初、盛唐律詩,而有正宗、入聖之分,六也」的相關闡述。而許學夷強調初、盛唐的「正宗」、「入聖」,主要在為詩歌的創作提供典範,但他也對高棅區分「正始」、「正宗」、「大家」、「正變」等品目,評謂「似若有見,實多未當」、「且於元和以後,多失所長,又未可名『品彙』也」,〔註14〕對於高棅各等第選入詩家的適當與否、論正變的精確性,提出討論與質疑。

袁震宇、劉明今的《明代文學批評史》,在第五章〈明代中期的詩文批評(下)〉有專節討論許學夷的《詩源辨體》,其拈出「正變之辯」、「關於歷代詩論、詩選的批評」、「破三關之說」、「以李選李、以杜選杜的選詩方法」等論析的角度,簡要而多面的審視許學夷的詩論,頗能一窺其詩學觀點。此書也指出,萬曆後期公安、竟陵風靡一時,七子派聲勢遽減,仍恪守七子派詩論者不多,是許學夷之書不為時人重視的原因。

綜觀《詩源辨體》的研究,論述角度仍可再開發,筆者以為是書卷三四至三六的〈總論〉頗可觀察其論詩旨趣以及品評精神,尤其卷三五評論歷代及當世的重要詩學著作,包括詩話、詩選等,如頁三四三評《懷麓堂詩話》:「首正古、律之體,次貶宋人詩法,而獨宗嚴氏,可謂卓識」,評李東陽也反映許學夷自己的詩觀;頁三四四評楊慎《譚苑醍醐》:「大抵宗六朝,尚西崑,而昧於正變」及頁三四九評袁宏道論詩:「一入正格,即為詆斥,稍就偏奇,無不稱賞」、頁三五一謂:「詩道罪人,當以中郎為首」,可見其將「正」、「變」的觀念,應用於省視評價他人的詩論,作為「批評的再批評」的利器。故是書不僅只在辨明詩歌體製聲調及藝術風格,論定詩歌發展的「正」與「變」,以作為讀者學詩取法的標準,也藉此品騭、論斷古今詩論,有集詩說大成的宏圖。

石室詩談

二卷,趙士喆(?～1655)著,存。

趙士喆,字伯濬,山東掖縣人,生員。乾隆二十三年(1758)刊《掖縣志》卷四〈明隱逸〉謂其於崇禎五年(1632)叛兵圍城時登城協守,圍解,敘功超貢,崇禎末李自成陷京師,其倡邑人發喪痛哭,李自成派官至萊,士喆令縛而斬之,兵罷,隱居成山,與弟子董樵耦耕海上,順治十二年(1655)

其思辨方向實在與高棅相差不遠。
〔註14〕見《詩源辨體》,卷三六,頁三六四。

卒，著有《建文年譜》、《石室談詩》等。《明詩綜》卷七六「趙士喆」條謂其
著《東山詩史》，惜此書內容難以查考。

《石室談詩》又見民國四年重印《山東通志》卷一六七〈人物志‧歷代
隱逸〉著錄，今有民國二十四年東萊趙氏永厚堂排印，由趙琪所編之《東萊
趙氏楹書叢刊》本，筆者尚未見及。周維德編《全明詩話》收錄此本，其〈明
詩話提要〉謂是書卷首有自序云：此編「採往哲名言，友朋緒論及管窺之偶
得者」而成，全書有總論二十四條、論各體二十一條、論諸家二十二條。〈提
要〉並謂：「士喆論詩崇唐抑宋，宗杜甫。他說：『詩莫盛於唐，唐莫高於杜，
不學老杜，將奉何人為宗主乎？』學老杜什麼？『但當學其似漢、魏、盛唐，
其似初、晚及宋人者，則不必效』。主張論詩必論其為人，但這並不是『以人
之善惡，定詩之去留』。詩重聲律詞彩，但『不可使詞勝意』。士喆對王世貞
《藝苑卮言》、謝榛《四溟詩話》、鍾惺、譚元春《詩歸》十分推崇，主張『欲
取王、謝、鍾、譚四家言，為後人式』。此外，對詩體的論述，亦多可取之處」。
從上述有限的引文與記述中，可知是書主要是詩學見聞與友朋之間論詩的記
錄，可以感覺趙士喆處身明代晚期，堅持崇漢魏盛唐的復古詩論，也感受詩
壇各種思潮的薈萃，所以雖重視聲律詞藻，仍加上「不可使詞勝意」的但書。
而「欲取士、謝、鍾、譚四家言，為後人式」一語，尤見其有融合各家詩論
的用心，此或即晚明文人無力開創新局時的選擇。

詩紀匡謬

一卷，馮舒著，存。

馮舒，字已蒼，號默庵，又號癸巳老人，江蘇常熟人。馮舒與弟馮班
〔註15〕以批點《才調集》，有名於時。是書見董其昌《玄賞齋書目》卷七〈詩
話類〉著錄，今可見《知不足齋叢書》本，《四庫全書》亦收錄於「總集類
四」。是書前有馮舒寫於崇禎癸酉（六年，1633）之〈詩紀匡謬引〉，有云：

> 《詩紀匡謬》者，馮子發憤之所作也。曷為而發憤？憤詩之為《刪》、
> 為《歸》也。曷為而匡及紀？曰正其始也。今天下之誦詩者何知？
> 知《刪》而已矣，《歸》而已矣，為《刪》為《歸》者又何知？知《紀》
> 而已矣。

〔註15〕馮班，字定遠，號鈍吟，長於文學理論，著有《鈍吟雜錄》、《鈍吟集》等書。

所以是書之所作，實因李攀龍《詩刪》及鍾惺、譚元春《詩歸》之盛行於世，而二書所載古詩頗有沿誤，其因係由於輾轉傳鈔自馮惟訥《詩紀》，馮舒謂：「於是為之原其源、溯其流、核其濫觴於何人，而後為《刪》、為《歸》之邪說不攻自破矣，邪說破而後興觀群怨、溫柔敦厚之旨，可以正告之天下，豈好辯哉！」是書共一百一十二條，《四庫全書總目》卷一八九〈總集類四〉「詩紀匡謬」條，對於其匡謬的優劣，有相當的評述，並謂：「他所抉摘，多中其失，考證精核，實出惟訥之上，原原本本，證佐確然，固於讀古詩者大有所裨，不得議為吹求，雖謂之羽翼《詩紀》可矣」，可為確論。

詩鏡總論

一卷，陸時雍著，存。

陸時雍，字仲昭，安徽桐鄉人。其生平不詳，《四庫全書》卷一八九〈總集類四〉「古詩鏡」、「唐詩鏡」條，謂其為崇禎六年（1633）貢生〔註16〕。

陸時雍選編《古詩鏡》三十六卷及《唐詩鏡》五十四卷，二書卷首之序言即為《詩鏡總論》，有明崇禎間刊本，書藏國家圖書館，此本下署：「檇李陸時雍選，武林門人張燁如編」。又有清乾隆間《四庫全書》之《古詩鏡》、《唐詩鏡》卷首本。其後丁福保將是書別出單行，列入《歷代詩話續編》，有民國五年無錫丁氏排印本，北京中華書局出版此本之標點本，木鐸出版社則翻印於臺灣發行，此為是書流傳最廣的版本。又編入《全明詩話》出版。

《詩鏡總論》承繼明代中期以來，藉由詩歌總集或選集的編選鑑賞，來總結前人詩作業績，並呈現或傳播自我詩學見解的風氣。特以成書在明代晚期，經歷復古、公安、竟陵等不同詩風的轉變，所以他對前代詩歌的看法與討論，在明代詩論的發展過程中，就具有綜評或總結的可能。加上《詩鏡》的內容設計有其獨特性，不惟卷首以《詩鏡總論》來總評上起《詩經》、下迄晚唐的詩人與詩作，所選詩人都有小傳，每個朝代以及詩人、詩作也多綴有評語。特別的是，部分詩人詩作評語後面，又有「附詩」的設計，「附」所引

〔註16〕黃如焄《晚明陸時雍詩學研究》（中正大學中研所碩士論文，1994年）曾引《嘉興府志》中〈桐城文苑〉的記錄：「陸時雍，字仲昭，性剛，好使氣，不能俯仰於人，能文工詩，嘗註韓子、揚子、淮南子，選古詩、唐詩曰『詩鏡』，又論列楚辭，取王叔師、朱晦庵兩家註，而以己意折衷之，曰『離騷新疏』。崇禎初，詔大臣保舉巖穴異能之士，時雍與焉，然終不遇，久留京邸，館於戴太僕（戴士衡）家會」云云，惟未註明該府志撰修年代及撰修者。

錄的詩，是陸時雍所認爲不合標準的作品，以提供讀者借鏡之用。因此，《詩鏡》雖不如前輩李攀龍所選的《古今詩刪》、鍾惺及譚元春所評選的《古詩歸》、《唐詩歸》，那麼廣爲讀者接受，以至普遍的刊刻流傳，卻以其評選的「採摭精審，評釋詳核，凡運會升降，一一皆可考見其源流，在明末諸選之中，固不可不謂之善本矣」，而爲《四庫全書》所入錄。

　　是書以「神韻」爲論述特色，很值得討論，《四庫全書總目》已指出「其大旨以神韻爲宗，情境爲主」，惜言簡意賅、點到即止。陸時雍認爲情、韻是鑑賞詩作的基本要件，也是創作的法則，《總論》頁一四一五，〔註17〕探討《三百篇》所以一嘆三詠，其意已傳，而不必言繁緒紛，此爲「詩可以興」的奧妙，而「興」之妙正繫於「情」與「韻」，其謂：

　　詩之可以興人者，以其情也，以其言之韻也。夫獻笑而悅，獻涕而悲者，情也；聞金鼓而壯，聞絲竹而幽者，聲之韻也。是故情欲其眞，而韻欲其長也，二言足以盡詩道矣。

他提出「情眞」、「韻長」爲詩道的準則，情是喜怒哀樂的情感，是詩歌創作的動機、抒發的內容，這是較容易了解的部分。韻則是或悲壯、或深長悠遠的美感，是難以言喻的審美感受，所以在《總論》頁一四〇六又謂：「詩被於樂，聲之也。聲微而韻，悠然長逝者，聲之所不得留也。一擊而立盡者，瓦缶也。詩之饒韻者，其鉦磬乎？」以鉦磬的餘音繚繞爲喻，解說「韻」是什麼，並舉例說明「韻」的不同呈現：

　　「相去日已遠，衣帶日已緩」，其韻古。

　　「攜手上河梁，遊子暮何之」，其韻悠。

　　「高臺多悲風，朝日照北林」，其韻亮。

　　「晨風飄歧路，零雨被秋草」，其韻矯。

　　「采菊東籬下，悠然見南山」，其韻幽。

　　「皇心美陽澤，萬象咸光昭」，其韻韶。

　　「扣枻新秋月，臨流別友生」，其韻清。

　　「野曠沙岸淨，天高秋月明」，其韻冽。

　　「天際識歸舟，雲中辨江樹」，其韻遠。

〔註17〕以下引文俱引自《詩鏡總論》（臺北：木鐸出版社翻印《歷代詩話續編》本，1983 年）。

由以上例證，他得到一個結論：「凡情無奇而自佳，景不麗而自妙者，韻使之也」。這一則詩話所以全部徵引，是要呈現陸時雍對「韻」的推求角度多樣。而部分詩句的「韻」，譬如「其韻韶」是著重詩的「色澤」而言；「其韻清」是偏重詩的「精神」的展現，尚不難體會〔註18〕，若「其韻悠」、「其韻遠」有什麼差異？是不是前者偏重心境思緒（情）的裊裊不絕而言，後者偏重景的遼闊朦朧與無邊際而言？可能每個讀者對詩句本身以及後面詩評的接受或感覺都會不同，所以陸時雍拈出各種「韻」的面相，其實是非常私密的個人內心活動與美感經驗，是可以進行「批評的再批評」，可以啓示、導引讀者對詩句及詩評進行更多的創發與閱讀的，這麼一來，陸時雍論述的「韻」，無形中使「韻」得到更開闊、更多重的闡釋與討論空間，這或許是他寫下此則詩話時所無法料及的。

「凡情無奇而自佳，景不麗而自妙者，韻使之然也」的觀念，也貫注著他對歷代詩歌的批評。陸時雍對歷代詩歌的看法，傾向重漢魏六朝而輕唐，主要的原因就在漢、魏詩不刻意出奇情、寫麗景而「韻」自長，如《總論》頁一四一一云：

> 詩有靈襟，斯無俗趣矣；有慧口，斯無俗韻矣。乃知天下無俗事，無俗情，但有俗腸與俗口耳。古歌〈子夜〉等詩，俚情褻語，村童之所報言，而詩人道之，極韻極趣。漢鐃歌樂府，多褻人乞子兒女里巷之事，而其詩有都雅之風。如「亂流趨正絕」，景極無色，而康樂言之乃佳。「帶月荷鋤歸」，事亦尋常，而淵明道之極美，以是知雅俗所由來矣。

是故「韻」之有無，牽涉作者的「靈心」、「慧口」，也就是詩人的藝術檢擇與修養，亦即作者心靈性情的問題，而非是否以「俗情俗事」、「俚情褻語」入詩的問題，且所舉〈子夜〉、漢樂府及謝靈運、陶潛的詩例，與前引「韻」的古、悠、亮各種詩例，都是漢魏六朝詩歌，可見其推重。書中也數見此類討

〔註18〕「韻」與「清」，在《總論》頁一四一五提出「情欲其眞，而韻欲其長」之後，有謂：「乃韻生於聲，聲出於格，故標格欲其高也；韻出爲風，風感爲事，故風味欲其美也；有韻必有色，故色欲其韶也；韻動而氣行，故氣欲其清也，此四者，詩之至要也」，由「韻」的角度推求好詩應具備的條件，其「色欲其韶」一語，可知「韶」是著眼於詩的「色澤」；其「氣欲其清」一語也可見「清」偏於詩在「精神」方面的表現。這一則詩話也將「韻」加以落實，所以只要作到「標格高」、「風味美」、「色韶」、「氣清」就能自然有韻，能夠感人。

論，如：

> 每事過求，則當前妙境，忽而不領。古人謂眼前景致，口頭言語，
> 便是詩家體料。所貴於能詩者，祇善言之耳。（頁一四一六）

> 晉人五言絕，愈俚愈趣，愈淺愈深。齊、梁得之，愈藻愈眞，愈華
> 愈潔，此皆神情妙會，行乎其間。唐人苦意思索之，去之愈遠。（頁
> 一四○六）

在陸時雍看來，唐人因爲「苦意思索之」，而「去之愈遠」，正是一種「過求」。
他在前引《總論》頁一四一五提出「情欲其眞，而韻欲其長」之後，也說：

> 而後之言詩者，欲高欲大，欲奇欲異，於是遠想以撰之，雜事以羅
> 之，長韻以屬之，俶詭以炫之，則駢指矣。此少陵誤世，而昌黎復
> 湧其波也。心託少陵之藩，而欲追風雅之奧，豈可得哉？

因而，「情欲其眞」即不求刻意虛矯爭奇，「韻欲其長」則不在篇幅之長、內
容的奇詭與變化，陸時雍不僅發出「心託少陵之藩，而欲追風雅之奧，豈可
得哉」的質疑，甚至也以爲：「少陵五言律，其法最多，顚倒縱橫，出人意表。
余謂萬法總歸一法，一法不如無法。水流自行，雲生自起，更有何法可設？」
〔註19〕都是對明世復古崇唐、學杜風氣的當頭棒喝。

　　此外，前述陸時雍對漢魏六朝詩的推崇，是以時代爲著眼點，但其對各
別詩人實有不同的評論。如頁一四○五云：「精神具而色澤生，此非雕琢之所
能爲也」，指出「晉詩如叢綵爲花，絕少生韻。士衡病靡，太沖病矯，安仁病
浮，二張病塞」。而此段詩話也揭出「生韻」一詞，他所以在「韻」之上加入
「生」字，其實是在強調「韻」與「生氣」的關係，晉詩刻意雕琢就像五色
絲綢所作成的假花，缺乏眞花的「生氣」，亦即精神色澤，自然就不會有「生
韻」。頁一四○三又謂：

〔註19〕「水流自行，雲生自起，更有何法可設？」陸時雍反對「法」的刻意與局限，
　　　　是針對部分復古格調詩說的追隨者過於拘守詩法而言，他的「無法」其實就
　　　　是「法」，《詩論》頁一四一七有謂：「凡法妙在轉，轉入轉深，轉出轉顯，轉
　　　　摶轉峻，轉敷轉平」，他的「法」著重「轉」的奧妙，這奧妙是在「悟」當中
　　　　體現，是體悟詩的學習在格調聲調之外，別有「韻」的境界，而「韻」之生
　　　　成是在「意似」之間、在隨意點染、在自然天成，而不在刻意效法某代某人，
　　　　或刻意在字句上雕琢用力。所以陸時雍說：「此事經不得『著』做」，「著」正
　　　　是「轉」的對立面，因此其「法」在「轉」，首在領悟詩境的奧秘，才能掌控
　　　　意、氣、聲、色的呈現抒寫限度，才能在遣詞用字變化自如，由領悟詩道而
　　　　下筆，也才可能「水流自行，雲生自起」。

> 詩之佳，拂拂如風，洋洋如水，一往神韻，行乎其間。班固〈明堂〉
>
> 諸篇，則質而鬼矣。鬼者，無生氣之謂也。

同樣以各別詩人的批評，帶出「韻」與「生氣」的關係，這裡使用的是「神韻」，意思就是「生韻」，強調「韻」不是如同班固〈兩都賦〉結尾〈明堂詩〉、〈辟廱詩〉諸詩一般的逢迎虛美與僵化枯燥，而其「質而鬼」的比方，與「叢綵爲花」意義亦是相同。是故一首好詩所展現的「韻」，不僅「欲其長」，還得「欲其生」，所以又可以「生韻」或「神韻」稱之。

　　他並將「生韻」或「神韻」所展現的生氣，與「意象」連接起來，強調「詩之眞趣，又在意似之間，認眞則又死矣」（頁一四二〇），所以「生韻」、「神韻」的「生」，是在「意似」之間呈現，而「意似」的境界就在「實際內欲其意象玲瓏，虛涵中欲其神色畢著」（頁一四二〇）。這是由於詩歌的書寫畢竟與眞實會有距離，「假花」如何得「眞花」之生氣？如何產生靈動的趣味？其關鍵不在於蓄意刻畫，而在於「意似」。《總論》頁一四一六即分析謂：「善言情者，吞吐深淺，欲露還藏，便覺此衷無限。善道景者，絕去形容，略加點綴，即眞相顯然，生韻亦流動矣。此事經不得著做，做則外相勝而天眞隱矣，直是不落思議法門。」生韻要流動，要掌握「在意似之間」的分際，陸時雍說：「此事經不得『著』做」，這其實就是謝榛已經說過的「妙在含糊，方見作手」。謝榛《四溟詩話》卷三頁一一八四（木鐸出版社翻印《歷代詩話續編》本）有謂：「凡作詩不宜逼眞，如朝行遠望，青山佳色，隱然可愛，其煙霞變幻，難於名狀。及登臨，非復奇觀，惟片石數樹而已。遠近所見不同，妙在含糊，方見作手」，謝榛雖沒有直接提到「生韻」或「神韻」，但所舉的例證正好成爲陸時雍「意似」的說解，這也見出謝榛詩論將復古格調詩說兼融「神韻」的推求。

　　《總論》的最後一則詩話歸結「韻」在詩中的作用，云：「有韻則生，無韻則死；有韻則雅，無韻則俗；有韻則響，無韻則沉；有韻則遠，無韻則局」，均多方立論，說明「韻」在「長」、「生」的展現之外，還有「雅」與「響」，但這樣的原則仍舊不夠具體，所以他接下來說：

> 物色在於點染，意態在於轉折，情事在於猶夷，風致在於綽約，語
>
> 氣在於吞吐，體勢在於遊行，此則韻之所由生矣。

強調作詩在抒寫眞情之時，不可一瀉而盡，描繪景物時，不可過於雕琢，構思立意要隱約含蓄，遣詞造句要自然流動，也就是氣、意、聲、色等等都有

一定的限度，方能成就「穆如清風」的美感〔註 20〕。而「穆如清風」繫乎精
神層面的體悟，是似實又虛、飄忽流動的，也正是陸時雍論詩強調「水流自
行，雲生自起，更有何法可設？」看似不必有法，實則有其法的另一個註腳。

　　最後要強調的，陸時雍對「韻」的推求，《總論》自然是最直接的探勘點，
但《詩鏡》的實際品評之中也有相關的論述，必須會通參看，才能較周全的
探看其論詩的精髓。

藝苑閒評

　　二卷，支允堅著，存。

　　支允堅，字子固，號梅坡居士，生平不詳。《四庫全書總目》卷一二八
〈雜家類存目五〉著錄其《異林》十卷云：「是書凡《軼史隨筆》二卷、《時
事漫記》三卷、《軼語考鏡》三卷、《藝苑閒評》二卷」，並謂：「《藝苑閒評》
皆詩話之流，而所見亦淺」。故《異林》為支允堅自著之叢書，今則可見明
崇禎七年（1634）原刊之《梅花渡異林》本，上題「梅花渡彙輯，金閶書林
梓行」，前有崇禎癸酉（六年，1633）王屋孝峙〈序〉、支允堅〈自引〉，卷
九、卷十為《藝苑閒評》，卷前又有支允堅〈自序〉，此書藏於國家圖書館，
臺灣大學圖書館則藏有日本鈔本。

　　支允堅在〈梅花渡異林・自引〉中，追溯古人小說以「異」為名之傳統，
云：「自漢人駕名東方朔作《神異經》，而魏文《列異傳》繼之，六朝唐宋元
小說以『異』名者眾，考《太平御覽》、《廣記》及曾氏、陶氏諸篇，有《述
異記》」，〔註 21〕而所纂輯《異林》即本之而作。其在〈藝苑閒評自序〉中則
以文章為「土苴」，意即「糟魄」，他認為文章並非性命當致力的所在，品評
文章亦有何助益，「若評而無當於作者固弗論，即評而有當於作者，以蘄信
於天下後世，天下後世其謂之何？陸士衡云：『雖濬發於巧心，未免受嗤於
拙目』，夫評豈易事歟？幸而作者之所長，及余之所明僅爾，不幸而余之所
明，無與於作者之所長，余罪哉，余罪哉。如曰雌黃往哲，橐鑰後進，是非
余志也夫」。此序頗有故作謙遜之感，文詞遮掩閃爍，亦不知何以列入《異
林》而並刊也，孝峙序謂是書「悲斯文之墜地，而後覺者之靡所依從也，則
有《藝苑閒評》，茲特其鼎函之一臠乎？苟擷其精華亦足以識梅坡之所尚

〔註 20〕《總論》頁 1412 云：「氣太重，意太深，聲太弘，色太厲，佳而不佳，反以
　　　　此病，故曰『穆如清風』」。
〔註 21〕此段及以下引文俱引自國家圖書館藏明崇禎七年（1634）原刊之《藝苑閒評》。

－299－

矣」，則其仍爲論世而作也。

惟是書雖曰「閒評」，所論大多爲詩事典故之記述，部分詩評則引自他人所論。如卷上最末條詩話引王世貞評李夢陽詩文、卷下引《譚精雋》所載詩、引《卮言》評李攀龍、邊貢等。而所引王世貞論詩語頗多，除上述之外，卷十引世貞評梅花詩，惟取杜甫「恨不折來傷歲暮」，支允堅則別取何遜「枝橫卻月觀，樹繞凌風臺」、蘇子卿「只言花似雪，不悟有香來」及宋胡仲方「自孤花底三更月，卻怨樓頭一笛風」、明代焦竑「花開暮雪人歸後，香滿寒庭月上時」，云：「皆景在情中，意超物外，最得詠物之妙」，別出己見，頗有分庭抗禮的味道，亦具見其詩學品味。

是書所記述之詩事典故，亦多前人已發。如卷下記述蘇軾贈張先詩「詩人老去鶯鶯在，公子歸來燕燕忙」，已見葉夢得《石林詩話》卷下，而明人何孟春《餘冬詩話》卷下、李日華《恬致堂詩話》卷四又引，至支允堅再引，已爲尋常見，不足爲「異」。而如卷十評論西漢商山四皓事，以爲：

> 史傳漢高晚歲溺愛戚姬，欲易太子，不知此正漢高遠慮，蓋呂后鷙悍，惠帝仁柔，帝已逆知身後之變，趙王立則劉氏之惑可免，而國事如覆盂矣。子房以四皓動之，帝竟涕泣悲歌而止，帝之泣，豈世間兒女態耶？故杜牧之曰：『四皓安劉是滅劉』，可謂窺見古人之微，而善于擘畫者矣。〔註22〕

此說以評論史事爲主並以解杜牧之詩，頗見標新立異，而是否爲史事之眞實？是否爲杜牧之詩意？則大不然也。就史事的眞實而言，其言劉邦遠慮，甚而料及身後之變，所以欲以趙王取代惠帝爲太子，此說實淺薄無稽，頗值得商榷：

其一，據《史記・留侯世家》，劉邦所慮者爲惠帝之「不肖」於己，即擔憂惠帝不像自己之勇猛膽勢，恐其無法掌控漢家江山，維繫帝國命脈，故其云：「終不使不肖子居愛子之上」，此「不肖」的憂慮，並非「逆知身後之變」，而是在意其子仁弱，又無能人之輔佐，此即張良策畫「四皓之計」得以成功、

〔註22〕商山四皓指東園公、綺里季、夏黃公及用里先生，爲秦時高士，匿居遠害，《史記・留侯世家》張良謂呂擇曰：「四人者年老矣，皆以爲上慢侮人，故逃匿山中，義不爲漢臣。然上高此四人，今公誠能無愛金玉璧帛，令太子爲書，卑辭安車，因使辯士固請，宜來。來必爲客，時時從入朝，令上見之，則必異而問之，問之，上知此四人賢，則一助也」，後終以張良之計，惠帝得四皓之佐，保全太子之位。

劉邦所謂「羽翮已就」之因。

其二，劉邦欲換太子，但捨棄其他諸子不論，必以戚姬之子趙王爲太子，然趙王當時只爲幼兒，既無能人之輔佐，又如何知其必能成爲賢主，統領漢家天下？劉邦的選擇其實係基於「母愛者子抱」（《史記·留侯世家》四皓之語），係寵愛戚姬，進而愛其所生之子的緣故。所以惠帝爲「不肖子」，不像自己，趙王爲「愛子」，自己所愛之子，終不使不肖己之子立於所愛之子之上。明乎此而可言劉邦有遠慮？能料及身後之禍？

其三，如眞立趙王爲太子，以其年幼，安知能保漢之社稷？《史記·留侯世家》記述漢十一年黥布反，劉邦使太子惠帝帶兵去平定，而四皓時已謂：「且太子所與俱諸將，皆嘗與上定天下，梟將也，今使太子將之，此無異使羊將狼也」，此「使羊將狼也」，無異爲暗喻，趙王如意若爲太子，其之爲「羊」，恐其危境較惠帝統領諸將爲甚，然劉邦因「愛之」，而寧願將「太子」予趙王而不予惠帝，這個選擇，在張良四皓計之前，已是權宜之計，如何可謂「趙王立則劉氏之惑可免」？

其四，張良在「爲韓報仇」之心願已了後，並不願干涉時政，但一切了然於心，在被呂后、呂擇等「脅迫」之下，預先爲惠帝擘畫「四皓」之計，就是洞察劉邦心中不能明言的危機感，積極爲惠帝尋求高人的輔翼，以安劉邦之心，是一種「制敵機先」的高明策略，至於後來諸呂之禍，並非其力能挽，或是並非其所在意者（其所在意者終究在韓不在漢），是故眞有遠慮之人，應即張良，而非劉邦。事實上，劉邦之「慮」，也只在預見身後戚姬之遭遇必當悲慘，所以悲泣於「所愛」而已，並非憂慮於其所歌「鴻鵠高飛，一舉千里，羽翮已就，橫絕四海」的惠帝，自然也不可能遠慮「身後之變」。

故以歷史的眞實而言，支允堅的說法正如《四庫全書總目》所言：「所見亦淺」，而劉邦既非「遠慮」，欲以此解杜牧「四皓安劉是滅劉」之詩，謂杜詩「窺見古人之微，而善于擘畫者矣」，實無著落，何況藝術的眞實又不必全然等同於歷史的眞實。

就杜牧之詩而言，宋人方岳《深雪偶談》已謂：「牧之處唐人中，本是好爲議論，大概出奇立異」，清趙翼《甌北詩話》卷十一發揮其說，又云：「杜牧之作詩，恐流於平弱，故措詞必拗峭，立意必奇闢，多作翻案語，無一平正者」，其以〈赤壁〉、〈題四皓廟〉、〈題烏江亭〉爲例云：「此皆不度時勢，徒作異論，以炫人耳，其實非確論也」。然以藝術創作而言，拈出史事，別出

心裁，以奇想慧眼明白斷案，一直是詠史詩的重要創作手法，特別是在詩人的心靈作用之下，將史事加以感性的誇飾或濃縮，用以抒寫懷抱，也給予史事不同思考或不同論定的可能，其目的不僅只在追求炫人耳目而已。趙翼所謂「此皆不度時勢，徒作異論，以炫人耳，其實非確論」者，杜牧何嘗不審度時勢，只是他重新省視歷史興亡以及成敗的關鍵，其必然與不必然，其實弔詭，所以在既成事實的歷史軌跡中，他要質疑「四皓」的輔翼漢惠帝，其實並非輔助明主，所以為「滅劉」。而又深惜一代英雄項羽的自刎，在烏江亭題下：「勝敗兵家事不期，包羞忍恥是男兒。江東子弟多才俊，捲土重來未可知」的感嘆。此外趙翼在乎的「確論」，又如何界定？以項羽來看，《史記》將之寫入本紀，《漢書》係寫入列傳，其中具有強烈的價值與功過的判斷，故以歷史論斷來看，同為史家寫史，又孰者為「確論」？

即單就「四皓」之入詩，除支允堅所引杜牧〈題四皓廟〉，游潛《夢蕉詩話》亦記述四皓避秦云：「若鳳凰翔于千仞之上，非腐鼠所可嚇也」、「當時留侯方為太子謀畫，必極求可使帝心之動者以中之，其于衣冠狀貌之肖，安知不能如優孟之為孫叔敖者」，故其云：

> 唐溫飛卿題其書詩云：「但得戚姬甘定分，不應真有紫芝翁」，疑其事也；荊公〈書汜水關寺壁〉云：「汜水鴻溝楚漢間，跳兵走馬百重山。如何咫尺商於地，更有園公乞季閒」，蓋言四皓時雖有之，亦將冥鴻遠逝，未必飽繫于此；而楊鐵崖〈紫芝曲〉云：「商山巍巍，上有紫芝，採之可療饑。何獨西山薇，西伯養老去古遠，而獨夫殺士吾將疇，依卯金之子，海內咸羅，絡齒齔將焉為，平生不識下邳兒，肯隨漢邸同兒嬉，用里綺里無人知」，自注云：「用里在洞庭包山，四老之舊居也」。此則又言四皓固非留侯所識，亦非區區幣禮可使之至者，留侯作贗，千載猶惑，豈特漢祖之墮其術哉？

此則詩話引錄溫庭筠、王安石、楊維楨之詩，可見詩人對四皓史事的質疑與感懷，而各出以不同的設論與書寫，正見詩歌創作的豐富性。

《藝苑閒評》尚有論及當代風氣者，卷九謂人皆有好惡，如杜甫不喜陶詩，歐陽修不喜杜書，蘇洵不喜楊子之類，云：「即如酸鹹，嗜亦各異，非若今人無真誠，而隨時好惡，逐人步趨者」，屬於讀者的接受問題，肯定人皆有喜尚，應該真實面對，不必隨波逐流。同卷又論當時詩壇之演變云：「國初諸公承元習，一變也，其才雄，其學博，其失冗而易；東里（楊寓，字士奇）

再變之，稍有則矣，肯則淺，質則薄；獻吉（李夢陽）三變之，復古矣，其
流弊蹈而使人厭；勉之（黃省曾）諸子，四變而六朝情辭麗矣，其失靡而浮；
晉江（王慎中）諸子，又變之爲歐、曾，近實矣，其失衍而卑」，評論明代詩
文風習之優劣，頗見中肯。是則此書自有其所長，孝峙序謂「擷其精華亦足
以識梅坡之所尚矣」，良是。

唐音癸籤

三十三卷，胡震亨（1569～1642）纂評，存。

胡震亨，字孝轅，晚年自號遯叟，浙江海鹽人。乾隆元年刊《浙江通志》
卷一七九〈文苑二〉有傳，謂其才識通敏，爲諸生時即以經濟自負，萬曆二
十五年（1597）舉於鄉，數上公車不遇。歷任固城教諭、合肥知縣、定州知
州、兵部職方司員外郎等職。其家藏書萬卷，日夕搜討，凡祕冊僻本、舊典
佚事、魯魚漫漶者，無不補綴，凡海鹽毛氏書，多胡震亨所編定，所著有《唐
詩統籤》、《海鹽圖經》、《續文選》、《靖康咨鑒錄》等。事蹟又見光緒五年刊
《嘉興府志》卷五六〈海鹽列傳〉。《明詩紀事》庚籤卷十八陳田按語云：「康
熙中，聖祖命輯《全唐詩》，以孝轅《唐音統籤》爲底本，凡一千二十七卷，
《全唐詩》僅九百卷，蓋《統籤》收道家章咒、釋氏偈頌，多至數十卷，傷
於冗雜，《全唐詩》芟除之；《癸籤》皆論詩之語，亦去而不錄，故爲卷止此，
又攷其僞誤，補其缺失，始爲完帙。然孝轅以一儒素，而蒐羅浩博如此，則
其創始之功，亦不可沒矣」。

《四庫全書總目》卷一九七〈詩文評類存目〉「唐音癸籤」條、《邵亭知
見傳本書目》均著錄有康熙戊戌（五十七年，1718）江陰書肆本；《八千卷樓
書目》著錄是書有明刊本；《西諦書目》亦著錄明末刊本，故是書於明末已經
刊行。世界書局本《唐音癸籤》卷末所附俞大綱發表於《歷史語言研究所集
刊》第七本的〈紀唐音統籤〉一文〔註23〕之按語亦云：「《癸籤》崇禎時已先
有刻本，《四庫總集存目》著錄康熙五十七年江寧書肆刻本，仍謂舊無刊版者，
實誤」。

是書今存者，有清康熙刊本，收入《全明詩話》，此即《四庫全書總目》
著錄的康熙戊戌（五十七年，1718）江陰書肆本。蔡鎭楚《石竹山房詩話論

〔註23〕俞大綱〈紀唐音統籤〉原載《歷史語言研究所集刊》第 7 本，第 3 分，頁 37
　　　　～40，1936 年 11 月。

稿》著錄北京大學圖書館、上海圖書館等藏有清順治十五年（1658）雙與堂刊本，此本臺灣未見。《北京圖書館古籍善本書目》則著錄該館藏有清鈔本，此本臺灣亦未見。《叢書大辭典》著錄是書有《中國文學參考資料小叢書》第一輯本。較爲普及的則有清乾隆《四庫全書》本，此本臺灣商務印書館有影本發行。此外，北京中華書局一九六二年有排印本，此本有世界書局影印於臺灣發行，上海古籍出版社則於一九八一年有周本淳標點本發行。

俞大綱〈紀唐音統籤〉一文，又詳考故宮圖書館所藏范希仁鈔補《唐音統籤》本，並引一則珍貴資料證明是書的成書年代，亦即史語所所藏《李杜詩通》鈔本中，胡震亨之子胡夏客所作的〈識語〉，述及了《統籤》編訂年月。〈識語〉謂：

> 先大夫孝轅府君，搜輯「唐音」，結習自少，至乙丑歲始克發凡定例，
> 撰《統籤》一千卷，閱十年，書成。又箋釋太白、子美兩大家詩，
> 加以評論，成「李杜詩通」。寫就頻繙，鉛黃重疊，迄今七年，時年
> 七十四，復盡卷竄訂焉。

則《唐音統籤》自天啓乙丑（五年，1625）始輯，至崇禎乙亥（八年，1635）而完成。其「寫就頻繙，鉛黃重疊，迄今七年，時年七十四」諸語，「迄今七年」是爲崇禎十五年（1642），胡震亨年七十四，則其生年應爲隆慶三年（1569）。〔註24〕

《唐音統籤》共分十集，前九集爲唐詩總集，《唐音癸籤》爲第十集，專門著錄詩話，是以唐詩爲主體的大型詩話彙編。全書共分三十三卷，以下分述其卷帙的配置及內容：

卷一〈體凡〉，析分唐詩各體，並加說明。其大抵區分古、律二體，二體中又以字數區分五、七等言，而流委因之景然。此外，亦兼及樂府體名的討論，又以律體雖成於唐，實肇自沈約聲病之說，故纂輯「四聲」、「雙聲疊韻」、「八病」等條目，加以說解。

卷二至卷四〈法微〉，卷二輯錄前賢統論詩歌定義、詩歌創作法則的相關詩話；卷三則輯錄前賢分論包括四言、五言古、七言古、樂府、律詩、排律、絕句、詠史、詠物、和韻、聯句等各種詩體的言論；卷四則輯錄與用字、用句、儷對、篇法、用韻、用事、砭疵等有關的詩話。故〈法微〉可以說是詩

〔註24〕據周本淳〈胡震亨的家世生平及其著述考略〉（《杭州大學學報》，1979 年第四期，頁 56〜60、68，1979 年 12 月），其卒年即爲崇禎十五年，享年七十四。

法的淵藪，而所輯錄又均精選前賢具代表性的詩說精華，如卷二頁十一、十二，〔註25〕都是明代最著名的詩論，有李夢陽「以我之情，述今之事，尺寸古法，罔襲其辭」、何景明「捨筏達岸」說、徐禎卿「因情以發氣，因氣以成聲，因聲而繪詞，因詞以定韻」之說、王世貞「才生思，思生調，調生格」說、胡應麟的「作詩大要不過二端，體格聲調，興象風神而已」等說，足見在時間的沉澱下，這些詩論能夠散發千古的光芒，也可見出胡震亨輯選眼光的精到。此外，由其所列舉的明代詩家，以及所著錄的詩論都是詩歌最基本的原理論來看，反映出其論詩的宗向切近於復古格調派。

在〈法微〉卷中，胡震亨不時出以自己的體會與評述，多經驗之語。如卷三頁二〇謂：「作排律法，虛韻不如實韻堪押，順聯不如逆聯有情」、卷四頁二四云：「李長吉〈詠寒〉：『百石強車上河水』，換『冰』字作『水』，寒意自躍。此用字之最有意者」等等，也使是書非一般純引舊說的詩法、詩式、詩格彙編所能比擬。

卷五至卷十一〈評彙〉，則彙萃歷代詩家對唐代詩作與詩人的評論，也由唐而論及於明代。如卷五頁三六首條的詩話為胡震亨評唐太宗詩「氣象不侔」，而卷十一頁九九則為李維楨所評「後唐而詩盛，莫如明，亦無以加初、盛之上」。其於唐詩評論，蒐羅之勤、用力之深，鄭振鐸〈劫中得書續記〉「唐音癸籤」條即謂：「其用力之劬，不下於計有功之《唐詩紀事》、尤袤之《全唐詩話》」〔註26〕。

卷十二至卷十五〈樂通〉，專門纂輯前人對於音樂方面的相關評述，非惟總論古今音樂，更詳細解說各種唐代樂調的起源、調名的意義、典故、理論等，可謂古今樂調理論的集成。

卷十六至卷二十四〈詁箋〉，纂輯歷代詩家對唐人詩句的註釋。有解釋節氣，如卷十六頁一四三「鯉魚風」、「中和節」諸條。有考證地理名詞，如卷十六頁一四四、一四五「北斗城」、「蝦蟆陵」、「東蒙峰」諸條。有說明人物名號，如卷十八頁一六四「丫頭」、「練師」條。有考證官銜制度，如卷十七頁一五七「帖職」、「官稱別名」等條。又有說明風俗、尋找典故、為特殊名物下註腳等，內容極為多樣。卷二十一至二十三，則以唐代詩人為條目，分別著錄其難解之詩句，加以註釋，因人繫詩，因詩而得以並列其註釋，也是

〔註25〕以下引文俱引自（《唐音癸籤》，臺北：世界書局影印本，1960年）。
〔註26〕鄭振鐸此文見世界書局翻印本《唐音癸籤》卷末附錄。

相當具創意的體例。

卷二十五至卷二十九〈談叢〉，纂輯並評述歷來對唐代詩人的評論，與卷五至卷十一的〈評彙〉略爲相近，但〈評彙〉重在「彙」，〈談叢〉則重在「評」，是胡震亨對唐詩的評品，也是其對前人評唐詩的再批評。如卷二五頁二一九，先著錄「宋人以荊公四家詩不選太白，嫌其羨說富貴，多俗情。而近代王弇州亦謂其〈上皇西巡〉一歌『地轉錦江成渭水』等句，不異宋人東狩錢塘故事，譏論尤切」，進而申說自己的看法：

> 夫白亦詩酒自娛，跌宕一生者耳，安能顧語忌，拘教義，爲是屑屑者哉？詩人各自寫一性情，各自成一品局，固不得取錦袍豪翰，強繩以瘦笠苦藻，必同籥吹爲善也。

此說反駁宋人與王世貞對李白的不公平評價，其「詩人各自寫一性情，各自成一品局」的說法，爲詩歌評論者如何客觀的看待不同的詩人風格、評論詩作，提供一個極好的啓示，這應該也是胡震亨縱橫歷代對唐詩的評論、深體唐詩的風華之後，所凝聚出來的詩觀結晶吧！所以同卷頁二二〇評杜詩，以爲「凡詩，一人有一人本色」，杜甫所以成就他的本色，是經歷世亂的緣故，千載下僅有杜詩，是天所以佐成其詩也。

〈談叢〉也有許多考證與增訂前人之說處。如卷二八頁二四七增訂王世貞的《文章九命》，卷二九頁二五〇則引諸稗說所錄唐詩本事之出於附會者，加以辨正。此外有關於詩人境遇與詩作成就的關係、詩人與時代氣運的關係、李白是否爲山東人等的討論，都是時人論詩關切的話題。是故，由於〈談叢〉著錄較多胡震亨的意見，且其體例與傳統詩話一致，篇幅適中，話題也是歷代詩話中常見的焦點，所以清代就有叢書的纂編者，如編《學海類編》的曹溶，將〈談叢〉五卷單獨析出，題以《唐詩談叢》，刊入叢書發行〔註27〕。

卷三十至卷三十三〈集錄〉，其實就是歷來唐詩總集、選集、個人別集與相關詩評、詩話等著作的完整書目。胡震亨本身藏書豐富，又精於選鑒，他所著錄的書目不惟對前代詩學著作加以整編，也遍及當代的詩學論著。除了有效的保留資料，他也比一般的藏書目錄只作到著錄的功夫，再深入一步，盡可能的爲各書作提要性的介紹或加以評騭，這是《唐音癸籤》一個極具創意與價值的部分。如前引鄭振鐸〈劫中得書續記〉「唐音癸籤」條即針對〈集錄〉關於明代詩話的著錄云：「於明人詩話，所收尚多，儘有今日不易得見之

〔註27〕關於《唐詩談叢》的單行情形，見本論文《唐詩談叢》條。

本」。

　　總之，是書是明代晚期具有總結格調詩說意義的鉅作，但他能別出胡應麟《詩藪》、許學夷《詩源辨體》之外，尋得另一個閃亮的著眼點，以豐厚的識見與學力，以及對唐詩原典的全面而切實的省視，總結歷代對唐詩的評論與看法，給予評價與論定。他又特別著重評述當代詩家的對唐詩的言說與論著，也有效的與計有功《唐詩紀事》等類似的彙編區隔，而突出《唐音癸籤》的價值。

　　當然，《唐音癸籤》亦有其無法排除的缺點，如是書重在纂輯與彙編前人之說，僅僅附加少許的評論，並不足以開創或建立理論系統，所以只能總結格調詩說，無法爲之再創新局。又如〈談叢〉的部分，雖然顯露胡震亨自己較多的意見，但多屬枝節，無法如胡應麟《詩藪》尚能集中心力於理論的建樹，將格調詩說進一步與神韻說融合推衍等等。這應該是「詩話彙編」體例所限的緣故，當然更與崇禎間國勢已不可挽，時人創作多直擄胸臆、一吐爲快，要不就是飄渺虛恍以避世，無暇再講究格調有關。

詩譚

　　十卷，續錄　卷，葉廷秀（？～1651）著，存。

　　葉廷秀，字謙齋，號潤山，山東濮州人。據《明史》卷二五五本傳，其爲天啓五年（1625）進士，歷知南樂、衡水、獲鹿三縣，又官順天府推官、南京戶部主事、戶部主事等，以救黃道周忤帝意，被廷杖、削籍，後雖起用，然國事已不可爲。《明清江蘇文人年表》引《白耷山人年譜》，謂其卒於永曆五年（1651）。

　　是書有十卷及《續集》一卷，《四庫全書總目》卷一九七〈詩文評類存目〉、《八千卷樓書目》作十卷。《欽定文獻通考經籍考》則作「《詩談》，十卷」。

　　今可見明崇禎八年（1635）新都胡氏十竹齋刊本，國家圖書館、北京圖書館、上海圖書館等藏，廣文書局影入《古今詩話續編》，又收入《全明詩話》。此外有明崇禎中刊清補刊印之《葉潤山輯著全書》本，然此本僅收錄《續詩譚》一卷。

　　據廣文書局所影印崇禎八年刊《詩譚》，下署新都胡正心、胡正言、胡正行所校定，而葉廷秀的名字疑似被清人爲躲避文網而抹去，然卷前仍保留葉廷秀寫於崇禎八年之〈詩譚自序〉。該〈自序〉中，強調海內君子視是書譚詩

也可，譚道也可，即以爲譚天下事亦可，原因就在葉廷秀視譚詩如論道，以爲「世間好事，惟忠孝便是宇宙間大道理」，所以其謂：「愚之于《詩譚》也，凡關于忠孝大道理，未始不三致意焉」，由此亦可見其論詩的基本態度。

是書序後有〈詩譚白〉，說明是書撰著旨趣及體例，重申「詩不關身心世教，即擅場何益？」又有〈詩譚用〉，著錄是書所引用之書目，包括理學論著如《近思錄》、《道一編》、《皇明理學名臣錄》、《羅整庵語錄》、《薛君采語錄》、《白沙詩教》、《邵康節集》、《周濂溪集》等；經學論著如《孝經集註》、《大學衍義》、《大學衍義補》、《小學內外篇》；名公奏議如《包孝肅奏議》、《范文正公奏議》等；類書如《太平御覽》；個人文集如《韓文公集》、《蘇子瞻集》、《柳子厚集》、《陽明先生集》等；詩文選集如《古今名媛類編》、《明詩選》、《明詩正聲》、《詩歸》等；詩話如《南溪詩話》、《吳禮部詩話》、《韻語陽秋》、《玄敬詩話》、《藝藪談宗》等；筆記有《西湖塵談錄》、《捫虱新話》、《齊東埜語》、《閱古隨筆》等。也引用《順義縣志》、《濮州志》、《懷柔縣志》等方志資料，甚至用到《喻子兵法》、《古今藥石》，可見是書採摭之廣與雜。

是書共計五百十一條，半錄舊說，半出己論。其開宗明義的首條，即以「心學」爲目，引邵雍「天向一中分造化，人從心上起經綸」、程顥「中心如自固，外物豈能侵」、以爲《大學》言正心，《孟子》言盡心，求放心，而心學之旨盡矣，又引程頤、朱熹、羅倫等論心之言申說心學之理。以之論詩，其引朱熹詩「等閒識得春風面，萬紫千紅總是春」、「千葩萬蕊爭紅紫，誰識乾坤造化心」、「向來枉費推移力，此日中流自在行」、「爲有源頭活水來，數點梅花天地心」等，許以：「要皆善言心，亦善言操心之句」。此可見其以講學論道的角度來譚詩。《四庫全書總目》卷一九七〈詩文評類存目〉「詩譚」條即謂：

> 第一條即曰「心學」，第二條即曰「行得始爲難」，蓋以講學爲詩家正脈，始於《文章正宗》，白沙、定山諸集又加甚焉，至廷秀等而風雅掃地矣。此所謂言之有故，執之成理，而斷斷不可行於天下者也，故其人雖風裁嶽嶽，而論詩則不可爲訓焉。

《總目》指出，以講學論詩的風氣起於眞德秀《文章正宗》，明代則有性理詩的兩大代表人物陳獻章（白沙）、莊昶（定山）繼承之，葉廷秀又承襲之，而風雅掃地矣。筆者以爲，是書以講學論詩，固不免混淆詩學與理學的分際，然從另一個角度看，他也強調了詩學的實用精神，突顯詩歌應肩負教化的使

命。此外，是書也可視作明代自陳獻章、莊昶以後，推闡性理派詩說的大成。
葉廷秀推闡詩歌的實用性，可就兩方面來談：

其一，其以「心學」論詩，側重的詩歌實用性，係著眼於詩歌的抒情功
能及吟詠性靈的特點，所以他論詩特重於「情」。如卷一頁二二「石壕吏」條
云：「愚嘗謂詩生于情，情至自能動人」、「偶讀杜子美之〈石壕吏〉，描情寫
景，悽楚不堪，有意民瘼者，宜合如動念？」；卷十頁二二「讀邵康節詩」條，
推許邵雍詩云：「一派天機，不知所以然而然，而細玩其中，理解治道，情見
乎詞」。

其二，由於其重詩歌實用性、重抒發性情，所以他特別著錄與推崇反映
憂國愛民情懷的詩作。如卷二頁十二「詩悉農苦」條引〈田家詩〉「父耕原上
田，子斸山下荒。六月禾未秀，官家已修倉」，云：「讀此可惕然于民瘼矣」；
又引李紳〈憫農詩〉謂：「呂溫誦之日，此人必為卿相，果如其言」。卷四頁
十六「賦雪憂國」條，著錄吳寬〈雪後入朝詩〉，謂其「愛民憂國之情，藹然
可掬」。並以「忠孝」為標準，以懲不能善盡忠孝的詩人，如卷四頁十二「李
西涯謚」條，著錄時人不滿於李東陽屈從宦官劉瑾，而竟得「文正」之謚，
有無名子作詩云：「文正從來謚范王，如今文正卻難當。大家吹上梧桐樹，自
有傍人話短長」。

頑潭詩話

二卷、補遺一卷、附錄一卷，陳瑚（1613～1675）著，存。

陳瑚，字言夏，江蘇太倉人。《明清江蘇文人年表》引《陳安道年譜》謂
其生於萬曆四十一年（1613），卒於清康熙十四年（1675），年六十三。《明詩
紀事》辛籤卷十三謂其於崇禎十五年（1642）中舉，著有《確庵集》，其於明
亡後以講學終其身。該書並引錢謙益《有學集》謂其「磨礱名行，鏃礪經術，
學者確然奉為大師。人皆曰確庵子今之歸熙甫也」。

是書有明昆山趙氏刊《峭帆樓叢書》本，北京圖書館藏，筆者未見。蔡
鎮楚《石竹山房詩話論稿》收錄於〈明代詩話考略〉，吳宏一老師《清代詩學
初探》則著錄於〈清代詩話知見錄〉，並加按語云：「此書將非『詩話』，乃選
錄作者與友人唱和之詩作。陳氏論詩之旨，不在此，而在於日記中，見《陳
確庵先生遺書》卷六」。

明詩話

　　四卷，蘇之琨（1613～1687）著，存。

　　蘇之琨，字石長，福建莆田人，萬曆四十一年（1613）生，康熙二十六年（1687）卒，年七十五。崇禎十五年（1642）領鄉薦，康熙五年（1666）至十二年（1673）間，歷任甯德教諭、長汀教諭、福州府教授等職，康熙十八年（1679）告老還鄉，居於沙縣綠紗園，著有《三易會解》、《詩經博解》、《閩中景物略》、《禮記兒說》、《筆談集》、《布帆集》等，數量頗多，其闈墨及《雪堂稿》，尤得前輩曹學佺（1574～1646）等的稱譽，事蹟見民國十七年鉛印《沙縣志》，惟該志將之列爲「清人」。

　　是書光緒五年（1879）補刊《莆田縣志》卷三三〈藝文〉，列爲明人著作，卷數作四卷。前引《沙縣志》卷九〈藝文〉，則以爲係「清蘇之琨著」，不著卷數。蔡鎭楚《石竹山房詩話論稿》於〈明代詩話考略〉著錄「《明詩話》，明蘇之琨撰，四卷，存佚未詳」，又謂「是書論述明人之詩，《興化府莆田縣志·藝文志》著錄」。然其書之〈清代詩話考略〉又著錄「《明詩話初編》，清蘇之琨輯，四卷，存。清刻本，清楊用霖跋。福建《莆田縣志》著錄，爲《明詩話》四卷，無『初編』二字，福建圖書館藏」。

　　《石竹山房詩話論稿》的二段著錄，推求蘇書的存佚，頗見其功，然因缺乏「互見」，以致生處明末清初的蘇之琨或爲明人，或爲清人，無法分辨。且其所著只有《明詩話》一書，見於《莆田縣志》著錄，而實際刊本的書名則別有「初編」二字，此或爲《縣志》的著錄有誤或加以簡省，而非別有二書，因此分二處著錄，徒生誤會。《明詩話初編》今僅見福建圖書館典藏，臺灣未見此書。

古今詩話

　　八卷，嵇留山樵纂輯，陳繼儒（1558～1639）審訂，存。

　　嵇留山樵，不知何許人。陳繼儒，字仲醇，號眉公，又號麋公，江蘇華亭人。據明崇禎刊本《陳眉公全集》中《陳眉公年譜》，其生於嘉靖三十七年（1558），卒於崇禎十二年（1639），年八十二。《明史》卷二九八謂其幼穎異，長爲諸生與董其昌（1556～1637）齊名，王世貞（1526～1590）亦雅重之，年二十九焚棄儒衣冠，隱居崑山之陽，顧憲成（1550～1612）講學東林，招之，謝弗往，後築室東佘山，杜門著述，雖短翰小詞皆極風致，兼擅繪事，

且博學強識，經史諸子術伎稗官，靡不校讎，或取瑣言僻事，詮次成書云云。
事蹟亦見《明史稿》列傳一七四、《無聲詩史》卷四等。陳繼儒所編著有《寶
顏堂祕笈》、《陳眉公全集》、《晚香堂小品》、《古今韻史》、《古今人物論》、《唐
詩選註》、《國朝七子詩集註解》等等。陳萬言〈狂夫之言序〉謂其：「眉公性
高隱，于世澹然無營，而後乃橫襟千古，劉覽當世六合內外，所不剖之疑，
不經見之事，隻語道破，爽心動目，其言誠不朽」。〔註28〕

　　國家圖書館藏有《古今詩話》八卷，中央研究院傅斯年圖書館藏有《古
今詩話》七十八種，均署名「嵇留山樵編」，爲明末刊本，廣文書局並據國家
圖書館藏八卷本影入《古今詩話續編》共三冊行世，然此本卷前嵇留山樵所
撰〈古今詩話引〉有二頁缺頁。傅斯年圖書館藏《古今詩話》則可見「陳眉
公訂」、「讀書坊藏板」字樣，其後才是嵇留山樵〈古今詩話引〉。其引云：

> 詩自有傳有序，而後世詩有本事有匡□□（按：此處有二字漫漶），
> 而後世詩有譚話，如舉正變論中晚，清詞秀句，傳誦於當時，見稱
> 於作者，皆有專集，如嚴滄浪、劉貢父輩，無慮數十家，尤爲詩林
> 膾炙。昔先輩嘗好客談，已而倦對俗客，戲語之曰：今而悟落日見
> 顏色，風動故人來，斯言良善取友。余因感對奕者曰手談，諷辨者
> 曰詩話，此二事不必捉麈尾，足以解頤捧腹，誠不客之客，無話之
> 話，然手談猶待耦，詩話則一隱几有餘矣，援彙而授之梓，要爲風
> 雅鼓吹焉爾。

是故《古今詩話》實爲嵇留山樵所編，而陳繼儒擔任考訂的角色。〔註29〕兩
本《古今詩話》的內容大致一致，現錄其目於下，並註明作者，以見是書之
概貌：

> 卷一：許彥周詩話（許顗）、嚴滄浪詩話（嚴羽）、劉貢父詩話（劉
> 　　　邠）、陳輔之詩話（陳輔之）、敎器之詩話（敎器之）、潘子眞
> 　　　詩話（潘子眞）
>
> 卷二：竹坡老人詩話（周少隱）、臨漢隱居詩話（魏泰）、六一居士
> 　　　詩話（歐陽修）、苕溪漁隱詩話（胡仔）、司馬溫公詩話（司
> 　　　馬光）、後山居士詩話（陳師道）

〔註28〕見《寶顏堂祕笈》本《狂夫之言》，藝文印書館影印。
〔註29〕張德重等《詩話概說》謂：「《古今詩話》八卷，陳繼儒編，崇禎間坊刻本」。
　　　　此說可商榷，陳繼儒非編者，而是掛名審訂。

卷三：珊瑚鉤詩話（張表臣）、蛩溪詩話（黃徹）、東坡詩話（蘇軾）、蘭莊詩話（闕名）、迂齋詩話（闕名）、金玉詩話（闕名）、漢皋詩話（闕名）、庚溪詩話（西郊野叟）、紫微詩話（呂伯恭）

卷四：石林詩話（葉夢得）、環溪詩話（吳沆）、西清詩話（蔡絛）、艇齋詩話（曾季貍）、梅澗詩話（韋居安）、後村詩話（劉後村）、漫叟詩話（闕名）、桐江詩話（闕名）、青瑣詩話（劉斧）、玄散詩話（闕名）、歸田詩話（瞿佑）、虛谷詩話（方回）

卷五：南濠詩話（都穆）、蓉塘詩話（姜南）、夢蕉詩話（按：此本缺）、敬君詩話（葉秉敬）、蜀中詩話（曹學佺）、歲寒堂詩話（張戒）、娛書堂詩話（趙與虤）、二老堂詩話（闕名）、存餘堂詩話（朱承爵）、懷麓堂詩話（李東陽）、夷白齋詩話（顧元慶）、娛書堂詩話（闕名）、詩文浪談（林希恩）、竹林詩評（闕名）、林下詩談（闕名）

卷六：謝氏詩源（闕名）、潛溪詩眼（范溫）、詩話雋永（喻正己）、風騷旨格（齊己）、韻語陽秋（葛立方）、藝苑雌黃（嚴有翼）、譚苑醍醐（闕名）、藝圃擷餘（王世懋）、雪濤詩評（江盈科）、升庵詞品（楊慎）

卷七：詩式（皎然）、詩譜（陳繹曾）、詩談（徐泰）、詩論（釋晉聞）、詩談（闕名）、詞品（涵虛子）、詞旨（陸輔之）、本事詩（孟啟）、續本事詩（聶奉先）

卷八：詩詞餘話（俞悼）、四六餘話（宋相國道）、月泉吟社（吳渭）、廿四詩品（司空圖）、詩病五事（蘇轍）、閨秀詩評（按：此本缺）、閒書杜律（楊慎）、千里面談（楊慎）、烏臺詩案（朋九萬）、比紅兒詩話（馮曾）、杜詩箋（黃庭堅）、談藝錄（徐禎卿）

以上共計七十九種詩話，其中《夢蕉詩話》、《閨秀詩評》只為存目，故實際為七十七種。而據清光緒九年刊《蘇州府志》卷一三九〈藝文四〉著錄云：「陳繼儒《古今詩話》八卷，一名《百家詩話》」，因此是書原本應是收錄了詩話一百種，則臺灣所藏之本是否另有佚失？或是別有不同的刊本行世？抑或書

坊刊刻時即有不同的卷帙分合？〔註30〕周維德〈明詩話提要〉提及《古今詩話》，謂有「崇禎間坊刻本」及「清初刻本」，前者應即臺灣的「明末刊本」，後者則筆者未見，無法評述。而周教授所見之本，也是入錄七十九種詩話，其中《夢蕉詩話》、《閨秀詩評》亦缺，故爲七十七種，則其所見應同於明末所刊之本，而當時《古今詩話》即已不見百種之數，是故在明末之前，是否有另一次的刊行？不無疑問。

　　據楊繩信所編《中國版刻綜錄》（陝西人民出版社，1987年版）頁四四著錄心遠堂刊刻陳繼儒所編《古今詩話》八卷，然不著年代。按，心遠堂的另一部刊刻作品爲秦淮寓客所編的《綠窗女史》，該書現藏於中國科學院圖書館，據該館中文古籍善本書目謂此書爲「明末刻清心遠堂印本」，則心遠堂係營業於明末清初之時，所刊之本或許即爲周教授所謂「清初刊本」，而由於是書卷帙龐大，開雕不易且費時，很可能此本在明末即已開雕，甚至與「讀書坊藏板」也可能有關聯，如果推論成立，則《古今詩話》不論明末或清初刊行，其實是一脈相承。此外，《古今詩話》的刊行，具有重要的指標意義：

　　其一，此書標誌著「詩話叢書」的刊刻流傳形式，由弘治初年楊成、馮忠的《詩話》創例，到崇禎年間已經成熟，其以近八十種（甚至是百種）的收錄數量，可謂空前。

　　其二，龐大的詩話收錄量，標誌著龐大的閱讀人口及閱讀需求，特別是所收的詩話已經不再只是「宋人的祕笈」，而是由唐，而宋，而元，而明，已經具備一種「史」的觀照，顯示了詩話叢書編刊以及讀者閱讀視野的全面開展。

　　其三，由是書的著錄內容，顯示明代「詩話叢書」的刊刻形式仍有其無法克服的缺點，包括部分詩話不收全帙、隨意改動書名、點竄內容、文字訛誤與疏漏較多、收錄標準不嚴（詞話、文話俱入）等等。而據以刊刻之各詩話版本亦無著錄，不知是否爲善本，這樣的含混纂編情況，須待清代的詩話叢書方見改善。

〔註30〕叢書由於卷帙龐雜，常見卷數無定、隨意分合，其最著者如《格致叢書》，《四庫全書總目》卷134〈雜家類存目十一〉「格致叢書」條即謂：「是編爲萬曆、天啓間坊賈射利之本，雜採諸書，更易名目，古書一經其點竄，並庸惡陋劣，使人厭觀，且所列諸書亦無定數，隨印數十種，即隨刻一目錄，意在變幻，以新耳目，冀其多售，故世間所行之本，部部各殊，究不知其全書凡幾種」。

讀杜私言

一卷，盧世㴶（1588～1653）著，存。

盧世㴶，字德水，又字秀房，號南村病叟，山東德州人，據《歷代人物年里碑傳綜表》，其生於萬曆十六年（1588），卒於清順治十年（1653），年六十六，著有《尊水園集略》、《杜詩胥鈔》等。民國四年重印清孫葆田修《山東通志》卷一六七〈隱逸〉，謂其中天啓五年（1625）進士，授戶部主事，乞養歸，服闋，補禮部，改御史，巡漕運等，後以疾歸，入清，以病辭徵召，屏居尊水園，未幾卒。事蹟另見《碑傳集》卷一二六等〔註31〕。

是書見《販書偶記》著錄：「《讀杜私言》一卷，明德州盧世㴶撰，崇禎四年精刊」，故此書有崇禎四年（1631）刊本，此本或即《北京圖書館善本書目》所著錄之「崇禎毛氏汲古閣刊本」。民國四年重印《山東通志》卷一四六〈藝文・集部・詩文評類〉著錄云：

> 是編爲《尊水園集略》之第六卷，其目凡八：曰大凡，曰論五言古詩，曰論七言古詩，曰論五言律詩，曰論七言律詩，曰論五七言排律，曰論摘錄。世有《杜詩胥鈔》一書，此所論者皆《胥鈔》所選之詩，其〈大凡〉十一條，大抵發明《胥鈔》去取之意，其曰「論摘錄」者，《胥鈔》有〈摘錄〉一卷，此則就所摘錄之句評之也。《培林堂書目》載，世㴶此編與錢謙益《讀杜小箋》共一冊，蓋摘出別行之本，故今亦別著錄焉。

由《山東通志》的著錄，知是編原爲評述《杜詩胥鈔》所選杜詩，並說明纂編去取而作。其後又有別行，並有與錢謙益《讀杜小箋》並行，刊入《尊水園集略》之第六卷。另據《販書偶記》著錄，《杜詩胥鈔》十五卷及《餘論》一卷是崇禎七年（1634）尊水園的精刊本，是則《私言》可能因爲篇幅較小、或具有詩話的性質，而先予單獨刊行，《胥鈔》反而後刊，且其後似未再有刊刻。

吳宏一老師《清代詩學初探》〈清代詩話知見錄〉謂《讀杜私言》有清順治刊本，其按語云：「盧氏論詩頗爲推尊錢謙益，見盧氏《尊水園集略》及錢氏《初學集》中〈讀杜小箋〉一文。潘德輿《李杜詩話》以爲盧氏論杜甫五律頗具隻眼」。此順治刊本即現藏國家圖書館《尊水園集略》卷六的《讀

〔註31〕盧世㴶身處明末清初，視之爲「明人」或「清人」均有其道理，本論文則以《讀杜私言》撰刊於明崇禎時，故予著錄。

杜私言》，由後學程先貞刊於順治十七年（1656），此即前引《山東通志》所提及的版本。此外，錢謙益《初學集》所附《讀杜小箋》，卷前有錢謙益寫於癸酉（崇禎六年，1633）的〈讀杜小箋序〉謂：「今年夏，德州盧戶部德水刻《杜詩胥鈔》，屬陳司業無盟寄予，俾爲其敘」，又云：「德水北方之學者，奮起而昌杜氏之業，其殆將箴宋、元之膏肓，起今人之廢疾，使三千年以後，渙然復見古人之總萃乎？苫次幽憂，寒窗抱影，紬繹腹笥，漫錄若干則，題曰『讀杜詩寄盧小箋』，明其因德水而興起也」，是則《胥鈔》之始刊在崇禎六年，用意或在重倡杜詩，針砭宋、元之膏肓，而《讀杜小箋》亦是因盧世㴶《杜詩胥鈔》而撰作〔註32〕。

　　盧世㴶素喜摘鈔各書之精華，其《尊水園集略》卷七即以專章著錄其摘鈔各書所作的序文，包括何孟春《餘冬序錄》、〔註33〕李贄《李卓吾雜著》、袁宏道《袁中郎集》、徐𤊟《筆精》等，《杜詩胥鈔》即摘鈔杜詩之作，《尊水園集略》卷六《讀杜私言》〈大凡〉謂是書取杜甫「乞米煩佳客，鈔詩聽小胥」之意，以爲「余不敏於子美，無能爲役，第謹操觚館、充胥吏之任而已」，故以「胥鈔」名書。

　　《讀杜私言》之作，除了〈大凡〉申說《胥鈔》纂輯之意，〈論五言古詩〉、〈論七言古詩〉、〈論五言律詩〉、〈論七言律詩〉、〈論五七言排律〉係分別評論《胥鈔》所選各體杜詩，〈論摘錄〉則是摘錄杜詩中的精彩詩句來加以品評，屬於「摘句批評」的形式，盧世㴶對這些詩句有生動的形容：「夫既已句段摘出，則靈光秀彩，卓立紙上，自耿耿觸人眼」。所以是書雖爲補益《胥鈔》而作，然有總論，有分論，有詩評，有句評，自成一個體系完備的詩話著作。

　　是書的評論，多出於自身對杜詩的涵泳體會，不胡亂牽扯，也不以「全知」自居。如〈論五言古詩〉開宗明義即謂：「五言古詩其源流，吾不及悉也，

〔註32〕　錢謙益除著有《讀杜小箋》，在其晚年並箋注《杜工部集》，據《錢牧齋年譜》著錄其箋注時間爲順治十八年（1661），此本卷前針對宋方惟道《諸家老杜詩評》及蔡夢弼《草堂詩話》「悉摭《韻語陽秋》之類，尤爲猥雜，今刪補而存之」，輯有《諸家詩話》一卷，共錄詩話二十一則，有清康熙六年季振宜靜思堂藏板本，大通書局 1974 年影入《杜詩叢刊》第三輯。附註於此。

〔註33〕　《餘冬序錄》曾在嘉靖辛亥（三十年，1551）由楊慎摘錄二六〇條；盧世㴶於崇禎十二年（1639）又據楊慎所摘之書，鈔其三四，題曰「小摘」。見《尊水園集略》卷 7「餘冬序錄摘要」條。又，《餘冬序錄》的論詩部分也爲後人摘輯爲《餘冬詩話》，請參見本論文「餘冬詩話」條。

獨覺老杜深廣無端，波瀾萬狀」，直抒所感，態度眞誠。而如〈論五七言絕句〉
有云：

> 天生太白、少伯，以主絕句之席，勿論有唐三百年兩人爲政，即窮
> 天地，無復有驂乘者矣。子美恰與兩公同時，又與太白同游，乃恣
> 其倔強之性，頹然自放，獨成一家，寧爲雞口，勿爲牛後，天實生
> 才不盡，才人用才又自不同。若子美者，可謂巧於用拙，長於用短，
> 精於用粗，婉於用戇者也。

這一段評論，說明杜甫的絕句在李白、王昌齡的卓越成績之下，能自闢谿徑，
獨成一家，而其以「巧於用拙，長於用短，精於用粗，婉於用戇」形容杜甫
絕句的寫作特點，也是極爲中的，顯示其不惟對杜詩熟讀品詠，評論文字也
頗具功力。

是書獨出新見的看法頗多，如〈大凡〉有謂「子美，千古大俠，司馬遷
之後一人」，又謂「子美性極辣」之類，皆能自圓其說。而〈大凡〉藉評論〈八
哀詩〉之簡妙云：「今之詩不及古之詩，只爲費辭說、無餘地耳」，也讓評論
具有指導創作的功能。是書表達對杜甫的仰慕之意，評論杜詩以宣示優點爲
主，未及於缺點，應是《胥鈔》所摘輯的杜詩已經過刪汰的緣故。

娛書堂詩話

一卷，作者不詳，存。

是書今可見明末刊《古今詩話》本及清順治三年（1646）兩浙督學周南
李際期宛委山堂刊《說郛》續卷本，均著錄作者「闕名」。《古今詩話》本見
於該叢書卷五，此卷共收了兩部《娛書堂詩話》，一作者題「宋趙與虤」，錄
有詩話六則；一題爲「闕名」，共錄詩話五則，故知爲二書也。《說郛》續卷
本，亦爲詩話五則，與《古今詩話》題「闕名」本之內容悉同，是爲一書。
此二本著錄的五則詩話條目分別是「歌名」、「孟郊」、「應制詩」、「酸文」及
「赤壁詩」，大抵皆爲尋常語，無甚出奇處，理論價值不高。

將此書五則與《歷代詩話續編》所收趙與虤《娛書堂詩話》比對，沒有
一則相同，故二者可能是同名異書。而《古今詩話》所收趙與虤《娛書堂詩
話》，對照於《歷代詩話續編》本趙與虤《娛書堂詩話》，則有四則相同，末
二則「宗人紫芝贈李道士」、「白樂天詩」且爲《歷代詩話續編》本所未見，
可補其不足。

詩本事

一卷，程羽文著，存。

程羽文，字蓋臣，生平不詳。是書有清康熙三十六年（1697）新安張氏霞舉堂刊《檀几叢書》本，及清宣統二年（1910）上海國學扶輪社排印《古今說部叢書》第一集本。據周維德教授提供鈔自《檀几叢書》之手鈔本，是書卷首有題辭謂：

> 昔孟啓作《本事詩》，雖未深羅括，已名著騷壇。今家工吟詠，人侈推敲，因事有詩，則亦因詩有事。搜其瑣屑，附以箋注，展卷之餘，庶或有裨風雅也。

故是書本於孟啓《本事詩》，而「搜其瑣屑，附以箋注」，又以「因事有詩，因詩有事」，所以以「詩本事」爲書名。

是書所論共計三十條，若將條目加以區分，則「詩史」、「詩聖」、「詩豪」、「詩祖」、「詩兒」、「詩虎」、「詩城」等屬於詩人之稱謂。「詩眼」、「詩律」、「詩思」、「詩料」等屬於創作術語。「詩筒」、「詩囊」、「詩斑」、「詩天」、「詩蛆」、「詩牛」均屬詩人逸事。「詩傳」、「詩序」、「說詩」、「詩紀」、「詩選」、「詩乘」、「詩歸」等屬於詩學著作。而「詩派」、「詩社」、「詩盟」屬於文學流派，「詩格」屬於文學風格，「詩話」屬於詩學論著的體製等等。

是書條目雖多，然所論皆細瑣簡短，正如其題辭所謂「瑣屑」者。如論詩學著作，均只著錄作者名氏，不及其書之時代、內容等相關記述，像「詩傳」條云：「子貢作」；「說詩」條云：「申培著」；「詩紀」條云：「馮維訥輯《詩紀》」；「詩品」條云：「鄧孝威選」之類，其保存「本事」的功能是非常有限的。

至如「詩癖」條云：「梁簡文自序：『七歲有詩癖』」；「詩祖」條云：「呂居仁作《江西宗派圖》，推豫章黃山谷爲詩祖」；「詩兒」條云：「湯休（按，即湯惠休）謂吳邁曰：『吾詩可爲汝詩之父』，謝光祿曰：『不然。湯詩可爲庶兒』」；「詩天」條云：「八月初，一妓從士人會飲，臨風舉酒，屬諸公曰：『如此雲霧高爽，可謂詩天』，即日其妓聲名頓起。見宋漫堂中丞《筠廊偶筆》」，〔註34〕雖陳述簡短，尚足以見其典故。若「詩話」條謂：「宋、元人

〔註34〕此處徵引宋漫堂《筠廊偶筆》，宋漫堂即宋犖，字仲牧，據《歷代人物年里碑傳綜表》，其生於明崇禎七年（1634），卒於清康熙五十二年（1713）。程羽文生平不詳，但能引錄此書，則其應爲明末清初之人。

多有詩話」，不直言歐陽修詩話之例，而僅作此語，實不知其本事何在？又有何箋注的作用？

杜詩評律

不著卷數（或作二卷），洪舫著，存，書名或作「杜律評」。

洪舫，字方舟，安徽歙縣人。據民國二十六年鉛印《歙縣志》卷一○〈人物志‧遺佚〉的簡要記載，知其欽慕屈原、杜甫，室中供奉二人木主，朔旦禮拜，著有《苦竹軒詩》。

是書見光緒三年（1877）刊《安徽通志》卷三四六〈藝文志‧集部‧詩文評類〉著錄，書名題作「杜律評」，不著卷數，下並有小字註明「明歙縣洪舫著」。蔡鎮楚《石竹山房詩話論稿》之〈明代詩話考略〉著錄是書謂：「《杜詩評律》，明洪仲撰，二卷，存。《販書偶記續編》、《皖人書錄》著錄，有清順治間刊本」，作者名及卷數均有出入。值得注意的，〈明代詩話考略〉在「杜詩評律」條下，又著錄《杜律評》一書，並謂：「明洪方撰，無卷數，存佚未詳。《安徽文藝文考》詩文評類著錄。洪氏，字方舟，歙縣人」，這條著錄的失誤頗多，首先是「洪方」應為洪舫，誤字；其次「安徽文藝文考」書名亦有誤；再次，「杜律評」與「杜詩評律」應為一書之二名，作者即洪舫。

葉嘉瑩《杜甫秋興八首集說》〔註35〕曾徵引《杜詩評律》之評語，其書前之〈引用書目〉對之有所記述：「《杜詩評律》，不分卷，四冊，清洪舫撰」、「卷首有順治壬辰（公元 1652 年）洪舫舊題選杜序、及康熙癸酉（公元 1693年）何焯序，與康熙丁丑（公元 1697 年）族子力行序。」葉嘉瑩並加按語謂：「按此書評解不多，可參考者甚少」。故為親見其書，而洪舫署作「清人」，或許是生處明、清之交的緣故。此外是書卷前有三篇序文，則其書除順治間刊行之外，康熙間或另有刊刻。至如洪舫所撰「舊題選杜序」者，則或許別有杜詩選之纂輯。是書筆者未見。

〔註35〕《杜甫秋興八首集說》為上海古籍出版社 1988 年版。

附：無法分期的「現存」詩話

詩說解頤

四卷，蘇濂著，存。

蘇濂，生平不詳。是書未經刊刻，據蔡鎮楚〈明代詩話考略〉謂，是書現存明鈔本，北京大學圖書館藏。臺灣未見典藏。

詩家譚藪

一卷，作者不詳，存。

據周維德教授來信及蔡鎮楚〈明代詩話考略〉著錄，是書現存明鈔本，湖北省博物館藏。筆者未見。

南谷詩話

三卷，雷燮著，存。

雷燮，生平不詳。是書見蔡鎮楚〈明代詩話考略〉著錄，謂有明鈔本，《日本靜嘉堂文庫漢籍分類目錄》著錄於〈集部‧詩文評類〉。此書未見。

詩話隨鈔

上集四卷，下集四卷，附錄一卷。楊春光纂輯，存。

楊春光，生平不詳。據蔡鎮楚〈明代詩話考略〉所著錄，是書有明鈔本，南京圖書館藏。筆者未見。

謝氏詩源

一卷,作者不詳,存。

此書作者不知何許人,亦不見諸家著錄,今可見明末刊《古今詩話》本,廣文書局影入《古今詩話續編》;明治二十五至三十年間排印《螢雪軒叢書》本,弘道文化事業公司於民國六十年影入《詩話叢刊》發行。〔註1〕

全書僅十七則,多述詩中名物典故。如引時人遊女詩「不曾憐玉筍,相競採金鹽」,謂:「人多不解『金鹽』之意,余近讀《煮石經》云:『五加皮一名金鹽』,始知玉筍、金鹽對極妙,而初不合掌」。又如引〈定情篇〉「素縷連雙針」,謂其典出於昔姜氏與文冑通殷勤,文冑贈以百鍊水晶針,姜氏以連理線貫雙針結同心花以答之等。至如以「杜康」為酒名、「蓮子」為「憐子」、「王孫」為「蟋蟀」等,尚稱尋常,而記錄「熟鐵硯」、「流蘇髻」、「鎖雲箭」等,則為奇聞異說,聊備一格。

玉堂詩話

一卷,作者不詳,疑存。

是書見《四庫全書總目》卷一四四〈小說家類存目二〉著錄,有《永樂大典》本。《總目》並謂:「所採皆唐宋人小說,隨意雜錄,不拘時代先後,又多取鄙俚之作,以資笑噱,此諧史之流,非詩品之體,故入之小說家焉」,是故是書名為「詩話」,實並非詩話之體。蔡鎮楚〈明代詩話考略〉謂:「明人焦竑有《玉堂叢話》八卷,恐為後人輯其論詩之語而成」,以其書未見,無法與《玉堂叢話》比對,姑且存疑。

〔註1〕 是書作者闕名,亦未註明年代,故其著成時代頗有爭議,如周維德《全明詩話》之〈提要〉(稿本)以為係明人所作,蔡鎮楚在所著《石竹山房詩話論稿》,頁278,以為係宋人所作,本論文姑予著錄,待考。

第三編　後人纂輯之明代詩話考述

第一章 明代初期的「後人纂輯」詩話──洪武至成化年間

唐詩品

　　四卷，高棅（1350～1423）著，後人纂輯，存。

　　高棅，字彥恢，號漫士，後更名廷禮，福建長樂人。據《國朝獻徵錄》卷二二，其門人林誌所著〈漫士高先生棅墓志〉，其生於元順帝至正十年（1350），永樂二十一年（1423）卒，年七十四。〈墓志〉並謂其以布衣召入翰林，爲侍詔，又陸典籍，性善飲，喜談謔，與人無賢愚新故，盎然如一，而其工書畫，尤專於詩，又謂：「蓋詩始於漢魏作者，至唐號爲極盛，宋失之理趣，元滯于學識，而不知由悟以入。自襄城楊士弘始編『唐音正始遺響』，然知之者尙鮮。閩三山林膳部鴻，獨倡鳴唐詩，其徒黃玄、周玄繼之以聞，先生與皆山王恭起長樂，頡頏齊名，至今閩中推詩人五人，而殘膏賸馥，沾溉者多」。

　　高棅除在創作上輔翼林鴻，提振學唐的風氣外，最顯著的成就在於精選唐代詩人之詩作，畫分體類，依初唐、盛唐、中唐、晚唐之世次，品定正始、正宗、大家、名家、羽翼、接武、正變、餘響、旁流九個格目，著成《唐詩品彙》九十卷。是書編選於洪武十七年（1384），完成於洪武二十六年（1393），復於洪武三十一年（1398）增補成《唐詩拾遺》十卷。《四庫全書總目》卷一八九〈總集類四〉「唐詩品彙」條謂：「所錄凡六百二十家，得詩五千七百六十九首，分體編次爲五言古詩二十四卷；七言古詩十三卷，長短句附焉；五言絕句八卷，六言附焉；七言絕句十卷；五言律詩十五卷；五言排律十一卷；七言律詩九卷，排律附焉」。而是書之評價，《總目》也引《明史文苑傳》所

謂：「終明之世，館閣以此書爲宗」，以爲「厥後李夢陽、何景明等摹擬盛唐，名爲崛起，其胚胎實兆於此。平心而論，唐音之流爲膚廓者，此書實啓其弊，唐音之不絕於後世者，亦此書實衍其傳，功過並存，不能互掩，後來過毀過譽，皆門戶之見，非公論也」。

·《唐詩品彙》之傳刊頗多，國家圖書館所藏即有明弘治刊本、明刊白口十行本、明新安汪宗尼校刊本、明崇禎間張恂重訂本，故宮博物院圖書館藏有清乾隆《四庫全書》本，中央研究院傅斯年圖書館藏有明山陽牛斗校刊本，臺灣大學圖書館藏有日本京都文錦堂刊本等。今以汪宗尼校刊本最爲流行，臺灣學海出版社、上海古籍出版社均有影印發行。

《唐詩品》爲後人纂輯《唐詩品彙》卷前的〈歷代名公敘論〉及書中評論唐詩四期及詩人詩作諸語。全書四卷，周維德教授整編《全明詩話》將之收錄，並題作《唐詩品》。蔡鎮楚〈明代詩話考略〉著錄是書，書名則作「廷禮詩話」。據周維德《全明詩話》書前所附〈明詩話提要〉謂，是書卷一入錄〈歷代名公敘論〉，卷二論述唐詩之發展，卷三論作家，卷四論作品，可見其大致風貌。〔註1〕

是書卷一所錄歷代名家評唐詩者，以嚴羽詩論最多，可見高棅詩論之所出。至如其對唐詩發展的看法，有以爲初唐承陳、隋之弊，子昂始變雅正，開元、天寶間，神秀聲律，粲然大備，中唐風概不完，正派不傳，文體始變，唐末作者雖眾，而格力無足取焉云云。其講究於聲律興象、文詞理致，用以分別體製，明辨詩歌聲律的正變，也嚴明「唐詩四期」的畫分，對其後李東陽及七子的格調詩說有重大影響，《四庫全書總目》已言之矣，至今「唐詩四期」的觀念仍廣被接受。《唐詩品》的最大纂輯意義在於，可見出《唐詩品彙》被讀者的接受程度，也顯示讀者的閱讀取向，除將之視爲唐詩的總集外，也重視是書的評論部分，因而能夠不被總集的撰作方式所限，被單獨析出以詩話的形式流傳。

詩人敘論

不著卷數，高棅著，後人纂輯，存。

高棅著有《唐詩品彙》已見前。是書見清同治十年（1871）重刊《福建

〔註1〕 按，是書原收錄於周維德教授《全明詩話》（稿本），2005年正式出版時因故刪去，謹此註明。

通志》卷六九〈經籍〉著錄，所錄高棅著作包括《唐詩品彙》九十卷、《初唐詩紀》三十卷、《唐詩正聲》二十卷、《唐詩類抄》八卷、《嘯臺集》二十卷、《木天清氣集》十四卷，及《詩人敘論》。《詩人評論》應如《唐詩品》一般，為後人輯自《唐詩品彙》者，且可能就是卷前的〈歷代名公敘論〉，其內容即著錄前代詩話、筆記、唐詩選集中評述唐詩之相關言論。

詩法

一卷，解縉（1369～1415）著，後人纂輯，存。

解縉，字大紳，江西吉水人。生於洪武二年（1369），洪武二十一年（1388）中進士，試中書庶吉士，改御史。建文帝立，謫河州吏目，旋待詔翰林。永樂初年，進侍讀學士、翰林學士等，出為廣西參議，又改交阯，後遭陷害，永樂十三年（1415）卒於獄，年四十七。其才氣橫逸，下筆不能自休，當時號為才子，李東陽《懷麓堂詩話》謂其才名絕世，然詩無全稿，傳本中則真偽參半，頓令觀者有「楓落吳江」之憾。事蹟又見於《國朝獻徵錄》卷十二、《殿閣詞林記》卷九、《名山藏》卷五、《明史》卷一四七等。

是書係清初陳夢雷等輯《古今圖書集成》時，自解縉所著《春雨雜述》中輯出，改題作「論作詩法」，收錄於《文學典》卷一九二。周維德教授將此本編入《全明詩話》，改題作「詩法」，標點以行世。〔註2〕

是書只有五則，首先推崇唐詩得華實之宜，而宋人以議論為詩，元人則粗豪，不脫氊裘潼酪之氣，是為其品論歷代詩歌的基本看法。

其次，稱引嚴羽「詩有別長，非關書也；詩有別趣，非關理也」諸說，以為「嚴生之論，可謂得其三昧」。

第三則較有意思，解縉主張學詩要先去俗體、俗意、俗句、俗字、俗韻等「五俗」，這是幼學入門就要注意講究的事，如此方能得神來、氣來、情來「三來」，否則神不來則濁，氣不來則弱，情不來則泛。這是對殷璠「神氣」之說的闡發。

第四則指出《三百篇》之作，當時閭巷小子皆能，而後世之作，雖是白首鉅儒，莫臻其至。

第五則則專論明初之詩，推許劉基的極力師古，所以其詞旨能洗前代氊

〔註2〕按，是書原收錄於周維德教授《全明詩話》（稿本），2005 年正式出版時因故刪去，謹此註明。

酪之氣云云。

　　五則詩話大都充滿崇古、復古的觀念，又以身處明初，汲汲於洗卻前朝所謂「氈酪之氣」。關於解縉的詩論，李贄《騷壇千金訣》之〈詩議〉頁二十八（明萬曆大雅堂刊《枕中十書》本），也引錄其兩則詩話，錄之於下：

> 明學士解縉曰：「作詩有一聯平淡，便要有一聯味，參差湊合而成。
> 若一概平常，漫無意味可詠，令觀者厭目」。又曰：「詩在相體，不
> 可一律而論，有宜含蓄者，則意當厚；有宜豪放者，則意當發露；
> 有宜莊重者，則語當痛快；有宜輕逸者，則語當流麗」。

這兩則詩話，專門講述作詩的原則，講得靈活權變。他不主張局限於一種風格，反而要視體的不同而作適切的呈現與發揮，又重視詩歌內在的意味，以使詩歌能夠耐人尋味。解縉對於「味」的重視，與元人喜言詩味有承繼關係，如方回《瀛奎律髓》卷二四有謂：「據情言事，而有無窮之味」，而揭奚斯《詩法正宗》則說得更完整：「唐司空圖教人學詩，須識味外味，坡公嘗以為名言，如所舉『綠樹連村暗』、『棋聲花院閑』、『花影午時天』等句是也。人之飲食，為有滋味，若無滋味之物，誰復飲食之為？」（見朱紱等編《名家詩法彙編》卷八頁二十一），這與解縉「漫無意味可詠，令觀者厭目」的說法是一致的。《詩法正宗》接著又論說得更加入細，其云：「古人盡精力於此，要見語少意多，句窮篇盡，目中恍然別有一境界意思，而其妙者，意外生意，境外見境，風味之美悠然辛甘酸鹹之表，使千載雋永，常在頰舌」，其所論於「味」者，較解縉只及於聯語之味，是多面且深刻，也將司空圖的「味」說解的相當精彩。

性理大全論詩

　　一卷，胡廣（1370～1418）纂輯，後人又輯，存。

　　胡廣，字光大，號晃庵，江西吉水人。生於洪武三年（1370），建文二年（1400）狀元，授翰林編修。明成祖即位，胡廣迎降，擢侍講，改侍讀，累官至文淵閣大學士，永樂十六年（1418）卒。曾奉詔纂修《五經》《四書》《性理大全》，著有《胡文穆集》。

　　是書收錄於趙鍾業《修正增補韓國詩話叢編》，〔註3〕乃輯自《性理大全》

〔註 3〕《修正增補韓國詩話叢編》，趙鍾業編，首爾：太學社，1996年出版。以下引
　　　　文俱見此本。

卷五十六的〈學十四・論詩〉部分。內容皆輯錄經學家的論詩之語或詩作，包括程頤、邵雍、張載、朱熹、眞德秀等。

　　儒家主張「不學詩，無以言」，〔註4〕故歷來碩儒均有發揚詩教之志，且多數作有詩歌，對詩歌創作也別有看法。如是書頁四六一所錄：「程子曰：『既學時，須是用功，方合詩人格。』既用功，甚妨事，古人詩云：『吟成五個字，用破一生心。』又謂：『可惜一生心，用在五字上。』此言甚當。某素不作詩，亦非是禁止不作，但不欲爲此閑言語」，即爲代表性觀點。

　　經學家評詩以風雅爲依歸，如頁四六二錄：「龜山楊氏曰：『作詩不知風雅之意，不可以作詩。詩尚譎諫，唯言之者無罪，聞之者足以戒，乃爲有補。若諫而涉於毀謗，聞者怒之，何補之有。觀蘇東坡詩，只是譏誚朝廷，殊無溫柔敦厚之氣。』」

　　經學家論詩以德性爲權衡，如頁四六三著錄：「朱子曰：詩者志之所之，在心爲志，發言爲詩。然則詩者豈復有工拙哉？亦視志之所向者高下何如耳。是以古之君子，德足以求其志，必出於高明純一之地，其於詩固不學而能之。至於格律之精粗，用韻屬對、比事遣辭之善否，今以魏晉以前諸賢之作考之，蓋未有用意於其間者，而況於古詩之流乎。」是知歷代知名經學家之詩觀詩論，可謂深具特色，故被單獨輯出，東傳朝鮮。

辨詩

　　一卷，吳訥（1372～1457）纂輯，後人又輯，存。

　　吳訥，字敏德，號思庵，江蘇常熟人。據《明人傳記資料索引》，其生於洪武五年（1372），卒於景泰八年（1457），年八十六。其於永樂中，以薦至太醫院任事，教太醫子弟，洪熙元年（1425），官南京都察院，歷官監察御史、南京左副都御史等職，正統中致仕，謚文恪，著有《思庵詩集》、《思庵文粹》；輯有《文章辨體》、《百家詞》等。事蹟見《國朝獻徵錄》卷六四、《名山藏》卷七、《明史》卷一五八等。

　　是書係輯自吳訥纂輯之《文章辨體》〈總論〉的辨詩部分。據楊繩信《中國版刻綜錄》所載，《文章辨體》有明天順八年（1464）劉孜等刻遞修本、嘉靖三十四年（1555）浙江湖州府刊本。而此輯本則有清初陳夢雷等所輯之《古

─────────────────

〔註4〕見《論語集注》（臺北：學海出版社，1982年），卷8，〈季氏〉，頁117。

今圖書集成》本，收入於《文學典》第一九三卷，題名「辨詩」。

是書輯引〈詩大序〉、《古文苑》、《詩法源流》及朱熹、楊仲弘等前人詩說，論述古詩、律詩、排律、絕句、聯句等詩體的發展，以爲古今詩體凡三變：漢魏以上爲一等，晉、宋至唐初又爲一等，從沈、宋至明初爲一等，而詩體也至明代而大備。這相當於《文章辨體》的前言，特以其自成一個單元，而被清人單獨輯出，以見詩體的源流發展。

蟫精雋詩話

三卷，徐伯齡著，周維德纂輯，存。

徐伯齡，字延之，自署曰古剡，浙江嵊縣人（或作浙江杭州人）。《四庫全書總目》卷一二二〈雜家類六〉「蟫精雋」條引是書十二卷之末有〈籜冠生傳〉一篇，即張錫爲徐伯齡所作。張錫，字天錫，又字海觀，爲天順壬午（六年，1462）舉人，官山西山陰縣教諭，是書卷十二「海觀豪放」條略述其生平，《總目》以是推知徐伯齡亦爲天順中之人，而非崇禎年間舉人徐伯齡。而〈籜冠生傳〉所記之徐伯齡「不欲顯其名於人，故不以氏行，嘗集籜爲冠，嘯歌自得，若不與於人世者，雖博學能文，善書攻琴熟律，而不肯以技自試。每酒酣耳熱，輒語人曰：『身寓也，名字者又寓之寓也，尚不知我，又安知有物，又安計夫寓，吾又何名人？因強名之曰籜冠生』」，可知其不汲汲於聲名，爲放身寄情於山林間的人物。又據是書卷四「詠事痛快」條有謂「成化癸巳（九年，1473）歲，予北遊茗城」語，卷十三「杭士甲第」條著錄自洪武二十一年（1388）迄成化二十三年（1487）間杭人之進士及第者，則徐伯齡不惟爲天順中人，實亦成化間人物，而是書之撰成時間，最早即在成化二十三年左右。

是書《千頃堂書目》著錄爲「《蟫精雋》二十卷」，然今所見清乾隆《四庫全書》本僅有十六卷。《四庫全書總目》卷一二二〈雜家類六〉有《蟫精雋》之提要，謂：

> 是書雜採舊文，亦兼出己說，凡二百六十一條，大抵以文評、詩話居十之九，論雜事者不及十之一，其體例略似孟棨《本事詩》，其多錄全篇，又略似劉壎《隱居通議》，其中猥瑣之談，或近於小說，而遺文舊事，他書所不載者，亦頗賴以傳，其論周德清《中原音韻》一條，尤爲明確。《千頃堂書目》作二十卷，此本僅十六卷，前後無

序跋，亦無目錄，不能知其完闕，其中多闕字闕句，又所錄詩文往
往但存其標題，而其文皆作空行，蓋繕錄者圖省工力，因而漏落，
今於有可考者補之，無可考者亦姑闕焉。

對於是書的優點及收錄經過論述甚詳，特別指出是書引錄作品多錄全篇，頗
能保存遺文舊事的貢獻。周維德教授整編《全明詩話》，即就《四庫全書》本
輯錄是書之詩話部分，得三卷，共計一百五十四條，題作「蟬精雋詩話」。

　　觀是書所述，實以詩事典故居多，尤對同鄉先輩存齋（瞿佑）及其師菊
莊（劉泰），深致推服，見「存齋逸稿」、「香臺集序」、「菊莊詩」、「詠貓識
譏」諸條。他如「沈眉軒」、「丁雪坡」、「雞窗醞藉」等條著錄陸昂、馬洪、
丁文煥、沈約等聲名不顯的浙江詩人，頗能呈現更多詩人的面目。而是書「薛
濤始末」條記錄薛濤詩作；「女人詠史」條著錄朱淑真、李清照等詩作；「錢
塘士女」條著錄曹妙清、張妙淨等詩作，均特意突顯並著錄歷代女詩人，惟
其所論多以人品論詩，如謂朱淑真、李清照「雖有才致，全德寡矣」，此仍
囿於傳統之見。徐伯齡論詩，又主張因事感慨，諷諫時事，以為即使閨怨、
宮詞、去婦之類詩歌，「皆非直述景物故事、悲愁哀怨而已」，而是「因事感
懷，以申其情耳」，將抒情特質與諷諫功能加以聯結，從而突顯詩歌情真語
切的重要。〔註5〕

〔註 5〕按，是書原收錄於周維德教授《全明詩話》（稿本），2005 年正式出版時因故
　　　　刪去，謹此註明。

第二章　明代中期的「後人纂輯」詩話——弘治至隆慶年間

餘冬詩話

　　二卷，何孟春（1474～1536）著，後人纂輯，存。

　　何孟春，字子元，號燕泉，湖南郴州人。據《國朝獻徵錄》卷五三羅欽順撰〈何公孟春墓誌銘〉及顧璘〈何公孟春墓碑〉，其生於成化十年（1474），卒於嘉靖十五年（1536），年六十三。其於弘治六年（1493）中進士，師事李東陽，學問該博，歷官兵部主事、兵部員外郎、右副都御史、吏部侍郎等，以大禮議起，上疏力爭，又偕百官伏闕號泣，奪俸調南京工部，引疾歸，卒諡文簡，所著有《何文簡疏議》、《家語註》、《餘冬序錄》、《何燕泉詩》等，事蹟另見《國琛集》卷下、《名山藏》卷一八、《明史》卷一九一等。《罪惟錄》卷一九〈何孟春列傳〉謂：「孟春貌瘠而神暢，年少通練，每談疆場，慨然有請纓之意」，又謂：「孟春性剛褊，常書衛玠之言以自戒。讀書博而能精，喜飲酒，不至醉，曆法、兵計、奇遁、醫藥皆臻其妙。丘濬常輯《醫抄》，孟春益廣之。歷任三朝，屢建讜論。所著書始名《案垢》，既家居，類平生撰述，得六十餘卷，名《餘冬序錄》」。以上記述較能見出何孟春的性格行事之一斑，且見其學問兼該曆法、兵計、奇遁與醫藥，為當世不多見者。

　　是書並非何孟春之詩學專著，乃後人掇拾自《餘冬序錄》。今有清道光十一年六安晁氏刊《學海類編》本，民國間商務印書館影入《叢書集成初編》，廣文書局影入《古今詩話叢編》，新文豐圖書公司復影入《叢書集成新編》，

篇幅均為二卷。然是書經《八千卷樓書目》、《欽定文獻通考經籍考》及《四庫全書總目》卷一九七〈詩文評類存目〉著錄，均作「三卷」，不知與《學海類編》之二卷本是卷帙分合之異，或是別有增刪？

　　《四庫全書總目》謂：「是書載《學海類編》中，今檢其文，實於孟春《餘冬序錄》中，摘其論詩者，詭題此名也」。至於是書之內容，《總目》謂：「所論多作理語，如謂蘇氏之文，無見於道，枉讀書耳；又謂『故教乞食歌姬院』，用韓熙載事，非君子所宜，皆所謂膠柱而鼓瑟；謂杜詩呈吳郎題桃樹二律，甚費解說，與他律不同，亦殊不解古人用意之處，其他持論多類此」，是故《總目》總評曰：「夫以講學之見論文，已不能得文外之致，至以講學之見論詩，益去之千里矣，則何如不作詩文更為務本也？」

　　《總目》之評，自有其見解，尤指出何孟春以講學之見論詩。此書論詩之特色，卷上的第一條詩論中，已經明白宣示以「道」作為詩文的權衡標準，何孟春謂：

> 杜子美詩，文章一小技，於道未為尊。甫之所謂文章，只是就詩言耳。韓退之詩文章自傳道，奚仗史筆為？韓退之所謂文，乃有見於孔孟，知聖人之所以傳道者，先儒謂退之因學文而見道，所見雖粗，而大綱則正矣。後世之士，詩要學杜，文要學韓，而未有決然能並之者，彼烏知子美之所不自滿，與退之之所自勵者耶？

何孟春的詩文觀念，在此段詩話中有完整的表述，其以杜甫與韓愈的文章相較，所謂「韓退之詩文章自傳道，奚仗史筆為？」充分顯示文章以「傳道」為務的觀點，所以能夠兼學杜甫、韓愈之所長，亦即容詩文與聖人之道為一，就是何孟春的詩文理想。所以他進一步評述韓愈有謂：「因學文而見道，所見雖粗，而大綱則正矣」，以韓愈雖非專研經術，但能以文見道，這樣做法和方向是正確的。此段詩話所論固在韓文，實則可視為何孟春「以道論詩」的最佳註腳，正是以論詩而見道，所見雖粗，惟求大綱之正。

　　至於其所謂「聖人之道」者，除如韓愈「有見於孔孟」之外，更泛指「經術」，亦即「六經」，如卷上何孟春引朱熹評陶詩有謂「陶淵明亦是莊老」及真德秀所言「近世有謂淵明之詞甚高，而其旨出於莊老；康節（邵雍）之詞若卑，而其旨則原於六經」等語，以為淵明之情智與其拳拳王室之心，豈虛玄之士、毀彝倫外名教者可望，「以余觀之，淵明之學，正自經術中來」。所以，「六經」固然是何孟春講學的「聖人之道」，也是其詩文復古的最高標的，

因此他在《餘冬序錄》外編第三十六即謂：「六經之文不可尚已！後世言文者至西漢止，言詩者至魏而止，何也？後世文趨對偶而文不古，詩拘聲律而詩不古也」，對當世復古的取法僅只於漢、魏，表示不同意，而主張即使六經之文不能企及，仍要更向上學習，更往上復古，並期許謂：「復古之作，是有望於大家」。〔註1〕他的「復古」之所以懸六經為標的，與時風不同，與其師李東陽的廣博取法歷代諸家亦有差異，就是融合經術與文學立論的緣故。

此外，後人所輯的《餘冬詩話》，並沒有全面的輯錄《餘冬序錄》中論詩文的文字，且其所輯者並非皆為何孟春詩論的精華。事實上，《餘冬序錄》中對於當世詩壇的風氣迭有紀錄，如「前輩言士大夫遊藝，必審輕重，且當先有跡者。學文勝於學詩，學詩勝於學書，學書勝於學圖畫，學圖畫又勝於學琴奕之事，蓋有跡者勝矣」。〔註2〕這類紀錄不在少數，是書均沒有輯錄，其輯選的旨要反偏重於《餘冬序錄》中雜論詩人詩作與詩事典故之類的條目，是須加以分辨的。

然由是書所輯的內容，仍可見出何孟春並非全以「講學之見」論詩，其論詩亦非《四庫全書總目》所謂「去之千里」者。是書所論實不乏就詩論詩，頗為中的之處，如卷上引李白的「清水出芙蓉，天然去雕飾」及韓愈的「壯非少者哦」，以「出」字、「哦」字之難，凸顯創作時斟酌用字的必要，以為作詩者取法，其卷下又謂：

> 老杜詩「花蕊上蜂鬚」，妙在上字；李白詩「清水出芙蓉」，妙在出字；韋蘇州詩「微雨暗深林」，更妙在暗字；歐陽永叔詞「綠楊樓外出秋千」，妙在出字。

此皆品述「詩眼」之妙，以示於學詩者，所論雖非新見，卻見其不忽視文辭修飾的重要性。又如卷下謂：「宋人詩話有極可笑者，引柳子厚〈別弟宗一詩〉：『欲知此後相思夢，長在荊門郢樹煙』，謂夢中安得見郢樹煙？此真癡人說夢耳」，何孟春以為這首詩當如此看：「夢非實境，煙正其夢境糢糊，欲見不可，以寓其相思之恨，豈問是耶？」則其解詩亦頗能見古人用意寫境的匠心。至如卷下引李白、韓愈、蘇軾詠桃花詩，以為「皆狀桃花之盛，而妙語各臻其

〔註1〕見明嘉靖戊子郴州何氏原刊本《餘冬序錄》，外篇，第36，頁1。
〔註2〕見新興書局《筆記小說大觀》第31編《餘冬序錄》，卷6，頁20。

極」、「聚三詩而觀花境，信可愛也」；引韓愈「下視禹九川，一塵集毫端」、李賀「遙望齊州九點煙，一泓海水杯中瀉」、杜甫「摩胸盪層雲，決眥入飛鳥」，讚之爲「詩家何等眼界」之類，皆可見其論詩評詩仍頗具隻眼，並未惟「講學之見」是務。

大復山人詩集精華錄・詩話

一卷，何景明（1483～1521）著，後人纂輯，存。

何景明，字仲默，號大復，信陽人。據《何大復先生集》所附〈何大復先生行狀〉，其生於成化十九年（1483），卒於正德十六年（1521），弘治十五年（1502）中進士，授中書舍人，遷吏部員外，官至陝西提學副史。正德年間，其與李夢陽（1472～1529）倡爲復古之學，天下宗之，然兩人天份各殊，取徑作法各異，經由書信往返，反覆詰難，不相上下。

何景明未有詩話專著，是書爲《大復山人詩集精華錄》八卷之附錄，爲後世掇拾何景明論詩語而成，有清乾隆刊本，書藏中國科學院，並經《中國科學院圖書館藏中文古籍善本書目》著錄。

詩教外傳

五卷，陳獻章（1428～1500）著，湛若水（1466～1560）輯解，存。

陳獻章，字公甫，別號石齋，廣東新會人，以徙居白沙，人稱白沙先生。據張詡所撰〈白沙先生行狀〉，其生於宣德三年（1428），正統十二年（1447）中舉人，後屢試禮闈不第，乃棄所學從吳與弼（1391～1469）遊，又杜門卻掃，潛心道業，而聲名滿天下，嘗被召至京，令就試禮部，以疾乞終養，授翰林院檢討以歸。既歸，四方從遊者益眾，朝廷屢薦辟，亦不起。卒於弘治十三年（1500），年七十三。萬曆十三年（1585）詔從祀孔廟，並追諡文恭。事蹟另見《皇明獻實》卷三〇、《國琛集》卷下、《明史》卷二八三、《明儒學案》卷五等。

湛若水，字元易，號甘泉，增城人，成化二年（1466）生，弘治十八年（1505）登進士，授編修，嘉靖時官南京兵部尚書，與講學於吏部的王守仁（1472～1528）相應和。又築西樵講舍講學，學者稱甘泉先生。嘉靖三十九年（1560）卒，年九十五，諡文簡。事蹟見《名山藏》卷二〇、《明史》卷二八三、《明儒學案》卷三七等。

　　據阮榕齡編〈陳白沙先生年譜〉，〔註3〕湛若水於弘治七年（1494）從陳獻章學，陳獻章卒後二十一年並爲之遷葬。其纂輯並註解《白沙子古詩教解》十卷，於正德十六年（1521）作序云：「白沙先生無著作也，著作之意寓於詩也。是故道德之精，必於詩焉發之。天下後世得之，因是以傳，是爲教」，另有《詩教外傳》五卷，則爲其書之附錄。

　　《百川書志》著錄是書謂：「皇明翰林檢討白沙陳獻章詩百六十六篇，南京國子祭酒甘泉湛若水輯解之，《外傳》十篇，凡若干條，皆詩談」；《紅雨樓書目》則著錄於〈詩話類〉，謂：「《白沙詩教》，十五卷」；《晁氏寶文堂書目》上卷著錄《白沙詩教》於〈詩詞類〉，然不著卷數、作者。《四庫全書總目》卷一七五〈別集類存目二〉著錄「《白沙詩教解》十卷、附《詩教外傳》五卷」謂：「《白沙詩教》凡一百六十六篇，皆闡發性理之作；《詩教外傳》則皆獻章語錄之類，足與詩相發明者，若水以類排纂，各爲之標目。獻章於詩家爲別調，不妨存備一格。若水務尊師說，必以爲風雅正宗，至別撰此書，以行言之，似乎成理，而實則不然，王士禎《居易錄》曰：『如欲講學，何不竟作語錄』，可謂要言不煩矣」，具論是書概貌。

　　《白沙子古詩教解》可視爲明代詩壇曾盛極一時的性理詩的代表作品，《明詩綜》卷二〇謂：「成化間，白沙詩與定山（按，即莊昶）齊稱，號『陳莊體』，然白沙雖宗擊壤，源出柴桑，其言曰：『論詩當論性情，論性情先論風韻，無風韻則無詩矣』，故所作猶未墮惡道，非定山比也」，可知其詩之特點。而《詩教外傳》則爲理學家講論詩道的代表性詩話，臺灣大學圖書館藏有明嘉靖四年（1525）本，北京圖書館藏有嘉靖馬崧刊本。

升庵詩話

　　四卷（或作八卷、十二卷、十四卷），楊愼著，後人纂輯，存。

　　楊愼著有《千里面譚》，已見前。是書卷帙變化繁多，各家著錄也頗雜亂，如《千頃堂書目》卷三二〈文史類〉、《明史藝文志》作四卷；《國史經籍志》作「楊升庵詩話」二卷；《晁氏寶文堂書目》卷上〈詩詞類〉著錄此書，然不著卷數。《澹生堂書目》卷一四〈詩話類〉著錄：「《楊升庵詩話》一冊二卷、《詩話補遺》二卷，《升庵雜錄》本」；《脈望館書目》〈史部・附

〔註3〕見陳獻章著，孫通海點校《陳獻章集》（北京：中華書局，1994年）附錄。是集另有附錄《白沙子古詩教解》，但無《詩教外傳》。

集〉著錄「《升庵詩話》二本、《詩話補遺》二本」；《趙定宇書目》著錄「楊升庵書集目錄，《詩話》二本、《詩話補遺》二本」及《稗統續編》有《升庵詩話》二本等。是書四卷本今可見者，分別爲：

一、明嘉靖二十年（1541）程啓充刊本，國家圖書館藏。此本爲程啓充所編，卷前有程啓充〈升庵詩話序〉。

二、明嘉靖刊本，天一閣藏，此本爲蔡鎮楚《石竹山房詩話論稿》之〈明代詩話考略〉著錄。

三、明刊本，上海圖書館、四川圖書館藏，此本爲蔡鎮楚《石竹山房詩話論稿》之〈明代詩話考略〉著錄。

四、明澹生堂鈔《楊升庵雜錄》本，中國科學院圖書館藏，此本即《澹生堂書目》卷一四〈詩話類〉著錄：「《楊升庵詩話》一冊二卷、《詩話補遺》二卷，《升庵雜錄》本」之本，又見張錫厚〈楊愼詩論著述考〉〔註4〕著錄。

五、明嘉靖三十三年（1554）梁佐編刊《丹鉛總錄》本，此本又有清乾隆三十年（1765）虎林楊昶刊本。見王仲鏞〈升庵詩話箋注前言〉、〔註5〕張錫厚〈楊愼詩論著述考〉著錄。

是書之八卷本有：

明萬曆十年（1582）四川巡撫張士佩刊《太史楊升庵全集》本，爲楊愼從子楊有仁編，國家圖書館藏。張錫厚〈楊愼詩論著述考〉著錄此本又有清乾隆六十年（1795）新都重刊之本。明萬曆二十九年（1601）王藩臣、蕭如松刊《升庵先生文集》本，見王仲鏞〈升庵詩話箋注凡例〉著錄。

是書之十二卷本則有：

〔註4〕張錫厚〈楊愼詩論著述考〉見《四川師院學報》1981年第2期、第3期，頁59～67、73；頁71～77，1981年2、3月。此文考證楊愼詩論著述包括詩話、詩選、批點等，有《升庵詩話》、《千里面譚》、《五言律祖》、《絕句衍義》、《絕句辨體》、《唐絕增奇》、《禪林鉤玄》、《李詩選》、《韋蘇州集》、《空同詩選》、《張禺山戊巳吟》、《鈐山詩選》、《草堂詩餘》等十三種詩學著作。

〔註5〕見王仲鏞《升庵詩話箋註》（上海：上海古籍出版社，1987年）。此書〈前言〉羅列《升庵詩話》各刊本，相當詳盡，書末〈附錄〉收有程啓充〈升庵詩話序〉、張含〈升庵詩話補遺序〉、王嘉賓〈詩話補遺序〉、楊達之〈敘詩話補遺後〉、李調元〈升庵詩話序〉及〈跋〉、丁福保〈重編升庵詩話弁言〉等，資料收羅完備，可參。

一、明萬曆四十四年（1616）刊《升庵外集》本，此本爲焦竑所編定，清道光二十四年（1844）有影明刊本。

二、清乾隆中李調元所刊《函海》本，此本分別在乾隆四十七年（1782）、乾隆四十九年（1784）、乾隆末年刊刻，爾後嘉慶十四年（1809）又有李鼎元重校《函海》本、清道光五年（1825）有李朝夔補刊《函海》本、清光緒七年（1881）又有重刻《函海》本，〔註6〕今則有新文豐圖書公司影入《叢書集成新編》發行。據卷前李調元序，此本係集合四卷本及焦竑所編十二卷本《升庵詩話》，和曹命所編《詩話補遺》二卷，匯刻成《升庵詩話》十二卷、《詩話補遺》二卷。

三、民國間商務印書館《叢書集成初編》本。

是書之十四卷本，則有民國五年（1916）無錫丁福保排印《歷代詩話續編》本，北京中華書局有標點本，木鐸出版社翻印於臺灣發行，又收入《全明詩話》。此本卷前有丁福保〈重編升庵詩話弁言〉謂：

> 《升庵詩話》，自明以來無善本。有刻入《升庵文集》者，凡八卷（按，此即前述《升庵先生文集》本）；有刻入《升庵外集》，凡十二卷（按，此即前述焦竑編定《升庵外集》之本）；有刻入《丹鉛總錄》者，凡四卷（按，此即前述梁佐編定之本）；《函海》又載其十二卷及《補遺》三卷。此詳彼略，此有彼無，前後異次，卷帙異數。其字句之僞，則各本皆然。魯魚亥豕，往往不能句讀，殆皆乃其傳寫之誤耳。……余讀升庵集，仰其爲人。會有《歷代詩話續編》之刻，爰搜集各本，詳加校訂，僞者正之，複者刪之，缺者補之。至其僞撰之句，則原之以存其眞，據其題中第一字之筆畫數，改編爲一十四卷，自謂較各本爲善矣。

是故《歷代詩話續編》本《升庵詩話》十四卷，是綜合各種《升庵詩話》的版本，再加入《詩話補遺》，重新依照各條詩話題目首字的筆畫順序予以整編。張錫厚〈楊慎詩論著述考〉曾將此本與《函海》本、《丹鉛總錄》本等其他各

〔註6〕關於《函海》在乾隆年間的刊刻情形，鄧長風〈函海叢書的版本及其編者李調元〉（《國立中央圖書館館刊》，新27卷第1期，頁163～180，1994年6月）有考證，可參。而李調元輯刊《函海》，對於同鄉楊慎的著作多所搜羅，並「就所見已刻未刻者，但睹足本，靡不收入」（見鄧長風文所引美國國會圖書館藏清乾隆四十七年版李調元〈函海總序〉）。

－337－

本比較，此本著錄詩話條目共計七五七條，確實較其他諸本詳備，且其按照筆畫排列，也方便檢索，但仍存在著寧濫勿缺的毛病，以至收入不少非詩話的條目，而同一時代和同一作家可能因筆畫不同而缺乏互見，徒增翻檢之勞。〔註7〕

　　是書爲嘉靖三年（1524）楊愼流寓雲南以後的論詩言論，係其友人、門生、從子與後人分別纂輯而成，故有卷帙、條目、字句等的多方差異與僞誤。纂輯的來源包括楊愼《丹鉛總錄》、《絕句衍義》、《絕句辨體》、《千里面譚》等著作。張錫厚考證楊愼所著《絕句衍義》時，即指出：「《絕句衍義》選自六十九家，有詩一○四首，其中被選入《升庵詩話》者，有九十首，占總數百分之八十六以上」，又謂：「《絕句辨體》所選之詩，也有和《絕句衍義》、《函海》本《升庵詩話》互出的現象」，而其考證二卷本《千里面譚》時，又指出該書共選評詩五十一首，《函海》本《升庵詩話》就錄入四十一首，而且內容完全相同。以上可見《升庵詩話》纂輯自楊愼著作的一斑。〔註8〕

　　此外，楊愼的詩學著作還有一個特點，就是親自撰述的《千里面譚》、《絕句衍義》等書，刊刻流通性不及於他人纂錄的《升庵詩話》、《詩話補遺》、《譚苑醍醐》等，其原因或在於讀者對楊愼的接受，主要在其博學廣聞，所以能夠較完備而直接的收錄其詩學見聞、考證的著作，就比其批點的詩集受歡迎。而楊愼名重一時，卻身處偏遠，其論詩則不拘門戶之見，言之有物，因此能不爲地域所限，得到時人的仰慕，〔註9〕其論詩意見也因應市場需求而多見纂刊。

〔註7〕張錫厚〈楊愼詩論著述考〉，頁60～61。
〔註8〕同前註，頁61、64、67。此文也大致比較了《絕句衍義》與《函海》本《升庵詩話》條目的異同情形。
〔註9〕《明詩紀事》己籤卷8「朱曰藩」條曾引朱曰藩〈人日草堂詩引〉，可見當時部分文人仰慕楊愼的狀況，此文云：「升庵先生在江陽，以畫像寄我白下，揭於寓齋，日久虔奉，如在函丈。嘉靖己未人日，西域金子大輿、東海何子良俊、吳門文子伯仁、黃子姬水、郭子第、秣陵盛子時泰、顧子應祥相約過余，觴於齋中。齋南嚮，先生像在壁間，諸君不肯背之座，各東西席如侍側之禮。比丘圓瀾罌中冷泉見餉，覓得陽羨貢茶一角，烹泉爲供，以宣甌注之，焚沉水香於鑪，作禮畢，就坐，各嘖嘖嘆曰：『幸甚！今日乃得睹升庵先生』文子曰：『今日之會奇矣！予當作〈人日草堂圖〉以寄先生』，予欣然抃掌，因歌『人日題詩寄草堂，遙憐故人思故鄉』之句，作八闥散諸君，請各賦一篇，并寄先生，見吾輩萬里馳仰之懷。予乃爲之引。」朱曰藩著有《七言律細》，見本論文下編。

　　是書所纂輯詩論條目，以考證詩事典故居多，其品評之語，不論正、反意見，大多言簡意賅。如卷一頁六四○，〔註10〕「上巳詩」條評王融〈上巳〉詩為「二句古雅」、卷一頁六四二「下落花」條評李白「玉窗青青下落花」詩為「花已落，又曰下，增之不覺綴，而語亦奇」、卷三頁六八五「白樂天酬嚴給事玉蕊花」條評白居易詩為「此豈老姥能解者」、卷四頁七○四「朱慶餘仙遊寺」條評朱慶餘詩「末句切題，不然，是寺皆可用」等等，顯示其論詩的簡潔明朗，這與是書多纂輯自楊慎的批點專著如《絕句衍義》等有關，批語的特色就在於簡潔有力、一語中的。

　　是書的評論語彙雖然簡潔，所論則頗為細緻，能體萬物之妙，見出詩作的精微美感。如卷三頁六九七「竹香」條引杜甫〈竹〉、李賀〈新筍〉等詩謂：「竹亦有香，細嗅之乃知」；卷七頁七七七「柳花香」條則引李白「風吹柳花滿店香」句、溫庭筠〈詠柳〉詩及傳奇的「柳自飄香雪」句，說明「其實柳亦有微香，詩人之言非誣也」；卷十四頁九三三「豔雪」條引韋應物〈答徐秀才〉「清詩舞豔雪」詩，評為「極其工緻，而『豔雪』二字尤新」，並云：「曹子建〈洛神賦〉以『流風迴雪』比美人之飄搖，雪固有豔也。然雪之豔，非韋不能道；柳花之香，非太白不能道；竹之香，非子美不能道也」。竹香、柳香、雪豔，都是極精微的體會，詩人既善於捕捉，楊慎的評論亦善於聯類比物的加以品鑑，且能見出其中的創意與新奇。

　　「奇」是楊慎評詩的重要審視點，也是其所認為的詩歌成功要素。如前引評李白「玉窗青青下落花」為「語亦奇」；是書卷二頁六六「王少伯贈張荊州」條評王少伯此詩為「險韻奇句」；卷一頁六四六「子由四絕句」條謂蘇轍〈題李龍眠山莊圖〉四詩為「奇景奇句，可誦可想」；卷六頁七五一「坡詩月明看露上」條推許蘇軾「月明看露上」詩為「詠之奇」，又引洪舜俞二絕句以註坡詩，以為「注之又奇」；卷六頁七五二「宗懍春望」條評宗懍此詩「用事奇崛工緻」；卷十二頁八九一「劉駕絕句」條，評其「香風滿閣花滿樹，樹樹樹頭啼曉鶯」為「詩頗新異」，而其推崇六朝詩歌也許以高妙奇麗，卷四頁七○七「江總怨詩」條云：「六朝之詩，多是樂府，絕句之體未純，然高妙奇麗，良不可及」。楊慎能欣賞品論詩語、詩韻、詩注、詩事、詩景等各種詩歌「奇」的表現，主要與其博學廣聞與論詩的細膩有關，但他也強調詩文創作不可刻

─────────────────

〔註10〕以下引文俱引自《升庵詩話》（臺北：木鐸出版社《歷代詩話續編》本，1983年）。

意好奇，如卷二頁六六三「元次山好奇」條云：「文章好奇，自是一病，好奇之過，反不奇矣」。

楊慎詩論在考證方面頗有突出的建樹，也與博學廣聞有關。如卷十四頁九三〇「鶯啼修竹」條以考見杜甫用孫綽〈蘭亭詩〉語，謂：「讀書不多，未可輕議古人」、卷八頁七九三「袁紹盃」條引《後漢書》〈鄭玄傳〉解杜甫「江上徒逢袁紹盃」詩，以證劉須溪、王洙批注之非，云：「不讀萬卷書，不能解讀杜詩，信哉」；卷九頁八一一「探情以華」條揭示「觀書所以貴乎博證也」。而卷五頁七一九「宋人論詩」條，則由強調讀書，進一步批判宋人論詩主張不必拘泥於出處，此說蓋針對《朱子語類》卷一四〇所謂：「或言『今人作詩，多要有出處』，曰『關關雎鳩，出自何處』？」而發，楊慎以爲：「若以無出處之語皆可爲詩，則凡道聽塗說，街談巷語，酗徒之罵坐，里嫗之詈雞，皆詩也，亦何必讀書哉？」

這樣的看法貫注於詩歌的創作上，楊慎主張以「學」爲創作的基礎。卷十四頁九二六「蘭亭杜詩」條云：「近有士子熟讀杜詩，余聞之曰：『此人之詩必不佳，所記是棋勢殘著，元無金鵬變起手局也』」，此則詩話以爲熟讀杜詩而詩必不佳，並非對當世學杜風氣的反動，而是指出「學」重在胸中的蓄積，而非一招半式的表面功夫，所以同卷頁九三二「讀書萬卷」條即謂：

> 杜子美云：「讀書破萬卷，下筆如有神」，此子美自言其所得也。讀書雖不爲作詩設，然胸中有萬卷書，則筆下自無一點塵矣。近日士夫爭學杜詩，不知讀書曾破萬卷乎？如其未也，不過拾〈離騷〉之香草，丐杜陵之殘膏而已。

然而過於講究「學」的重要，強調詩歌必有出處，終究有其流弊。楊慎雖然在卷十一頁八六三「落月屋梁」條指出「詩本淺，宋人看得太深，反晦矣」，但若卷五頁七三五「杜審言詩」條謂「獨有宦遊人」句中的「獨有」是出於《文選》殷仲文「獨有清秋日」詩，則不亦強尋出處、看得太深，而失於穿鑿附會。此外，卷八頁八〇〇「唐詩誤句誤字」條，以爲杜牧「千里鶯啼綠映紅」句，「千里」應作「十里」，其理由是「千里鶯啼」誰人聽得？「千里綠映紅」誰人見得？而不知這原是「夸飾」手法的運用，此又爲其論詩過分拘泥之處。

是書論詩另一個醒目的重點，在其數以絕然的口吻直謂：「誰謂宋無詩」。如卷一頁六五四「文與可」條、卷四頁七一七「宋人絕句」條、卷十二頁八

九三「劉後村三詩」條及頁八九四「劉原父喜雨詩」條等，其卷十二頁八七二「蓮花詩」條更記載其以張文潛〈蓮花〉、杜衍〈雨中荷花〉、劉美中〈夜度娘歌〉、寇平仲〈江南曲〉四詩試於何景明，景明誤以為皆唐詩也，知為宋人詩後，仍強曰「細看亦不佳」云云，而廣被後人稱引，作為楊慎不依傍七子門庭的明證。其實，楊慎評論詩歌的態度與其師李東陽是接近的，基本上他認為宋詩不如唐詩，卷八頁七九九「唐詩主情」條即謂：「唐人詩主情，去《三百篇》近；宋人詩主理，去《三百篇》卻遠矣」。但他不會偏執的盡棄宋詩不觀，反而能見出其佳處，故卷四頁七一七「宋人絕句」條云：「宋詩信不如唐，然其間豈無可匹體者，在選者的眼力耳」，這正是他在〈李前渠詩引〉所提出「人人有詩，代代有詩」〔註11〕觀念的實際應用。

　　楊慎對六朝詩的看法亦須注意。當時何景明主張古詩學漢魏，近體歌行學李、杜，楊慎則推溯李、杜的本源，是書卷十三頁八九九「學選詩」條謂：「李太白終始學《選》詩，杜子美好者亦多是效《選》詩，後漸放手，初年甚精細，晚年橫逸不可當」，以為學李、杜，不如溯其根源，學習《文選》，他並且選編了《選詩外編》，以見其源。楊慎更視六朝為七律甚至七言排律的濫殤，如卷四頁七一一「君攸桂楫泛中河」條引沈君攸詩謂：「七言律未成而先有七言排律矣，雄渾工緻，固盛唐老杜之先鞭也」，又特別批點選輯六朝五言律成《五言律祖》一書，以證其說，把律詩的學習標的也上推至六朝，都是其獨特的見解。而是書卷十三頁九○二「螢詩」條，也援用前引「蓮花詩」條的手法，借記錄何景明的言行來增加詩論的說服力，其云：「何仲默枕藉杜詩，不觀餘家，其於六朝、初唐未數數然也。與予及薛君采言及六朝、初唐，始恍然自失，乃作〈明月〉、〈流螢〉二篇擬之，然終不若其效杜諸作也」。

詩話補遺

　　三卷，楊慎著，後人纂輯，存。

　　楊慎著有《千里面譚》、《升庵詩話》，已見前。是書有明嘉靖三十五年（1556）曹命合州刊本，此本見臺灣國家圖書館、四川圖書館、南京圖書館

〔註11〕〈李前渠詩引〉見萬曆十年（1582）四川巡撫張士佩刊《太史升庵全集》，卷3，頁26：「六情靜于中，萬物盪於外，情緣物而動，物感情而遷，是發諸性情而協於律呂，非先協律呂而後發性情也，以茲知人人有詩，代代有詩」。

及山東大學圖書館藏，書前有王嘉賓、楊達之等寫於嘉靖丙辰（三十五年）之序，張含也在嘉靖三十一年（1552）寫有〈升庵詩話補遺序〉，〔註12〕其中王嘉賓說明是書之編刊緣起：

> 鄉先生升庵太史寓滇之日，杜門卻掃，以文史自娛，著書凡數十種，流播海內，金樺玉屑，人亟珍藏。點翰之暇，復述綴詩話，以裨詞林之缺，三筆業已鍥槧，奇且富矣。茲《補遺》三卷，乃公門人晉陽曹壽甫詮次成帙，請于嚴君東崖郡公，授梓以傳。

又有明澹生堂鈔《楊升庵雜錄》本，北京圖書館藏，此本二卷，即《澹生堂書目》卷一四〈詩話類〉所著錄「《楊升庵詩話》一冊二卷、《詩話補遺》二卷，《升庵雜錄》本」之本。

清乾隆時有《四庫全書》本，此本臺灣商務印書館有影本。又有李調元所刊《函海》本，此本分別在乾隆四十七年（1782）、乾隆四十九年（1784）、乾隆末年刊刻，爾後嘉慶十四年（1809）又有李鼎元重校《函海》本，清道光五年（1825）有李朝夔補刊印《函海》本，清光緒七年（1881）又有重刻《函海》本，〔註13〕今則有新文豐圖書公司影入《叢書集成新編》發行。《函海》本為是書最通行之本，《邵亭知見傳本書目》、《八千卷樓書目》均根據此本著錄。

是書有二卷、三卷的卷帙之異，如《千頃堂書目》卷三二〈文史類〉、《欽定文獻通考經籍考》、《善本書室藏書志》均著錄三卷，《國史經籍志》著錄二卷。《邵亭知見傳本書目》、《八千卷樓書目》所著錄《函海》本《詩話補遺》則為三卷，然新文豐圖書公司影印的《函海》本《詩話補遺》，刪去許多已見於焦竑所刊十二卷本《升庵詩話》的條目，只有上、下二卷。是知是書二、三卷之分，只在條目的多寡，且與《升庵詩話》互為增減而已。〔註14〕關於是書內容的論述，已併見於前述《升庵詩話》的考述。

〔註12〕 王仲鏞《升庵詩話箋註》之附錄有三篇序文之標點本（上海：上海古籍出版社，1987 年）。

〔註13〕 見鄧長風〈函海叢書的版本及其編者李調元〉（《國立中央圖書館館刊》，新 27 卷第 1 期，頁 163～180，1994 年 6 月）。

〔註14〕 《歷代詩話續編》丁福保所整編之《升庵詩話》十四卷，即將《詩話補遺》的條目打散，按各條目名稱首字的筆畫，刊入《升庵詩話》中，成為《升庵詩話》條目最多的版本，詳見本論文《升庵詩話》條的論述。

譚苑醍醐

　　一卷（或作八卷、九卷），楊慎著，後人纂輯，存。

　　楊慎著有《千里面譚》、《升庵詩話》、《詩話補遺》，已見前。是書見《紅雨樓書目》著錄，作九卷，且不列入〈詩話類〉，而以子部雜家視之。《邵亭知見傳本書目》、邵懿辰《增訂四庫簡明目錄標注》均著錄：「《譚苑醍醐》九卷，《函海》本八卷」，亦列於子部雜家類。

　　將以上著錄對照實際刊本，是書的八卷本主要為《函海》本，此本卷前保留嘉靖二十一年（1542）楊慎原序，為清人李調元刊入《函海》叢書，並分別在乾隆四十七年（1782）、乾隆四十九年（1784）、乾隆末年刊刻，爾後嘉慶十四年（1809）又有李鼎元重校《函海》本，清道光五年（1825）有李朝夔補刊印《函海》本，清光緒七年（1881）又有重刻《函海》本，〔註15〕此本所收《譚苑醍醐》，臺灣廣文書局有影本發行，新文豐圖書公司則影入《叢書集成新編》，故而流傳較廣。蔡鎮楚《石竹山房詩話論稿》之〈明代詩話考略〉著錄《譚苑醍醐》八卷本又有「清光緒間刊本，浙江圖書館、杭州大學圖書館藏」，此本筆者雖未見，但懷疑應是光緒七年的重刻《函海》本，並非別有刊刻。

　　是書的九卷本，為清乾隆《四庫全書》本，此本臺灣商務印書館有影本，並收入《全明詩話》。其內容與八卷本相差不大，都是屬於筆記小說的性質。

　　是書之一卷本，則有明末刊《古今詩話》本及明治二十五至三十年間排印《螢雪軒叢書》本，後者為弘道文化事業公司影入《詩話叢刊》發行。此兩本內容悉同，均只有十則，其條目分別為「總論」、「庾詩」、「猛燭」、「亭映」、「斗音」、「古歌詞」、「古諺」、「翻案」、「晉齊」、「顏謝」，且多輯自《升庵詩話》，如「庾詩」條即《歷代詩話續編》本《升庵詩話》卷九的「庾信詩」條、「古歌詞」條即《升庵詩話》卷三「古歌銅雀詞」條等。而《古今詩話》本作者下署「闕名」。

　　周子文《藝藪談宗》亦彙選楊慎詩論，題為「譚苑醍醐」，其所輯選的來源主要為《升庵詩話》，且將原有各則詩話前面的條目名稱悉予省略，只直接收錄其內容。如此本卷首的第一則詩話即《歷代詩話續編》本《升庵詩話》卷八的「唐詩主情」條；第二則詩話又是出自《升庵詩話》卷六「波漂菰米」

〔註15〕見鄧長風〈函海叢書的版本及其編者李調元〉（《國立中央圖書館館刊》，新 27 卷第 1 期，頁 163～180，1994 年 6 月）。

條等。此本共收錄詩話一百三十八則，其內容與《四庫全書》本、《函海》本、《古今詩話》本的《譚苑醍醐》都不同。

《譚苑醍醐》多著錄於諸家書目的〈子部雜家類〉，這是針對《函海》本而言，蓋此本並非詩話專著，實爲筆記小說。如解析《莊子》、辨析《新唐書》與《舊唐書》、著錄孔明遺事，以及著錄考證歷代名臣奏議、先鄭後鄭、老子述而不作、五嶺考、石經考、重較說、禪學俗學等條，都與詩歌無關。楊愼序稱：「醍醐者，鍊酥之纂晶，佛氏借之以喻性也，吾借之以名吾譚苑也、夫從乳出酪，從酪出酥，從生酥出熟酥，從熟酥出醍醐，猶之精義以入神，非一蹴之力也」，借醍醐之成非一蹴可就，說明是書寫成之不易，而未提及是書是專爲詩歌而發。且以《函海》本而言（《四庫全書》本亦然），是書除卷首「莊子解」二十五條之外，其餘多載於《丹鉛總錄》中，則是書或由《丹鉛總錄》中輯出單行者。〔註16〕

必須特別注意的，《古今詩話》、《詩話叢刊》所錄一卷本《譚苑醍醐》所收入的十則詩話，主要是輯自《升庵詩話》，並不見於八卷《函海》本的《譚苑醍醐》之中，與《藝藪談宗》所收入的詩話條目也是不同，此可見楊愼著作在刊行流傳當中存在著內容的出入、卷數條目的詳略不一情形。〔註17〕而《譚苑醍醐》雖有楊愼親自撰寫的序文，但因「譚苑」其實無所不談、無所不包，所以各本的內容差別極大，像《四庫全書》本、《函海》本根本是筆記小說，詩學的著錄考述極少。《古今詩話》本、《詩話叢刊》本，僅擷取《升庵詩話》等論著十則，《藝藪談宗》本則擷取《升庵詩話》多至上百則，卻都冠上「譚苑醍醐」這個書名。

推測《四庫全書》本、《函海》本較爲接近楊愼親爲作序的《譚苑醍醐》的原貌，然其內容並不屬於「詩話」。《古今詩話》本、《詩話叢刊》本、《藝

〔註16〕 蔡鎭楚《石竹山房詩話論稿》之〈明代詩話考略〉著錄《譚苑醍醐》謂：「是編凡一百三十八則，多從《升庵詩話》輯出」，此說所據爲周子文《藝藪談宗》刊入之《譚苑醍醐》，爲周子文所輯選，與《四庫全書》本、《函海》本、《古今詩話》本的《譚苑醍醐》都不同，應該加以分辨。

〔註17〕 張錫厚在考述楊愼的詩學著作時也提到：「自明代以來，楊愼的詩論著述或自編成集，或後人匯輯成冊，大都刊刻問世。有的輯入《升庵文集》、《升庵外集》，有的匯成《升庵詩話》及《補遺》等專門著作，在刊刻和流傳過程中常常出現此略彼詳，此有彼無，卷第不一，順序互異等現象。至於楊愼本人撰述的《千里面譚》、《五言律祖》、《絕句衍義》、《絕句辯體》、《唐絕增奇》等反而沒能廣泛流傳開來，有的已成罕見之書」。

藪談宗》本，雖詳略不一，卻多輯自《升庵詩話》而來，其內容雖然較爲符合詩話的要求，其書名卻是編者隨意冠以現成的「譚苑醍醐」四字，藉以引起讀者興趣，增加編書的採錄取樣的範圍，實非《譚苑醍醐》的本來面目。

閒書杜律

一卷，楊愼著，後人纂輯，存。

楊愼著有《千里面譚》、《升庵詩話》、《詩話補遺》、《譚苑醍醐》等，已見前。是書有明末刊《古今詩話》本及清順治《說郛》續卷本，又收入《全明詩話》。

是書應係後人輯自楊愼批點的詩選，全書篇幅短小，並未區分則數，但其品論仍有重心。首先說明「杜詩可以意解，不可以辭解」的原則，如果不得已必須以辭解，則可以一句一首解，而不可以全帙解，否則會有牽強不通之處。其次，揭示世人以爲虞集（伯生）註杜七言律，其實出自張性（伯成）的手筆，後人嫁名給虞集。其後則指出張性註杜的不通之處，包括說解「恨別」、「搖落深知宋玉悲」、「生長明妃尚有村」、「會閃朱旗北斗間」、「織女機絲虛夜月」、「綵筆昔曾干氣象」、「幽棲地僻」、「預傳籍籍新京兆」等詩的缺失，歸結於「牽纏之長，實累千里，此既晦杜意，又污虞名，曷鑱其板，勿誤人也」。楊愼所論，虞集註杜應係出於張性的手筆，此說在明人論杜言論中頗有流傳，《歷代詩話續編》本李東陽所著《懷麓堂詩話》即著錄了相同的聽聞：

> 徐竹軒以道嘗謂予曰：「杜律非虞伯生註，楊文貞公序刻於正統某年，宣德初已有刻本，乃張姓某人註，渠所親見」，予求其本，弗得也。

此條詩話後有「一擎案」的按語曰：「王士偵云：『杜律張性注，性字伯成，江西金谿人，元進士，嘗注《尚書補傳》。往在京師，曾得張注舊本』」，此條按語將王士禛誤作「王士偵」，但補充了李東陽詩話的不足處，指出張性的時代與身分。是則楊愼所論，並非無據，惟是否得於其師李東陽的告知，並沒有直接證據。至於楊愼所引張性註杜律的牽強說解之處，有其道理，可提供後世說解杜詩的參考。

詩文原始

一卷,題李攀龍(1514～1570)著,後人纂輯,存。

李攀龍,字于鱗,以家近東海,又號滄溟,山東歷城人。其生於正德九年(1514),九歲而喪父,嘉靖二十二年(1543)舉省試第二,嘉靖二十三年(1544),授刑部主事,歷官員外郎、郎中、順德知府、陝西提學副使、河南按察使等,隆慶四年(1570)母喪,以毀卒,年五十七。李攀龍與王世貞、謝榛、宗臣等結成復古流派,號稱「嘉隆七子」,其論詩以為自天寶而下無足觀,於當代獨尊李夢陽,諸子和之,非是則詆為宋學,其於詩歌創作亦務以聲調勝,然辭意不能無重複,頗受世人抉摘。事蹟見《國朝獻徵錄》卷九二王世貞〈河南按察使李先生攀龍傳〉、《名山藏》卷八一〈文苑記〉、《皇明人物考》卷六〈按察李攀龍〉、《皇明應諡名臣備考錄》卷十〈李攀龍〉、《詞林人物考》卷九〈李于鱗〉等。

是書見《欽定文獻通考經籍考》及《四庫全書總目》卷一九七〈詩文評類存目〉著錄。關於是書,《四庫全書總目》已謂:「此書自明以來,不聞為攀龍所作,其持論亦不類攀龍語,疑亦曹溶(按:指所編刊之《學海類編》)掇拾割裂之書,偽題攀龍名也」。

日札詩談

二卷,田藝蘅著,後人纂輯,存。

田藝蘅著有《陽關三疊圖譜》,已見前。《澹生堂書目》卷一四〈詩評類〉著錄:「《日札詩談》二卷,田藝蘅」,此書即田藝蘅《留青日札》卷五、卷六的《詩談初編》、《詩談二編》,有隆慶六年(1572)錢塘田氏刊本,國家圖書館藏。此本共三十九卷,前有田藝蘅〈敘目〉謂:「因思古人汗簡皆炙青而後書,余獨不忍,以為頻摩綠潤,勝弄紺珠,得鐫琅玕,何減琬琰,故遂命之曰留青日札」。然是書實係拼湊而成,所以卷五《詩談初編》、卷六《詩談二編》的卷首題作「香宇外集卷之五」、「香宇外集卷之六」,版心則作「留青日札卷之五」、「留青日札卷之六」,而內文版式、字體也與前卷不同。這樣的拼湊成書,《四庫全書總目》卷一二八〈雜家類存目五〉「留青日札」條謂:「是書欲仿《容齋隨筆》、《夢溪筆談》,而所學不足以逮之,故蕪雜特甚。其中《詩談》初編、二編各一卷,《玉笑零音》一卷,《大統曆解》三卷,《始天易》一卷,皆以所著別行之書編入,以足卷帙,尤可不必」。《留青日札》後於萬曆

三十七年（1609）由徐懋升重刊，又有明萬曆刊本，均藏於國家圖書館。

《詩談》以詩歌的品賞爲主要內容，也重視作者風格的評價討論，《初編》有兩則「總論」式的詩話，透露出對詩歌的整體看法：

> 文有似拙而實妙者，史記也；詩有似拙而實妙者，樂府也。拙忌其俚，妙忌其纖。宋，俚也；元，纖也。

> 詩必識得一分，方做得一分；必進得一層，方壓得一層。知行有序，古今無等也。

首則詩話顯示重視「拙」的趣味，而「拙忌其俚，妙忌其纖」也說得好，其後「宋，俚也；元，纖也」，則是他對宋、元詩的整體評價，所以是書選評詩歌也未及於宋、元。第二則詩話強調識見眼界與才力是相互作用的，所以詩歌創作是種累積的功夫。

是書的詩評不乏有趣的見解，如《初編》謂：「李長吉分明是一個太白，可惜天碎國寶，故奇而未純，世以牧之爲小杜，當以長吉爲小李」，又謂：「太白寧放棄而不作眷戀之態，寧狂蕩而不作規矩之語，子美不能不讓此兩著」。此外，對於女詩人之作也不嗇讚賞，如《初編》謂：「近見杭婦朱桂英成嘗詠云：『白髮新添數百莖，幾番拔盡白還生；不如不拔由他白，那得工夫與白爭』亦可喜也。朱氏號養誠道人，所著有《閨閣窮玄集》，余爲之敍」，田藝蘅讚賞此詩，應在於「似拙而實妙」。至如另一則詩話：「李季蘭，唐女流之冠，若『離情遍芳草，無處不萋萋』，含意無窮，哀而不怨，便如宋玉言愁、文通恨別，亦未必過之」，將李季蘭詩與宋玉、江淹作比，可謂給予極高的評價，這樣的推崇，在其評價男性詩人詩作時也很少見到。是書對於當代詩作及當世的風氣也有評論，如《初編》有謂：

> 昔人有言「文選爛秀才半」，蓋《選》中自三代涉戰國秦漢晉魏六朝以來文字，皆有可作本領耳，在古則渾厚，在近則華麗也。嗟乎，今之學舉子業者，即謂之秀才，至于《文選》，則生平未始聞知其名，況能爛其書、析其義乎？雖謂之蠢才可也。

充分說明時人專務舉業的流弊。整體而言，是書的評品大致清新，且言之有物，然其基本上仍堅守「溫柔敦厚」的詩訓、強調諷諫的功能。部分品評仍可商榷，如其評李商隱詩，《初編》謂：「商隱詩本不足取，惟事對偶耳」，並評其〈馬嵬詩〉「不能以關雎之事風之」。《二編》則謂：「張謂『由來此貨稱難得，多恐君王不忍看』、李商隱『不須看盡魚龍戲，終遣君王怒偃師』，

皆得忠君愛國之意，結句須得此法」。以是否寄寓「忠君愛國」的勸諫之意，作為衡量李商隱詩是否足取的標準，固然是一種閱讀品評的方式，是否客觀公允，仍可再議。

香宇詩談

　　一卷，田藝蘅著，後人纂輯，存。

　　田藝蘅著有《陽關三疊圖譜》、《日札詩談》，已見前。是書有清順治《說郛》續卷本，《古今圖書集成》〈文學下〉亦輯有此書詩話數則。

　　是書節錄自《留青日札》之《詩談》（又名《日札詩談》），有詩話三十四則，論述包括時代氣運與詩作的關聯，以為「漢世渾厚高古，魏國雄俊秀發，兩晉平典風麗，六代富豔綺靡……」，只要「精鑒詳評，自然可別」。又主張「詩類其為人」，單就李、杜二大家而言，「太白做人飄逸，所以詩飄逸；子美做人沉著，所以詩沉著」。上述二說雖屬陳言，然可見其體察一代有一代之詩、一人有一人之詩，在從事詩歌評論時較能持平以論。

　　是書評詩著重字句的鍛練與賞析，如評杜甫「巫山秋夜螢火飛，簾疏巧入坐人衣」、薛能「花欄鳥坐低」等詩，為「坐字甚奇，而螢坐尤奇」，確實提示了詩歌精絕之處。如評王昌齡〈灞池詩〉「開門望前川，薄暮見漁者。借問白頭翁，垂綸幾年也」，為「二韻俱用助語，亦妙」。至如張謂〈別韋郎中詩〉，八句中有五句著地名；盧象〈雜詩〉，八句中有四地名；孟浩然〈宴榮山人池亭律詩〉，四句中用八人姓名，其曰：「皆不妨好處，然終是一病」。皆可見其品評雖不無包容性，但仍有其條件。有趣的是，其不贊成白居易〈長恨歌〉「千呼萬喚始出來」一句，居然評曰：「乃好睡丫頭，廝兒呼喚不醒，流出屎來者也，可笑其用字之俗，何不用強字、裁字？」，此段評語不知是幽默還是故作俚俗？但用「強」字、「裁」字取代「始」字，其婉轉嬌嬈的情味，將會減損許多。

全唐詩說

　　一卷，王世貞著，後人纂輯，存。

　　王世貞著有《藝苑卮言》、《明詩評》，已見前。《四庫全書總目》卷一九七〈詩文評類存目〉「全唐詩說、詩評」條云：二書「載曹溶《學海類編》中，乃割削《藝苑卮言》鈔為兩卷，初無此二名也」，指出是書是摘取《藝苑卮言》

中王世貞品評唐詩的詩話而成，有清道光十一年（1831）六安晁氏刊《學海類編》本，此本並有廣文書局影入《古今詩話叢編》、新文豐圖書公司影入《叢書集成新編》發行，又收入《全明詩話》。

是書集錄王世貞對唐詩的意見，可見出其早期的詩學思想，也是復古派具代表性的詩說。書中王世貞推崇初、盛唐的詩人與詩作，將李、杜、高、岑諸家視為正宗，並分析各家擅長，以為讀者學習的參考，而「貞元之後，詩道日卑」，他對中、晚唐諸詩人多致微詞。

是書藉由評論各詩家的擅長，作為讀者取法學習的方向，可由其針對李杜優劣的論爭及輕俊之士附合楊慎之說，所提出的評論中看出：

> 五言古選體及七言歌行，太白以氣為主，以自然為宗，以俊逸高暢為貴；子美以意為主，以獨造為宗，以奇拔沈雄為貴。其歌行之妙，詠之使人飄揚欲仙者，太白也；使人慷慨激烈，歇欷欲絕者，子美也。選體太白多露語、率語，子美多稚語、累語，置之陶、謝間，便覺傖父面目，乃欲使之奪曹氏父子位耶？五言律、七言歌行，子美神矣，七言律聖矣；五、七言絕，太白神矣，七言歌行聖矣，五言次之。太白之七言律、子美之七言絕句皆變體，閒為之可耳，不足多法也。（廣文書局《古今詩話叢編》本頁四，以下皆用此版本）

這一段評語指出李、杜各稱擅場，間接也呈現王世貞心中各體的第一義，以作為創作取法標準，如五言古詩（選體）以曹氏父子為高，不可學李、杜；七律以杜為聖、七言歌行以李為聖，都是第一義，可資取法；五律、七言歌行，杜甫神矣，五絕、七絕，李白神矣，亦可學習等等，均以品評指導創作。

是書也對當世重要文人品論唐詩的意見，提出不同的看法，如頁六針對李攀龍《唐詩選》云：「于鱗選老杜七言律，似未識杜老，恨囊不為極言之，似非忠告」，對其評選發出質疑；頁十反駁楊慎譏宋人以杜甫為詩史之說；頁十二譏顧起綸《國雅》所評楊慎詩句；頁十五評謝榛所謂「許渾『荊樹有花兄弟樂』勝陸機『三荊歡同株』」，以為「大瞶大瞶，陸是選體中常人語，許是近體中小兒語，豈可同日」，強調不同詩體、不同時代不可並論，何況晚唐而可勝於六朝，王世貞自是期期以為不可。頁三則拈出李攀龍〈選唐詩序〉加以解讀，以為褒貶有深意，其謂：

> 李于鱗評詩，少見筆札，讀選唐詩序云：「唐無五言古詩，陳子昂以

其古詩爲古詩，弗取也。七言古詩，惟杜子美不失初唐氣格，而縱橫有之；太白縱橫，往往彊弩之末，間雜長語，英雄欺人耳」，此段褒貶有至意。又云：「太白五、七言絕句，實唐三百年一人，蓋以不用意得之，即太白亦不自知其所至，而工者顧失焉。五言律、排律諸家概多佳句，七言律體諸家所難，王維、李頎頗臻其妙，即子美篇什雖眾，憒焉自放矣」，余謂，七言絕句王江陵與太白爭勝毫釐，俱是神品，而于鱗不及之；王維、李頎雖極風雅之致，而調不甚響，子美固不無利鈍，終是上國武庫，此公地位乃爾，獻吉當於何處生活？其微意所鍾，余蓋知之，不欲盡言也。

李攀龍「唐無五言古詩」的說法，開頭的原文應爲「唐無五言古詩而有其古詩，陳子昂以其古詩爲古詩，弗取也」，﹝註18﹞王世貞只截取前半「唐無五言古詩」的部分，強調唐五言古詩並非學習效法的基準，其〈梅季豹居諸集序〉亦指出：

余少年時，稱詩蓋以盛唐爲鵠云，已而不能無疑於五言古。及李于鱗氏之論曰：「唐無古詩而有其古詩」，則灑然悟矣。進而求之三謝之整麗，淵明之閒雅，以爲無加焉。及讀何仲默氏之書曰：「詩盛於陶、謝，而亦亡於陶、謝」，則竊怪其語之過。蓋又進之而上爲三曹，又進之而上爲蘇、李、枚、蔡，然後知何氏之語不爲過也。

﹝註19﹞

是故五言古詩的學習效法基準，不在唐五古，最終是在漢魏。王世貞此評的另一個微妙點在「于鱗不及之」、「獻吉當於何處生活」，其云：「其微意所鍾，余蓋知之，不欲盡言也」，則是由「唐無五言古詩」，進一步思考當代詩歌的成就與定位的問題，其中「不及之」、「當於何處生活」諸語，自有未及的遺憾，但這不一定代表王世貞對自己的詩歌創作也抱持同樣的看法，反是其多方推求詩道、努力「總萃諸家」（胡應麟《少室山房詩評》評王世貞語）的動力。

﹝註18﹞ 見李攀龍《滄溟先生集》（臺北：偉文出版公司，1976 年），卷 18，〈選唐詩序〉，頁 1。

﹝註19﹞ 此序出自《弇州山人續稿》（臺北：文海出版社，1970 年影印本），卷 55，頁 18。這是陳國球《唐詩的傳承——明代復古詩論研究》第 4 章「五言詩與『唐古』」所引用的重要資料，此章對於五古與唐古的分析頗全面，可參看。

國朝詩評

一卷，王世貞著，後人纂輯，存。

王世貞著有《藝苑巵言》、《明詩評》、《全唐詩說》等，已見前。是書又稱「詩評」，即《藝苑巵言》卷五的品評當代詩家部分。《四庫全書總目》卷一九七〈詩文評類存目〉「全唐詩說、詩評」條云：二書「載曹溶《學海類編》中，乃割削《藝苑巵言》鈔爲兩卷，初無此二名也」，然是書今可見明刊《欣賞編別本十八種》本，書藏中研院傅斯年圖書館，此本不知纂輯人姓名及確切刊刻時間。又有明天啓七年（1627）新都程氏刊《天都閣藏書》本，此本下署「王世貞著，程兆胤錄」，新文豐圖書公司影入《叢書集成新編》發行。而曹溶《學海類編》本是清道光十一年（1831）刊刻，廣文書局影入《古今詩話叢編》發行。因此是書至少在明天啓七年即已從《藝苑巵言》析出刊入叢書以行。

是書係效法宋敖陶孫《詩評》而來，《藝苑巵言》卷五頁一〇三一（木鐸出版社翻印《歷代詩話續編》本）引敖陶孫評魏武帝、曹植、鮑照、謝靈運、陶潛等詩人的詩評之後，云：「余於國朝前輩名家，亦偶窺一斑，聊附於此，以當鼓腹」。

是書所品評之當代詩人，上起高季迪（高啓），下迄魏順甫（魏裳），共計一〇八人，均以「比喻」來描述詩人詩作的特色。如評文徵明「如仕女淡粧，維摩坐語；又如小閣疏窗，位置都雅，而眼境易窮」；評康海「如靖康中宰相，非不處貴，恓擾粗率，無大處分」；評黃省曾「如假山池，雖爾華整，大費人力」；評楊愼「如暴富兒郎，銅山金埒，不曉喫飯著衣」；評蔡汝楠「如驕女織流黃，不知絲理，強自斐然」等，均生動巧妙的模畫詩人風格，也指出詩作缺點。但此等品評方式，強調瞬間的、片面的印象，缺乏精確、細緻的析論，不免有其局限與不足。

王世貞的品評也不無溢美之處，特別是評復古派的領袖李夢陽等，幾至無可指摘缺點。如評李夢陽「如金鷪擘天，神龍戲海；又如韓信點兵，眾寡如意，排蕩莫測」；評何景明如「朝霞點水，芙蕖試風；又如西施毛嬙，毋論才藝，卻扇一顧，粉黛無色」等。而評同輩的李攀龍爲「如峨眉積雪，閬風蒸霞，高華氣色，罕見其比；又如大商舶，明珠異寶，貴堪敵國，下者亦是木難、火齊」，然與他齟齬的謝榛，則評作「如大官舊庖，爲小邑設宴，雖世饌非奇，而餚飣不苟」，實則謝榛的「餚飣不苟」，又何嘗不是李攀龍等人汲

汲於文詞堆砌的寫照？可見是書除了形式上的限制，其評論部分亦可商榷。

卮言倪

八卷，王世貞著，陳與郊（1544～1610）纂輯，存。

王世貞著有《藝苑卮言》、《明詩評》、《國朝詩評》、《全唐詩說》等，已見前。

是書爲陳與郊所纂輯，其字廣野，號玉陽仙史，浙江海寧人，生於嘉靖二十三年（1544），萬曆二年（1574）中進士，由順德府推官選吏科給事中，官至太常少卿，萬曆三十八年（1610）卒，年六十七。其工於樂府，嘗評註杜詩，創作《昭君出塞》雜劇等，《四庫全書總目》著錄其著有《檀弓輯註》、《方言類聚》、《黃門集》、《廣修辭指南》、《杜律註評》、《文選章句》、《隅園集》、《蒨川集》。《總目》卷一七九〈別集類存目六〉「隅園集、蒨川集」條謂陳與郊所作雜文詞曲「摹仿漢魏，似古色斑駁，而不出弇州四部之門徑」，知其爲王世貞之追隨者也。其事蹟見《掖坦人鑑》卷十六，墓誌銘則出李維楨手，收錄於《大泌山房集》卷七八。《卮言倪》爲其纂輯自王世貞《藝苑卮言》，共分八卷，筆者未見是書，據蔡鎭楚《石竹山房詩話論稿》之〈明代詩話考略〉，知是書有明崇禎元年（1628）賜緋堂刊本，惜未註明資料來源或典藏處所。

文章九命

一卷，王世貞著，後人纂輯，存。

王世貞著有《藝苑卮言》、《明詩評》、《國朝詩評》、《全唐詩說》、《卮言倪》等，已見前。是書主要係摘取自《藝苑卮言》卷八，刊入清順治《說郛》續卷，又收入《全明詩話》。

此書的內容與《藝苑卮言》卷八所錄「文章九命」有所出入，以《歷代詩話續編》本《藝苑卮言》來說，王世貞在此則詩話謂：「曩與同人戲爲『文章九命』，一曰貧困，二曰嫌忌，三曰玷缺，四曰偃蹇，五曰流竄，六曰刑辱，七曰夭折，八曰無終，九曰無後」，而分類記錄歷代文人之相關身世際遇者，並以簡要文字說明其事蹟。所著錄的文人數量頗多，自有其參考價值。

《說郛》續編本《文章九命》的條目則爲：「知遇」、「傳誦」、「證仙」、「貧困」、「偃蹇」、「嫌忌」、「刑辱」、「夭折」、「無後」。其中，「知遇」記錄文人

以詩文爲受知於人主的事蹟；「傳誦」記錄白居易〈長恨歌〉、元稹〈連昌宮辭〉等作品傳誦於世的情況；「證仙」記錄東方朔、郭璞、杜甫、蘇軾等文人之成仙而去者；其餘「貧困」、「偃蹇」等記錄文人身世際遇等典故。

　　兩種版本的「文章九命」，除條目不同，著錄的人物數量也有出入，如「貧困」條，《歷代詩話續編》本著錄顏淵、原思、子夏、列子、莊周、黔婁、東方朔、司馬相如等四十七人，《說郛》續卷本則加以簡化，僅著錄莊周、黔婁、東方朔、司馬相如等約三十人。敘述的文字也有出入，如《歷代詩話續編》本著錄第五頡的貧困情形爲：「第五頡無田宅，寄上靈臺中，或十日不炊」，《說郛》續卷本則僅作「第五頡十日不炊」一句。可見《說郛》續卷本《文章九命》是將《藝苑卮言》卷八的「文章九命」詩話，加以割削刪節，又摘取《卮言》其他言論混入變換條目而成。

詩法

　　一卷，王世貞著，後人纂輯，存佚不詳。

　　王世貞著有《藝苑卮言》、《明詩評》、《國朝詩評》、《全唐詩說》等，已見前。是書見《八千卷樓書目》著錄云：「《詩法》一卷，明王世貞撰，明刊本」，然王世貞未有《詩法》之專著，而是書亦未見其他著錄，故應係後人纂輯王世貞詩學著作而來，今或已不傳。

詩體明辯

　　二十六卷（又有十卷），徐師曾（1517～1580）輯；沈芬、沈騏、葉生、汪淇等又輯，存。

　　徐師曾，字伯魯，號魯庵，江蘇吳江人。據《國朝獻徵錄》卷八十王世懋〈徐魯庵先生師曾墓表〉，其生於正德十二年（1517），卒於萬曆八年（1580），年六十四。其領嘉靖二十五年（1546）鄉薦，嘉靖三十二年（1553）中進士，歷官兵科給事中、吏科給事中，頻有建言，後無意用世，辭官歸里，晚年論著彌富，學尊望崇，著有《周易演義》、《禮記集註》、《正蒙章句》、《世統紀年》、《湖上集》，纂輯修註者則有《文體明辨》、《詠物詩編》、《臨川文粹》等。事蹟又見《國朝分省人物考》卷二四本傳、《披坦人鑑》卷十四本傳、《明人詩品》卷一等。

　　徐師曾所纂輯《文體明辨》，「明辨」又作「明辯」，意義相同。有正文六

十一卷、〈綱領〉一卷、〈目錄〉六卷、〈附錄〉十四卷、〈目錄〉二卷，共八十四卷。《澹生堂書目》卷十二〈詩文總集類〉著錄是書四十冊六十卷、附錄十四卷；《脈望館書目》於〈子部・類書類〉著錄是書二十本；清光緒九年刊《蘇州府志》卷一三八〈藝文三〉著錄是書有正文六十卷、附錄二十四卷。

據徐師曾寫於萬曆元年（1573）的〈文體明辨序〉，謂是書大抵據同郡常熟吳訥所纂《文章辨體》加以損益，其云：

> 《辨體》為類五十，今《明辨》百有一；《辨體》外集為類五，今《明辨》附錄二十有六，進律賦、律詩於正編，賦以類從，詩以近正也。

將是書與所承襲的《文章辨體》作大略的比較。〔註20〕序中亦言其撰述時間始於嘉靖三十三年（1554），完成於隆慶四年（1570），共計十七年。今國家圖書館藏有明萬曆十九年（1591）吳江刊本，此本卷前有寫於萬曆十九年的顧爾行〈刻文體明辨序〉、趙夢麟〈文體明辯序〉，亦附有徐師曾寫於萬曆元年（1573）〈文體明辨序〉，此序不同於前面二篇序文的字體，而是以活字加以排印，此序文後並附有「大明萬曆八年庚辰仲秋望日吳江董邦寧書于壽檜堂刊」字樣的牌記，則是書於萬曆八年（1580）徐師曾的卒年亦有一次刊行。而顧爾行〈序〉中提及：「是編為先生藏本，余舅氏鹿門茅公雅慕之，以活字傳學士大夫間，一時爭購，至令楮貴。前令仁宇徐公擊節而嘆曰：『是吾邑先賢手澤也，盍梓之」云云，則顧爾行之舅茅坤（1516～1601）也曾以活字刊行是書，惟不知是否即萬曆八年壽檜堂之刊本？

《北京圖書館古籍善本書目》著錄該館所藏《文體明辨》有萬曆游榕活字印本及明刊本兩部，但未詳註其確切的刊行時間。日本對是書也極為看重，今可見之日本刊本，臺灣大學藏有兩部，分別為日本刊本《文體明辨》六十一卷、〈附錄〉十六卷及日本寬文三年（康熙二年，1663）京都刊《文體明辨》六十一卷、〈附錄〉十四卷。東海大學則藏有日本寬政六年（乾隆五十九年，1794）刊的《文章辨體粹抄》二卷。

可見是書以兼註各種文體的豐富內容及明確的辨體、指出創作標的，顯示其在文學創作上的實用價值，所以《澹生堂書目》列之於〈詩文總集類〉，

〔註20〕袁震宇、劉明今所著《明代文學批評史》第五章〈明代中期的詩文批評（下）〉，有「徐師曾的〈文體明辨序說〉」一節，就此書與吳訥《文章辨體》作大略的比較，並略言徐師曾的文學觀點，可參看。

《脈望館書目》更將之列於〈子部‧類書類〉，正反映其兼具詩文總集與類書的功能，這是其被讀者接受並普遍流傳的重要條件。而是書在吳訥《文章辨體》的基礎上，重加整編，更上層樓，非惟有效的取代《文章辨體》，也得到當世士大夫的注意，造成爭購的情形，故其海內外刊本眾多，又有摘鈔的單行之本出現，影響廣大，實非偶然。

　　《詩體明辨》乃纂輯摘鈔是書明辨詩體的部分，而予以單行之書，且不只一本，分別是：

　　　一、二十六卷本，爲沈芬、沈騏所纂輯及箋註訂正，有明崇禎十三年（1640）嘉興沈氏原刊本，書藏國家圖書館，廣文書局有影本發行。此本卷前有丘民瞻、沈芬、沈騏序三篇。

　　　二、十卷本，《販書偶記續編》著錄云：「《詩體明辯》十卷，明吳江徐師曾原撰，湖上葉生評定，順治戊戌（十五年）刊」，據周維德〈明詩話提要〉（稿本）謂此本爲清人葉生、汪淇所摘編，有順治戊戌（十五年，1658）還讀齋刻本，將收入《全明詩話》。其並謂此編所述詩體，有謠辭、四言、五言、七言、雜言古詩、近體歌行、律詩、排律、絕句，六言詩，和韻詩，聯句詩，以及雜句、雜言、雜韻、雜名之類。此本臺灣似未見。

　　　三、《古今圖書集成‧文學下》亦收錄《詩體明辨》數則。

上述三本以沈芬、沈騏所纂輯之本，將《文體明辨》的論詩、選詩部分作最爲全面的蒐羅。據丘民瞻〈詩體明辯序〉謂長水沈子石夫（按：即沈芬）、鶴山（按：即沈騏），時人擬之爲謝氏之門，其因徐伯魯太史《明辨》一書，箋註訂正，以爲「詞家者流，繇茲睹方洋之觀，識因革之故，厥功偉矣」。

　　卷前〈詩體凡例〉，詳細說明《詩體明辨》的內容特色，如所謂「茲本所載，惟取澹遠雅正，以繼古詩之後，故各著興比賦於下，今並仍之，若濃麗之調，則當別彙續函」；「雜體詩本無其義，然各屬匠心游戲之作，即與正體並不朽，舊本與詞俱列附錄，今並著詩後，從其類也」；「詞曰詩餘，始唐李白〈菩薩蠻〉調，至晚唐而其風靡盛，絲掩詩之封疆矣，迄宋遂爲一代制作，然哀思而怨，猶有變風之遺焉。原本備著譜調，以便填詞者按律，今悉仍其舊焉」等。

　　其中，是書只纂錄「澹遠雅正」的詩，排除濃麗與奇變，固然是面對浩瀚詩海時，所必須選定與確立的纂錄原則，以利纂輯的進行，並見編者的詩

學觀，然實不無片面之憾。而將「詼諧體」、「雜合詩」、「帖子詞」等傳統視為不登大雅之堂的雜體詩，肯定其「與正體並不朽」，又特別將之由吳訥原本所置的〈附錄〉部分，提昇到正編的位置加以分類著錄，可見其重視詩歌的實用性，但徐師曾對於世俗流傳的民歌小曲，卻略而不言，則應是民歌小曲並不「澹遠雅正」的緣故。至於是書對詞的纂錄，雖置諸書末，但著錄之詞體完備，是相當完整的「詞譜」，可以提供讀者按譜創作之用，使是書的功能性又增強。〈詩體凡例〉謂：「近世論詩，類宗鍾、譚。鍾、譚之論，洵為精密，然蹈襲餘吻，虞為有識唾棄，故略為箋論，時出二子度外」，則是書又係質疑公安、竟陵所引領的詩學風氣而作，值得注意。

除了就〈詩體凡例〉來討論其內容，是書卷前所附的〈論詩〉，引錄了前人的詩論，包括鍾嶸、沈約、劉勰、劉禹錫、元稹、楊堯臣（按：應為梅堯臣，誤字）、嚴羽、呂本中等前賢詩論，以及時人如徐禎卿、李東陽、王世貞、皇甫汸、楊愼、王鏊等人詩說。大抵以申論詩歌創作法則、推闡格調之說為多，尤著重推闡詩歌意在言外之妙。如引梅堯臣云：「思之工者，寫難狀之景，如在目前，含不盡之意，見於言外」；引徐禎卿「情實眇渺，必因思以窮其奧」等說；引王鏊論《詩經》及唐人詩之言外無窮之感等等。而所引明人詩論又多評論宋人不知詩者，如引楊愼《升庵詩話》駁宋人以杜甫為「詩史」之說，又引楊愼評宋人學韓愈詩之病處等，可見《詩體明辨》的纂輯與內容除了質疑於公安、竟陵，尤在彰顯復古詩說。

由另一個角度來看，徐師曾對於詩歌的持論，不脫其所纂錄〈論詩〉的範圍，加上是書以《文章辨體》為本，所選錄的詩歌樂府等也前有所本，如《四庫全書總目》卷一九二〈總集類存目二〉「文體明辨」條謂其所輯樂府：「全竊郭茂倩書而稍益以《宋史樂志》」，又謂其詩歌類目的區分：「取《文選》門類稍增之」之類，〔註21〕均可見《詩體明辨》以及《文體明辨》全書，係出於拼貼與彙萃眾說，以提供讀者一個方便法門，宜乎被後世書目入錄於「總集類」或是視之為「類書」。

元朗詩話

三卷，何良俊（1506～1573）著，後人纂輯，存。

〔註21〕《四庫全書總目》之「文章辨體」條針對是書中對於詩歌的著錄，提出商榷與糾正，可參考。

　　何良俊，字元朗，號柘湖，江蘇松江華亭人。生於正德元年（1506），卒於萬曆元年（1573），年六十八。其爲嘉靖中貢生，以歲貢授南京翰林院孔目。據《詞林人物考》卷十一載，其幼從經師游，「即厭棄制舉義，耽嗜古文，博綜九流，研味四始，兼抱經濟，思效一官，竟以數奇，僅拔貢太學。宰相憐其才，起家拜南翰林孔目，甫考滿，即謝官歸，縱浪煙霞水石間，覃志著作」，而居處名爲「四友齋」者，蓋以己與維摩詰、莊生、白樂天爲「四友」也。著有《何翰林集》、《何氏語林》、《四友齋叢說》等，事蹟見《國朝獻徵錄》卷二三〈南京翰林院孔目何公良俊傳〉、《雲間志略》卷十三〈何翰林兄弟傳〉等。

　　是書即《四友齋叢說》卷二四至二六說詩的部分。《四友齋叢說》初刻本三十卷，在隆慶三年（1569）刊刻，何良俊又於萬曆元年（1573）續撰八卷，後於其卒後的萬曆七年（1579），重刻爲三十八卷本。是書雖爲筆記小說，卻是何良俊記錄見聞、表達思想之所寄，如卷二三是其品論文章之文論、卷二七至二九爲書畫論、卷三七爲其詞曲論，均言有重心、立論鮮明。

　　《四友齋叢說》說詩部分的輯出別行，最早是明萬曆二十五年（1597）梁溪周氏原刊、周子文所輯的《藝藪談宗》。該書卷五節選《四友齋叢說》的論詩之語，共二十一則，仍名爲「四友齋叢說」。周子文〈藝藪談宗序〉並謂：「其他如都玄敬、王麟洲、焦漪園、何元朗、謝茂秦、胡元瑞諸君，皆議論侃侃，情實妥協，均之各成一家言，足以流響一時，取信千載者，予特彙而輯之，使一披卷而摛詞之法具在目前」，以能成一家之言許之，可見何良俊確爲當世論詩之名家，其詩說頗見稱道。萬曆四十五年（1617）又有陽羨陳于廷刊、沈節甫所輯《紀錄彙編》，纂輯《四友齋叢說摘鈔》七卷，是書雖不專輯詩論，然論詩條目頗多。今則有周維德教授編《全明詩話》，據萬曆七年（1579）所刊《四友齋叢說》，將卷二四至二六悉予收錄、標校，改題名爲「元朗詩話」，予以凸顯單行。

　　何良俊論詩的最大特色，在於以「詩本性情」作爲詩歌創作的基準，如明萬曆本《四友齋叢說》卷二四（亦即《元朗詩話》卷一，以下引文均註明《叢說》卷數，不另註明《元朗詩話》卷數）第一則詩話即謂：「詩有四始，有六義，今人之詩與古人異矣，雖其工拙不同，要之六義不可闕者也。苟於六義有合，則今之詩猶古之詩也；六義苟闕，即古人之詩何取焉」，而風雅頌賦比興六義作爲古、今詩不可或缺的要件，何良俊進一步說解：

> 況六義者，既無意象可尋，復非言筌可得，索之於近，則寄在冥邈，
> 求之於遠，則不下帶衽，又何怪今之作者之不知之耶？然不知其要
> 則在於本之性情而已。不本之性情，則其所謂托興引喻與直陳其事
> 者，有將安從生哉？今世人皆稱盛唐風骨，然所謂風骨者，正是物
> 也，學者苟以是求之，則可以得古人之用心，而其作亦庶幾乎必傳，
> 若捨此而求工於言句之間，吾見其愈工而愈遠矣。

所以，何良俊認為「六義」皆本之性情，不論托興、引喻、直陳其事，都是從「性情」生發變化而來，就如時人所盛稱之「盛唐風骨」，所謂「風骨」亦即性情而已。他論詩以「性情」為依歸，將「六義」、「風骨」等較為抽象的問題，均以「性情」來詮釋，雖有其道理，卻不無簡單化之嫌，但何良俊強調：

> 詩以性情為主，《三百篇》亦只是性情。今詩家所宗，莫過于十九首，
> 其首篇〈行行重行行〉，何等情意深至，而辭句簡質，其後或有托諷
> 者，其辭不得不曲而婉，然終始只一事，而首尾照應，血脈連屬，
> 何等妥貼。今人但模仿古人詞句，餖飣成篇，血脈不相接續，復不
> 辨有首尾，讀之終篇，不知其安身立命在於何處，縱學得句句似曹
> 劉，終是未善。

這一則詩話顯示，何良俊主張「詩本性情」，原是有針砭詩壇「模仿古人詞句，餖飣成篇」的涵意。其主張「詩以性情為主」，正是要回復詩歌抒寫性情的本質，所以一切詩歌書寫的技巧、一切詩歌風格的呈現，都根源於性情，而好詩與壞詩的分別，也就在於是否發諸性情，而不在於字句的工拙。何良俊又云：

> 詩苟發於情性，更得興致高遠，體勢穩順，措詞妥貼，音調和暢，
> 斯可謂詩之最上乘矣，然豈可以易言哉？

所以，「情性」是詩歌創作的前提，但要成就上乘的詩作，僅只「發於情性」是不夠的，還須注意「興致」是否高遠？「體勢」是否穩順？「措詞」是否妥貼？「音調」是否和暢？等問題，這就使其「本之情性」的詩論變得較為周延、合理。而他在同卷評論皎然《詩式》〈取境〉篇「詩不假修飾」、「詩不要苦思」的主張時，以為「無鹽闕容而有德，曷若文王太姒有容而有德乎？」其意即詩歌「風韻正」、「天真全」還不夠，若能假以修飾，方為全美。何良俊也指出：

> 夫不入虎穴，焉得虎子。取境之時，須至難至險，始見奇句。成篇
> 之後，觀其氣貌，有似等閒不思而得，此高手也。有時意靜神王，
> 佳句縱橫，若不可遏，宛如神助。不然蓋由先積精思，因神王而得
> 乎！此是詩家第一義諦，學者必熟玩之，當自有得。

此段詩話是針對皎然所謂：「不要苦思，苦思則喪自然之質」而發，他重視創
作過程的艱苦尋思、至難至險，主張「先積精思」，追求「神旺」，以達到作
品的自然天成，所以他所謂「苦思」，並不是苦思字句的雕繪，也不是喪自然
之質，而是在「詩發於情性」的基礎上，對於詩歌篇章字句加以要求。

　　「詩本性情」也成為何良俊評詩的重要標準。如卷二六引唐人王無功〈山
中言志〉：「孟光倘未嫁，梁鴻正須婦」、王維〈贈房琯〉：「或可累安邑，茅齋
君試營」詩，評曰：「是皆直言其情，何等眞率，若後人便有許多緣飾」；卷
二五亦云：「余最喜白太傅詩，正以其不事雕飾，直寫性情，夫《三百篇》何
嘗以雕繪爲工耶？」而卷二四則以王安石唐人百家詩選所選大半是晚唐詩，
評曰：「雖是晚唐，然中必有主，正所謂六藝無闕者也，與近世但爲浮濫之語
者不同，蓋荊公學問有本，固是堂上人」，其謂晚唐詩亦有「六藝無闕」者，
「六藝」應即「六義」的誤字，六義本之性情，所以他是以性情爲檢視晚唐
詩的角度，予以肯定，不同於時下對於晚唐詩輕棄、弗論的態度，也實踐其
以「六義」來審度詩作的主張。

　　是書對於詩歌的評論，多能成一家之言。如卷二五針對當時有以爲元詩
勝宋詩者，何良俊以爲，南宋黃庭堅、陸游、楊萬里諸人的詩「雖則尖新太
露圭角，乏渾後之氣，然能鋪寫情景，不專事綺繢，其與但爲風雲月露之形
者，大相逕庭，終在元人之上」。對於世所看重的元詩虞集、范梈、楊維楨、
揭谿斯四大家，以爲雖格調具在，「但乏思致，求其言外之趣則索然耳」。

　　何良俊也慧眼推重當代著名詩人袁凱之父袁介的詩作，並評其〈檢田吏〉
詩：「質直似〈木蘭詩〉，其有關時事，則少陵〈石壕〉、白太傅〈諷諭〉之
類也」，並以「六義」來裁奪，認爲袁凱雖爲明初詩壇宗匠，然「苟以六義
論之，較之家公，恐不得擅出藍之譽」。而卷二十六對於當代詩人的品論與
言行的記錄，如謂楊一清、李東陽皆以文章經國，但只是相沿元人之習，至
弘治年間李夢陽出，才極力振起古人之風。又著錄李東陽在弘治、正德年間，
「陶鑄天下之士」的過程，對於世人皆推何、李爲當代第一，也表達不同看
法，以爲李夢陽關中人，氣稍過勁，未免失之怒張，何景明俊節亮語，出於

天性，惟工於言句而乏意外之趣，獨邊貢興象飄逸，語亦清圓，當共推之。
此外，是書描繪前七子詩學活動的實況，推重蘇軾、黃庭堅、李夢陽等前賢
論詩語，又由於他和朱曰藩等都是楊慎的崇拜者，所以對楊慎的詩論多所援
引與推服，凡此，俱可見當時詩壇風尚之一斑。

第三章　明代晚期的「後人纂輯」詩話——萬曆至崇禎年間

少室山房詩評

一卷，胡應麟著，周子文纂輯，存。

胡應麟著有《詩藪》、《藝林學山》，已見上編。是書為周子文纂輯自《詩藪》，題作「少室山人詩評」，收入《藝藪談宗》卷六，有明萬曆二十五年（1597）刊本，此書又收入《全明詩話》。

全書七十則，以時間為論述進程，主要品評自明洪武至嘉靖之間的詩人與詩作，由於周子文纂輯頗有原則，以及胡應麟《詩藪》內容相當豐富，故是書之規模與王世貞《明詩評》相當，足以著錄明代前、中期詩作業績。

是書首先論述詩歌自《三百篇》至當代的發展，指出其間「三變」：「一盛於漢，再盛於唐，又再盛於明」，而明代詩歌在詩史上的位置，除了是具代表性的「變」，更為「集大成」的地位，故其謂：

> 盛唐而後，樂、選、律、絕種種具備，無復堂奧可開，門戶可立，
> 是以獻吉挺立成、弘，追師百代，仲默勃興河、洛，合軌一時，古
> 惟獨造，我則兼工，集其大成，何忝名世。

其「古惟獨造，我則兼工」的說法，與何景明、謝榛在創作上講求「舍筏」、「蜜蜂歷採百花，自成一種芳馨佳味」，〔註1〕其精神是一致的，可視為明代

〔註1〕　對於何景明「舍筏」說，胡應麟在《詩藪》〈續編一・國朝上〉有云：「就仲
　　　　默言，古詩全法漢魏，歌行、短篇法杜，長篇王、楊四子，五、七言法杜之

復古論者對自我的共通期許。而是書的評論走向，也以整個復古詩風的發展為主軸，如謂：

> 成化以還，詩道旁落，唐人風致，幾於盡喪，獨李文正才具宏通，
> 格律嚴整，高步一時，興起李、何，厥功甚偉。是時中、晚、宋、
> 元諸調雜興，此老砥柱其間，故不易也。

對於李東陽的評價是繫以兩方面的：一是其才具宏通，格律嚴整，高步一時；一是作為堅持唐人風致的中流砥柱，具有興起李夢陽、何景明之功。而李東陽的「才具宏通」其實是次要的，因為接下來的一則詩話就把李東陽與楊一清、謝鐸、吳寬、程敏政等歸類為「詩流顯達」，並評價他們的詩作為：「凡所製作，務為和平暢達，演繹有餘，覃研不足」。所以，「興起李、何」才是胡應麟給予李東陽的真正評價，這完全是以復古派的興起為著眼，所以李東陽的「覃研不足」，就在他沒有明確樹立學習標竿以提倡復古，而李夢陽「手闢秦漢盛唐之派，可謂達摩西來，獨闡禪教」、何景明「一掃千秋茅塞」，則被許為：「李、何並作，宇宙一新矣」。

李、何是「前七子」的領袖，代表復古派第一個興盛期，但延襲既久，追隨者不免「往往剽竊陳言，規模變調，粗疏澀拗，殊寡成章」，這樣的流弊，胡應麟也是清楚的看出的。

胡應麟本身是「末五子」，對於嘉靖、隆慶年間重新掀起的復古派再一個高潮，以及主導人物「嘉隆七子」，自然是充滿期許，也予以詳盡的記錄與評論。如：「嘉隆並稱七子，要以一時制作，聲氣傅合耳」，就指出七人以聲氣相投而匯聚，然以各人才性有異，所以擅長不同，胡應麟於其中位居領袖的李攀龍、王世貞尤多所推崇。然李攀龍雖被評為「七言律絕，高華傑起，一代宗風」，然其用字多同，仍有不耐多讀的缺點，胡應麟加以解釋：

> 于鱗七言律，所以能奔走一代者，實源流〈早朝〉、〈秋興〉、李頎、

宏麗，而兼取王、岑、高、李之神秀，卒於自成一家，冠冕當代，所謂門户堂奧不過如此」，是故其認為何景明「舍筏」的精義在泛取諸家，卒於自成一家，此亦與其「集大成」的主張是一致的。謝榛的說法則見《四溟詩話》卷4頁 1217（臺北：木鐸出版社《歷代詩話續編》本，1983 年），以蜜蜂採花釀蜜的形象化比喻，說明廣泛取法諸家而自成芳馨佳味的精神，他並演作「學釀蜜法」，相關論述見本論文「四溟詩話」條。也見筆者〈明代格調派詩論中的「杜詩集大成」說——以李東陽的《懷麓堂詩話》為論述中心〉（《國立編譯館館刊》，第 23 卷第 1 期，1994 年 6 月）。

祖詠等詩，大率句法得之老杜，篇法得之李頎，屬對多偏枯，屬詞
多重犯，是其小疵，未妨大雅。

在復古旗幟之下，只要學習的標竿無誤，李攀龍詩作用字多犯重，就只是小
疵。胡應麟對王世貞的評價更高，其以七言律加以說明：

七言律唐人名家不過十數篇，老杜至多不滿二百，弇州乃至千數，
誠謂前無古人，然亦最不易讀。其總萃諸家，則有初唐調，有中唐
調，有宋調，有元調，有獻吉調、于鱗調。其游戲三昧，則有巧語，
有諢語，有俗語，有經語，有史語，有幻語，此正弇州大處。

在胡應麟的評論中，王世貞的「大」與杜甫是近似的，而數量又更勝之，他
於是敬告讀者，欲善學王世貞，必先尋得「安身立命之所」，不然就是「效羅
什吞針，踵夸父逐日」。〔註2〕是書將明詩放置於與唐詩同樣的高度，又具體
展現在以唐人與明並論之上，其謂：

唐有王、楊、盧、駱，明則高、楊、張、徐；唐有工部、青蓮，明
有弇山、北郡；唐有摩詰、浩然、少伯、李頎、岑參，明則有仲默、
昌穀、于鱗、明卿、敬美，才力悉敵。惟宣、成際無陳、杜、沈、
宋比，而弘、正、嘉、隆，羽翼特廣，亦盛唐所無也。

此則詩話，將有唐一代詩人與明代詩人並論，無異是復古派詩歌創作成績的
一次整理與驗收。在胡應麟的評比下，王世貞、李夢陽是與杜甫、李白並列
的，顯示王、李二人是復古派詩人中成就最高者，而王世貞是比杜甫，李夢
陽比李白，其中雖不一定有軒輊，但次序卻是不可亂的，因為胡應麟是根據
他們詩作的數量、風格加以論定。當然，胡應麟的品評有其原則與基準，至
於杜甫與王世貞究竟誰的成就大？唐詩與明詩是否可以並論？理想與現實之
間存在著多少差距？讀者自然可以檢驗。〔註3〕

―――――――――――――――――――――――――――

〔註2〕胡應麟對王世懋的評價也極高，他並著重提出王世懋復古的獨特性：「弘正以
　　　後，繼以嘉隆，風雅大備，殆無可著手，而敬美王公，特拔新標，異於四家、
　　　七子之外」。王世懋以獨特的復古手法，開創新的寫作方向，如其五言律詩，
　　　氣骨雖出自老杜，旨趣則時屬王維；七言律則又擺脫濃麗，獨以清空簡遠出
　　　之，故胡應麟謂：「唐人稱樂天廣大教化主，李益清奇雅正主，二子不足當，
　　　謂兩瑯琊可耳」。

〔註3〕關於胡應麟將明詩與唐詩並論是否合宜的問題，清初詩壇部分論詩者基於尊
　　　唐抑宋的需要，極力推重明詩，認為明詩超越宋、元，可與唐詩並駕，此觀
　　　念與胡應麟是頗為一致的。趙永紀〈清初詩壇與明七子〉一文（《江淮論壇》
　　　1989年第6期）已談到這個現象，他舉出宋琬〈周釜山詩序〉云：「余嘗以為，
　　　前七子，唐之陳、杜、沈、宋也；後七子，唐之高、岑、王、孟也」；李因篤

　　是故，是書的纂輯，可以方便讀者清楚的看出，胡應麟對於明代詩人與詩作的評價，是依著復古風氣的推衍，最後以將明詩與唐詩並論，來達到高峰。而他的評論也反映了明代復古派人士的從事詩歌創作，雖以取法唐人為重要標竿，但他們並不甘為唐人所圍限，也不願意永遠追隨唐人之後，而要寫出自己的詩，要與漢、唐並列成三。

焦氏詩評

　　一卷，焦竑（1541～1620）著，後人纂輯，存。

　　焦竑，字弱侯，又字從吾，號澹園，又號漪園，江蘇江寧人。據王鴻緒《明史稿》列傳一六四本傳，其生於嘉靖二十年（1541），為諸生時即有盛名，嘗從耿定向讀書於崇正書院，又從李贄問學，萬曆十七年（1589）中狀元，官翰林修撰，後謫福寧州同知，家居二十年，卒於萬曆四十八年（1620），年八十。其性疏直，時事有不可，輒形之言論，政府亦惡之，致使仕途不達，空抱經世致用之志，然其自經史至稗官雜說，無不淹貫，詩文均卓然成家，著述尤富，有《易荃》、《禹貢解》、《澹園集》、《焦氏筆乘》、《焦氏類林》、《玉堂叢話》、《老子翼》、《莊子翼》、《國史經籍志》、《國朝獻徵錄》等。

　　是書輯自《焦氏筆乘》。《焦氏筆乘》現可見萬曆三十四年（1606）謝與棟刊本、日本慶安二年（1649）刊本，均藏於國家圖書館。又有清咸豐武崇曜校刊《粵雅堂叢書》本，此本新文豐圖書公司影入《叢書集成新編》。將《焦氏筆乘》中的說詩條目輯出別行者，有明萬曆二十五年（1597）梁溪周氏原刊、周子文所輯的《藝藪談宗》，該書卷六選錄詩說十七則，仍題名為「焦氏筆乘」。清初陳夢雷等輯《古今圖書集成》亦於〈文學下〉收錄《筆乘》論詩條目數則。今則有周維德教授據萬曆間刊《焦氏筆乘》，再予輯錄、標點，改

〈毛使君五吟草序〉云：「詩自大曆以還，至明之李、何稱再盛」；屈大均〈荊山詩集序〉云：「詩之衰，至宋、元而極矣。明興百餘年，北地李獻吉崛起，斟酌三唐，以少陵為宗，而風雅之道復振矣」；申涵光〈青箱李詩序〉云：「近代何、李兩大家，越元、宋而上，與開元為伍」等等，均頗具代表性。其中，宋琬將前七子比作「唐之陳、杜、沈、宋」，是著眼其開啟明詩之盛的角度；將後七子比作「唐之高、岑、王、孟也」，則比作盛唐高適、岑參等詩人，意在指出明詩之極盛，但宋琬並不如胡應麟般毫無保留的將王世貞、李夢陽比為杜甫、李白，顯示經過時間的沉澱，清初論詩者品論明代詩人的成就時，雖不無崇唐抑宋的目的性，卻已較能排除個人利害關係的考慮，減少偶像崇拜的「激情」，而給予評價。

題名爲「焦氏詩評」，收入《全明詩話》。

　　由於《焦氏筆乘》是隨筆漫談性質的筆記小說，同時焦竑基本上是以學者務實的觀點論詩，所以書中多詩事典故的考證，如〈昆明池詩〉、〈綠沉〉、〈東坡用熙載事〉等。亦多對詩歌用事加以糾誤，如〈太白詩誤〉、〈杜詩誤〉、〈禹錫誤用事〉、〈唐人用事之誤〉諸條，然其對詩歌的意見則少見發揮。

　　書中較能代表其詩學觀點的論詩條目，如〈作詩不讀書〉條，引葛立方《韻語陽秋》評僧祖可詩：「然讀書不多，故變態少，觀其體格，不過煙雲草樹、山川鷗鳥而已」，焦竑云：「予謂『讀書不多』數語，最中學者之病，世乃有謂詩不關書者，遂欲不持寸鐵，鼓行詞場，寧不怖死」，說明多讀書對於詩歌創作的重要性。此說爲陳懋仁《藕居士詩話》引錄，陳懋仁謂：「學詩者少鑒斯言，毋爲嚴儀卿『詩非關書』一語所誤」。而〈古詩無協音〉條則強調詩有今韻、古韻，古韻雖久不傳，仍應盡力考求，務必以古韻讀古詩。〈諸將詩〉條則謂「杜詩具時事，稱爲『詩史』以此」，顯示其不同於時人（如楊慎）否定「詩史」之說，反而肯定詩歌足以反映時事，甚至不妨藉詩來論世。《藝藪談宗》所引錄的一則詩話，未見於《粵雅堂叢書》本《焦氏筆乘》，但內容很有意思：

> 均一勞苦之詞也，出於敘情憫勞者之口，則爲正雅，而出於困役傷財者之口，則爲變風也。均一淫泆之詞也，出於奔者之口則可刪，而出於刺奔者之口則可錄也。均一愛戴之詞也，出於愛桓叔段叔者之口則可刪，而出於刺鄭莊晉昭者之口則可錄也。

這則詩話顯然是由孔子刪詩、存詩而立論。焦竑強調，同樣是勞苦、淫泆或愛戴的內容，均會因爲創作者動機的不同，產生不同的作用與論定，如果進一步來討論，創作動機之所以具有決定性的影響，正由於詩是言志的，情動於中故形於言，所以創作動機其實就是情性的抒發。由此出發，焦竑也特重詩人正面的、溫柔敦厚的情性，以烘托並成就詩歌微言諷諭的功能。

　　關於焦竑的詩觀，須自其文集中更加尋求。如明萬曆間欣賞齋刊《焦氏澹園集》卷 16〈弗告堂詩集序〉謂：「夫詩以微言通諷諭，以溫柔敦厚爲教。不通於微，不底於溫厚，不可以言詩」；同卷〈陶靖節先生集序〉謂：「古者賢士之詠嘆，思婦之悲吟，莫不爲詩，情動於中而言以導之，所謂詩言志也。後世擿詞者，離其性而自托於人僞，以爭須臾之譽，於是詩道日微」，皆見其以儒家詩觀論詩，主張詩歌的創作不可「離其性」。卷十五〈雅娛閣集序〉則

曰：「詩非他，人之性靈之所寄也，苟其感不至，則情不深，情不深，則無以
驚心而動魄，垂世而行遠」，拈出「性靈」一語，然其意涵與李贄「童心」、
公安「性靈」的追求不被聞見道理學問所縛的眞心，應是不同的，因其於〈原
學〉一文又謂：「夫學何謂者？所以復其性也」、「性不能無情，情不能無妄，
妄不能無學。學也者，冥其妄，歸於無妄者也。無妄而性斯復矣」，他把「性」
視爲「情」的根本，把「學」作爲限制、疏導「情」的方法，以免流於「妄」，
情如果無「妄」，即與性能夠相合，而這就是其「性靈」的眞正意涵，立論頗
具特色。

畫禪室詩評

一卷，董其昌（1555～1636）著，後人纂輯，存。

董其昌，字玄宰，號思白，松江華亭人。生於嘉靖三十四年（1555），
萬曆十七年（1589）進士，選庶吉士，禮部侍郎田一儁以教習卒於官，董其
昌請假千里護其喪歸葬。還授編修，知起居注，太子出閣，充日講官，後不
爲執政所喜，出爲湖廣副使，引疾歸。光宗立，起爲太常少卿，天啓二年（1622）
擢太常寺卿，兼翰林院侍讀學士，其後歷少詹事、禮部右侍郎、南京禮部尚
書等，以閹豎黨禍酷烈，請告歸，崇禎九年（1636）卒，年八十二，所著有
《容臺集》、《畫禪室隨筆》等，事蹟見《續書史會要》、《明史》卷二八八、
《明史稿》列傳一六四、乾隆五十三年（1788）刊《婁縣志》卷二三〈人物〉、
嘉慶二十二年（1817）刊《松江府志》卷五四〈古今人物傳六〉、同治十一
年（1872）刊《上海縣志》卷一九等。

董其昌天才俊逸，擅書畫，《列朝詩集小傳》丁集卷下謂其：「天姿高秀，
書畫妙天下，和易近人，不爲崖岸。庸夫俗子，皆得至其前。臨池染翰，揮
洒終日。最矜其畫，貴人巨公，鄭重請乞者，多倩他人應之；或點染已就，
僅奴以贗筆相易，亦欣然爲題署，都不計也。家多姬侍，各具絹素索畫，稍
有倦色，則謠諑繼之。購其眞蹟者，得之閨房者爲多。精賞鑒，通禪理，蕭
閒吐納，終日無一俗語。米元章、趙子昂一流人也」，可見其爲人。

然而，萬曆四十四年（1616），其以里居豪橫，爲鄉人所怨，至有童謠
謂：「若要柴米強，先殺董其昌」，並編董其昌父子豪橫事爲〈黑白傳〉傳唱，
董其昌家人藉此起釁，逼殺一生員，激起眾怒，發生「民抄董宦事件」，見
《民抄董宦事實》及張慧劍《明清江蘇文人年表》。此記載可見董其昌家族

在鄉里的評價與作為。此為當日世風下的一個縮影，蓋嘉靖、隆慶以後，經
濟勃興，社會風氣以豪奢相尚，上行下效，尤以江南為最。當時士子一中進
士，便有言利之徒爭趨其門，其不自操持者，即營產謀利，終而集名位權勢
財力於一身，恣意驕奢橫行，也帶動風俗教化之大壞。明人之侈靡，除遍及
食衣住行，還時興書畫器物乃至文章之買賣與賞鑒，精於此道者聲勢更高。
〔註4〕董其昌身兼官宦、文人、書畫家、鑒賞家多種的角色，自是時風薈萃
下的一流人物，其固然「和易近人，不為崖岸」、「蕭閒談吐，終日無一俗語」，
卻也囿於豪奢、麗侈，言行多有爭議。

　　是書為《畫禪室隨筆》之〈評詩〉，為後人輯為《畫禪室詩評》一卷單
行。《畫禪室隨筆》有清康熙裕文堂刊本、《四庫全書》本及清嘉慶間鈔本，
世界書局影入《藝術叢編》，是書並由楊無補輯。新興書局則有《筆記小說
大觀正編》之影本，然不知據何本影印。《四庫全書總目》卷一二二〈雜家
類六〉著錄《畫禪室隨筆》四卷云：「……是編第一卷論書，第二卷論畫，
中多微理由，其昌於斯事積畢生之力為之，所解悟深也。第三卷分紀遊、記
事、評詩、評文四子部，中如記楊成以蔡經為蔡京之類，頗涉輕薄；以陸龜
蒙〈白蓮詩〉為皮日休之類，亦未免小誤」。故《畫禪室詩評》雖從《隨筆》
中輯出，實則只為第三卷四子部之一而已。

　　董其昌論詩，亦如其他精於書畫之詩人，喜詩畫並論。其〈評詩〉重取
境之真，以為「大都詩以山川為境，山川亦以詩為境，名山遇賦客，何異士
遇知己」，所以謝朓「澄江淨如練」、杜甫「齊魯青未了」，「豈獨勿作常識語
哉，以其取境真也」。以「取境真」作為詩歌創作的要件，並非創新之見，但
其論述，將山川與人等同視之，解除對立的關係，亦即將自我與大自然化合
為一，此說與其並參莊、列、禪學有關，他除主張一種超脫的、與大自然化
合的人生哲學，也在詩與畫的創作當中體現這種超脫的精神，進而形成追求
平淡天真的審美內涵。〔註5〕所以，他直揭「以天地為師」、「以造物為師」
的觀念，使詩的取境之真得到闡釋與落實。

〔註4〕關於明代社會風尚侈靡的情形與演變，可參見鄭文惠《明代詩畫對應關係之
　　　　探討──以詩意圖、題畫詩為主》（政治大學中國文學研究所博士論文，1992
　　　　年）首章〈明代詩意圖與題畫詩盛行之背景〉。
〔註5〕關於董其昌在詩與畫當中追求超脫的精神，以及平淡天真的審美內涵，詳見
　　　　孫少康〈董其昌的文藝美學思想──兼談山水畫的南北宗問題〉（《中華國
　　　　學》，第6期，頁79，1989年）。

　　由於力求取境之眞，也使得「古人詩語之妙，有不可與冊子參者，惟當境方知之」，其以一次舟行的經驗，驗證孟浩然「挂席幾千里，名山都未逢。泊舟潯陽郭，始見香爐峰」，以爲「眞人語，千載不可復値也」。此說其實即「行萬里路勝讀萬卷書」的闡釋，「行萬里路」利於詩的取境，也有助於心的觸動，所以當時文士極多好遊也善於遊之人，董其昌自是其中之一，其《畫禪室隨筆》也特立〈紀遊〉之子部，專門輯錄遊蹤與見聞。

　　然「行萬里路勝讀萬卷書」只是一句俗成的、權宜的詮釋，不代表董其昌反對讀書，甚至否定學古，其云：

> 唐人詩律與書法頗似，皆以濃麗爲主，而古法稍遠矣。余每謂晉書無門，唐書無態，學唐乃能入晉。晉詩如其書，雖陶元亮之古淡，阮嗣宗之俊爽，在法書中未可當虞褚，以其無門也，因寫唐人詩及之。

此說以學書之法說詩，不啻「入門須正，立志須高」，〔註6〕而其以學唐詩入門，目的在立志「入晉」，實則即立志於「古」。因爲陶潛、阮籍代表著一種無法學而能的高超風格，反而學唐詩較能有效的入門，好比學習書法以學虞世南、褚遂良入手一般。不過，這一則論詩的文字中，並未具體的以書法的學習，說明如何眞正「入晉」，又如何才能寫出自我的風格。關於這一點，董其昌個人以米芾風格作爲學習書法的入門方式，已加入驗證與見解，其《容臺別集》卷四有云：

> 蓋書家妙在能合，神在能離，所欲離者，非歐、虞、褚、薛諸名家技倆，直欲脫去右軍老子習氣，所以難耳。那叱拆骨還父，拆肉還母，若別無骨肉，說甚虛空粉碎始露全身？

董其昌由佛教那叱析還父母骨肉的典故，說明其「離合」的學書理念。他以爲那叱析還父母骨肉，應別有骨肉，此爲不變易、渾然一體的原始本身，而所析還的骨肉即應破除的假象。以書法的學習來看，運筆筆勢千古不易，結字形態則各家不同，若徒學結字，即如執迷於父母所生的骨肉，必得學習書學的根本——筆勢，才能參悟書學永恒的本體。董其昌於是提出「離形取勢」的臨仿觀念，他特別標舉書法風格以「勢」爲主的米芾，嘗試以學習米芾筆勢的精髓以及「平淡天眞」的理想，向晉代的書風邁進，並驗證不同書法家

〔註6〕此爲嚴羽《滄浪詩話》〈詩辨〉語，其以漢魏晉盛唐爲師，不作開元天寶以下人物。

的結字風格，可以以筆勢來相通，〔註7〕到最後是純任自然，率意而行。〔註8〕

　　董其昌的學習書法與學詩之道是相貫通的，檢選可以臨仿的對象，如詩以「唐」、書以「米芾」入門，進而「入晉」，所以他不廢學古，但重點是如何「妙在能合，神在能離」。而「離合」與否的關鍵，則在自我心境的投射與領悟，這一來包括「取境之眞」、「以天地造物爲師」、追求「平淡俊爽」風格等意見，都涵融其中，也可推見其兼涵復古與性靈的論詩趨向。由以上的論述也可得知，單就《畫禪室詩評》簡短的篇幅，是不足以見出董其昌詩學觀念的概貌，必得兼觀其書學甚至畫學的相關論述，並將之置放回歸所處時代以及成長經歷之中，或可一探究竟。

恬致堂詩話

　　四卷，李日華（1565～1635）著，曹溶纂輯，存。

　　李日華，字君實，號竹懶，浙江嘉興人。據《歷代人物年里碑傳綜表》著錄，其生於嘉靖四十四年（1565），卒於崇禎八年（1635），年七十一。《列朝詩集小傳》丁集下謂其中萬曆二十年（1592）進士，除九江推官，降授西華知縣，稍遷南儀制郎。天啓中，起尚寶司丞，崇禎元年（1628），升太僕寺少卿，告歸卒。並謂其「和易安雅，恬于仕進，後先家食二十餘年。能書畫，善賞鑒，一時士大夫風流儒雅，好古博物者，祥符王損仲（即王惟儉）、雲間董玄宰（即董其昌）爲最，君實書畫亞於玄宰，博雅亞於損仲，而微兼二公之長，落落穆穆，韻度頹然，可謂名士矣」。《無聲詩史》卷四則謂其「工於詩，妙於書，精於畫，然君實之精神別有所注，不欲以諸長自見於世。由制科歷任至太僕卿，浮湛仕隱，家食爲多，其於宦況泊如也。嘗自題畫云：『畫成未擬將人去，茶熟香溫且自看』，其風調可知矣」。所著有《恬致堂集》、《竹懶畫媵》、《續畫媵》、《紫陶軒雜綴》、《梅墟先生別錄》等。事蹟另見《明史》卷二八八、乾隆元年（1736）修《浙江通志》卷一七九〈文苑二〉、《明詩紀

〔註7〕關於董其昌書學取法於米芾風格的相關論述，詳見曾藍瑩《董其昌書法中米芾風格之研究》（臺灣大學歷史研究所碩士論文，1992年）。

〔註8〕董其昌《容臺別集》（明崇禎三年華亭董氏家刊本）卷4，將己之書藝與趙孟頫比較，即謂：「余十七歲學書，二十二歲學畫，今五十七人矣。有謬稱許者，余自較勘，頗不似米顚（即米芾）作欺人語。……書與趙文敏（即趙孟頫）較，各有短長，行間茂密，千字一同，吾不如趙，若臨摹歷代，趙得其十一，吾得其十七。又趙書因熟得俗態，吾書因生得秀色。趙書無弗作意，吾書往往率意，當吾作意，趙書亦輸一籌，第作意者少耳」。

事》庚籤卷七、光緒五年（1879）《嘉興府志》卷五〇〈嘉興列傳〉等。

　　是書今通行者爲清道光《學海類編》本，商務印書館影入《叢書集成初編》，新文豐圖書公司影入《叢書集成新編》。廣文書局也影入《古今詩話叢編》，然未註明版本。《四庫全書總目》卷一九七〈詩文評類存目〉及《欽定文獻通考經籍考》均著錄是書，然書名均作「恬志堂詩話」，卷數則爲三卷，略有出入，據《學海類編》本《恬致堂詩話》卷二「歙友吳循吾」條，有「甲戌初夏，過予恬致堂」之語，則此書名應作「恬致堂詩話」無疑。

　　晚明以時代風尚所趨，有極多文人從事藝術創作，也有更多藝術上的會通與印證，後人所輯陳繼儒《佘山詩話》，已多品題題畫詩，並以畫家設色解詩。同時的李日華與董其昌，二人均以詩書畫見長，且均有詩學論著，近人已有將二人繪畫思想加以比較研究者，〔註9〕惟較少針對詩學之討論。實則二人論詩趨向均以詩畫並論爲主，而董兼以書學論詩，李則側重詩畫之互證。董其昌《畫禪室詩評》爲後人輯自《畫禪室隨筆》，僅見少許條目，其詩學主張須援引《容臺集》、《別集》等著作加以勾繪，李日華亦有後人所輯《恬致堂詩話》，《四庫全書總目》謂是書：

> 此編載曹溶《學海類編》中，乃摘其諸雜著中論詩之語湊合成編，如武伯英燭蕊一聯，其文甚繁，今刪其上文，但云燭蕊句余改曰「吐殘月魄蟆頤動，蹴落春紅燕尾忙」，此改字竟從何來？是直不通，書賈所摘矣。至日華堂名「恬致」，其集即名「恬致堂集」，而改曰「恬志」，亦耳食之誤。

《總目》著錄是書爲「恬志堂詩話」，內容又辨「恬志堂」之非，顯有錯誤。所言是書有書賈的任意刪節，則爲此類後人纂輯之詩話，未經原作者之審訂，所易產生的缺點，惟是書之摘錄較《畫禪室詩評》豐富，尚可見出李日華的詩學意見。

　　書中的記述，以古人的題畫詩爲多，亦有時人的詩書畫酬唱，同時李日華頗自矜於自己的詩作，多見徵引。其論詩則一無依傍，多述經驗之談。是書論詩意見首在詩法與畫法的會通，《詩話》卷四記錄其子以草書法戲寫一松枝，不數筆而勁挺鬱蟠之勢可掬，李日華「因題數語獎之，且與極論文辭之妙在簡脫蒼老，亦若是而已矣」。畫松之法與文辭之妙都在「簡脫蒼老」，這個觀念，可謂貫穿整部詩話。如卷三評元趙善長（即趙原）之山水雄麗，而

〔註9〕如黃專有〈董其昌與李日華繪畫思想比較〉（《朵雲》，1990年1期，頁104）。

「其墨竹尤得簡貴一法，嘗作過牆一拖枝，上下不數葉，而風中軒簸之態欲絕」，李日華並記錄有竹泉者為題詩曰：「叢枝蕭散折釵股，老葉參差金錯刀。酒醒夜半起長嘯，月滿空庭墮鳳毛」。此說強調運用「簡貴」之法，而能曲盡竹葉風中軒簸之態。然為何「簡」足以「貴」？正由於以極簡化的形式結構，而能承載並曲盡物象之真，是一種極具深度、極為老辣的表現手法，非尋常百般增添惟恐不足的凡手所能企及。所以「簡貴」與「簡脫蒼老」是同樣的價值判斷，都是脫去凡近俗態的創作高標。

　　李日華在《詩話》卷四評柯南宮〈晴竹〉一畫，[註10] 對於取法自然、不假雕飾的美感，也有相當精彩的評論。這幅畫「立竿亭亭，枝葉疏散，略無堆砌蔽翳處」的畫法，李日華即謂：「只是竹枝布葉，合於生竹之數，自然精采生動，此非有成竹於胸中者不能也。昔人論國色不藉鉛黛紈綺，所謂西施毛嬙淨洗面，與天下婦人鬥美，此地位不易到也」，這幅〈晴竹〉揚棄諸多枯木蔓草、陂麓沙礫的繁複布置，僅簡單寫竹，而其竹枝布葉同於生竹，純任其真，此亦以「簡貴」之法，達到「自然精采生動」。這則詩話雖專論畫，沒有直揭詩畫的會通關係，但不妨參照明中葉李東陽的《懷麓堂詩話》，該書有一則詩話也同樣品題柯九思的墨竹，但以詩擬畫，以畫論詩，提出精闢的意見，其云：

> 古歌辭貴簡遠。〈大風歌〉止三句，〈易水歌〉止二句，其感激悲壯，語短而意益長。〈彈鋏歌〉止一句，亦自有含悲飲恨之意。後世窮技極力，愈多愈不及。予嘗題柯敬仲〈墨竹〉曰：「莫將畫竹論難易，剛道繁難簡更難。君看蕭蕭祇數葉，滿堂風雨不勝寒」，畫法與詩法通者，蓋此類也。

李東陽以畫法中的「簡」能曲盡情景之真，說明古詩以「簡遠」為貴，以「簡」的書寫、不刻意鋪敘雕琢，而能承載了更深遠、更生動的情志，這應是李日華「文辭之妙在簡脫蒼老」一語背後的真正意涵。

　　《詩話》卷一記錄吳仲圭為松巖和尚寫〈竹枝〉畫卷，李日華進一步指出「簡淡蕭遠，有天成之趣」的說法。「趣」是其論詩論畫的重要追求，如卷四評林君復（林和靖）詩「彈弓園圃陰森下，棋子廳堂寂靜中」為「可謂極

〔註10〕據《中國美術辭典》（上海：上海辭書出版社，1988 年），柯南宮，即元代畫家柯九思（1290～1343），字敬仲，號丹丘生、五雲閣吏，浙江台州人，擅繪墨竹，師法文同，王冕稱其「力能與文（同）相抗衡」。

閒適之趣」；卷三引己題畫詩「沙坳叢葦漁人國，野屋低簷燕子家」，爲「頗
自謂有眞率趣」；而卷四又評沈周畫梅一紙，「氣格簡古，其題語亦甚得意，
乃知此老撮捏虛空，無不成趣，所謂海印發光，眞仙佛度人也」。以上所引的
「趣」，雖有閒適之趣、眞率之趣、天成之趣種種不同的情狀，卻都可以統攝
涵蓋於「撮捏虛空，無不成趣」之下，然「撮捏虛空」到底過於玄虛空泛，
李日華在〈唐宋元方幅小冊畫〉〔註11〕云：

> 天眞之趣，虛搏之，則散漫不屬；實據之，則逼塞可厭。妙處正在
> 虛實相搆、有意無意之間。

此「天眞之趣」無異即「天成之趣」，然「撮捏虛空」並非「虛搏之」的意
思，而是以心與萬物觸動、取法自然，所以能「無不成趣」，這是攸關於靈
感的創發與取材的問題。「虛搏之」則爲描摹技巧過於虛幻隱晦，不易捉摸，
「實據之」又徒取形似，刻意工巧，而「天眞之趣」體現於「虛實相搆、有
意無意之間」，意即以「簡淡蕭遠」的筆法，達到「虛實相搆」，似與不似的
境界；以直覺的感發，不涉理路，意趣自來，追求「有意無意之間」的美感。
其《詩話》卷二記載了夜宿豫章白玗行館得句「老樹吹風驚鸛鶴，壞牆積雨
繡龍蛇」，及遊天目山道中忽得之句「溪流春淺鹿麋過，山路雨晴枯柏香」，
云：「俱指一時之實，而前後不可復綴，遂不成章」。「不成章」仍予以記錄，
除了見其得意於這些詩句，另即著重於說明實景與心靈的觸動，此觸動係偶
然而遇，有意無意之間，無法「有意」勉強成章，此則詩話或可視爲其理論
與創作的驗證。

　　此外，李日華在詩話中多推崇僧詩，如卷二就數見評唐僧元覽的「海闊
從魚躍，天空任鳥飛」，爲「大地森羅，是沙門一隻眼也」；謂僧惠崇不惟繪
事精妙超凡，詩句亦清遠，有冰雪松霞之韻；更記錄《傳燈錄》僧人「以畫
說法」的故事。顯示李日華不惟詩畫並論，也重視詩畫禪三者的對應關係，
他的看法亦爲晚明風尙的體現。《詩話》中又主張繪事必在多讀書（卷一），
數言詩思、詩語之「奇」（卷二、卷三），推崇杜甫詩的生動變化（卷二）與
操縱之妙（卷三），以及杜詩的不易讀（卷一）等，具見其詩畫並論之外，多
有細膩的詩學體悟，立論面向亦頗多元意見。

〔註11〕見《恬致堂集》（明末刊本），卷37。

敬君詩話

一卷，葉秉敬著，後人纂輯，存。

葉秉敬，字敬君，衢州西安人（今屬浙江）。《四庫全書總目》卷四一〈小學類二〉「字學」條，謂其萬曆二十九年（1601）中進士，官至荊西道布政司參議，尋移南瑞，未行而卒」。葉秉敬學頗淹博，著書四十餘種，《四庫全書》所著錄者即有《字學》、《韻表》、《明謚考》、《寅陽十二論》、《書肆說鈴》、《葉子詩言志》。

是書或爲後人輯錄《葉子詩言志》之論詩語而成，有明末刊《古今詩話》本及清順治《說郛》續卷本，又收入《全明詩話》。《古今詩話》本與《說郛》續卷本，內容相同，均只有五則：

「杜詩洞庭」條，比較杜甫與孟浩然的詠洞庭湖詩。認爲孟浩然「氣蒸雲夢澤」二句，雖不如老杜「吳楚東南坼」二句，然實得洞庭眞景，老杜詩單看「乾坤日夜浮」則疑于詠海也。

「金山寺詩」條，評論張喬、張裕的金山寺詩。其中評論張裕詩「龍出曉雲堂」句謂：「則分明畫出寺在江中之景，逼眞甚矣」，可見葉秉敬論詩頗重景物逼眞之妙。但其仍注意情景的配置與變化，所以張裕詩中頷聯、頸聯連續四句說景，就被他評爲「且四句俱說景，似堆垛而無清味也。老杜詠洞庭，只是兩句而下，便自敘云：『親朋無一字，老病有孤舟』，此方是變化之妙，非張所及也」。

「杜羔妻詩」條，引《南部新書》所錄杜羔妻寄其夫詩，以爲二詩並非勉其夫以正，反見炎涼氣習，蓋婦人但知兒女襟帶中滋味，不知大丈夫事也。

「石尤風」條，闡釋郎士元〈留盧秦卿詩〉「無將故人酒，不及石尤風」中「石尤風」的涵意，以爲非楊愼所謂「打頭逆風」，而逕釋爲「大風」即可。

「詩學」條，則申說其論詩主張，以爲「凡作詩者，繩墨必宗前人，意辭要當獨創，若全依樣畫葫蘆，便如村兒描字帖，惡足言詩也」，亦即詩歌格律應尊前人法度，命意詞彙則要出於獨創，不可摹擬剽竊。其又云：「不讀《三百篇》，不足以濬詩之淵源；不讀五千四十八卷，不足以入詩之幻化；不盡窮《十三經》，不足以闊詩之作用，此千古談詩者所未及也。今人作詩者，于前數書眞不接目，第曰吾觀選詩而已、唐詩而已，其與村學究教癡兒讀《千家詩》者何異」，此說針對時人不讀書，或只抱「選詩」、「唐詩」咀嚼摹擬的風氣，加以駁斥，而其所著重提示的《三百篇》、《十三經》，是詩文的淵源，「五

千四十八卷」，則只是個泛數，意指廣泛觀覽前賢之著作。

是故，葉秉敬的詩學觀中，除了主張多讀書以廣其見，廣博的取法古人以增其識之外，也注意到獨創的可貴。因爲重視獨創，他也能欣賞詩中景物逼眞的妙境。以此，他在萬曆詩壇復古與性靈交織的風氣中，構築一個在詩人內涵蓄積上更爲講究博學，在詩歌法度上更廣泛學古，在詩歌的內容抒發上講求獨創與變化的理論世界。

蜀中詩話

四卷（或作一卷），曹學佺（1574～1646）著，後人纂輯，存。

曹學佺，字能始，號石倉，又號澤雁，福建侯官人。《明人傳記資料索引》、《明清江蘇文人年表》均謂其生於萬曆二年（1574），卒於清順治三年（1646），年七十三。據張岱《石匱書後集》卷五八〈文苑列傳〉，其中萬曆乙未（二十三年，1595）進士，並「授戶部主事，尋陞南京大理寺左寺正，丙午（萬曆三十四年，1606），陞南京戶部郎中、陞四川右參議，晉按察使。天啓壬戌（二年，1622），降參議。甲子（四年，1624）復以副使理桂平道事」，至丙寅（六年，1626），以著書事，被削籍爲民。崇禎二年（1629），起廣西副使。庚午（三年，1630）致仕。國變後，丙戌（1646）福州兵敗，於虎山自縊。《石匱書後集》並謂其「博學強記，一時無出其右。所刻書如《天下一統志》、《天下名山志》、《石倉歷代諸集》之類，動輒數十餘卷；所錄書板充棟汗牛，時人稱爲『藝林淵藪』」。事蹟另見《南天痕》、《皇明四朝成仁錄》卷九〈天興死節傳〉、《明史》卷二八八等。

所著《蜀中廣記》，多達一〇八卷，《四庫全書》收錄之。《四庫全書總目》卷七〇〈地理類〉「蜀中廣記」條謂：「學佺嘗官四川右參政，遷按察使，是書蓋成於其時。目凡十二，曰名勝，曰邊防，曰通釋，曰人物，曰方物，曰仙，曰釋，曰游宦，曰風俗，曰著作，曰詩話，曰畫苑，蒐採宏富，頗不愧『廣記』之名」。此書蒐採宏富，書中章節多爲後人別輯成單行之本行世，如萬曆四十六年（1618），福建林古度即摘取《蜀中廣記》之〈名勝記〉，刊成《蜀中名勝記》三十卷，鍾惺爲撰〈蜀中名勝記序〉，稱「予獨愛其〈名勝記〉體例之奇」，此書有學海出版社一九六九年的影本行世。

《蜀中詩話》即爲後人摘輯《蜀中廣記》之〈詩話記〉而別行，有四卷本及一卷本。《紅雨樓書目》〈詩話類〉、《千頃堂書目》卷三二〈文史類〉、《明

史藝文志》均著錄《蜀中詩話》四卷。清乾隆十九年（1754）刊《福州府志》卷七二〈藝文〉亦著錄「曹學佺《蜀中詩話》」，然不著卷數。《澹生堂書目》卷十四〈詩話類〉，則著錄作三卷。陳懋仁《藕居士詩話》卷下亦曾徵引《蜀中詩話》所謂「『燒春』始於卓文君」的資料，可知是書至少在明萬曆間即已單行。此外，清初陳夢雷編《古今圖書集成》之〈文學下〉亦著錄此詩話數則。

　　是書之四卷本，為《蜀中廣記》〈詩話記〉之原貌，有明刊本，福建圖書館藏，及清乾隆《四庫全書》之《蜀中廣記》本。一卷本則為刪節本，有明末刊《古今詩話》本及清順治《說郛》續卷本，又收入《全明詩話》。《古今詩話》與《說郛》續卷的一卷本《蜀中詩話》內容相同，均只有詩話二十五則，其質量遠較四卷本為差，且不明其輯選的原則，蓋書商為刊入叢書，隨意摘取拼湊而來。

　　觀《四庫全書》所收《蜀中廣記》之〈詩話記〉，可知是書多記四川詩人詩作、掌故、軼事，部分亦涉及考證，但是書之記載並不以詩人籍貫為限，也有生平經歷跟四川有關，所謂「他方流寓而老於蜀者」的相關著錄，使得是書的內容更為豐富。各條詩話之間，有時代先後的次序，大抵卷一、卷二為先秦到唐、五代之間的詩人詩事，卷三為宋、元之間的詩人詩事，卷四則側重敘述從《花間集》到元代之間的詞人與詞作。

　　是書的特點在於以地區為記述中心，頗能見出四川的山川風物對詩人的培育、創作的感發。此外，與四川相關詩人的生平行誼、詩學活動、詩作風格等，上至李白、杜甫、蘇軾等大家，下至名聲較不顯著的李餘、劉猛、孫定等詩人，都得到或多或少的記錄和評述，而四川詩人與詩作在詩史上的成就與貢獻，也從之顯現。如是書開宗明義的論列「三言詩之始」、「四言之始」、「五言之始」、「七言之始」、「風謠之始」、「閨情之始」、「樂府歌舞之始」、「賦之始」等，既是四川一地各種詩體風格的起源，這些作品在詩史上也是居於源頭的地位，給予相當高的評價。

　　是書論述的取材相當廣泛，包括《列子》、《古今詩話》、《古今樂錄》、《水經注》、《唐詩紀事》、《升庵詩話》、《獨異記》、《陳子昂別傳》、《游宦紀聞》、《教坊記》、《南部新書》、《舊唐書》、《老學庵筆記》、《劉賓客嘉話》、《保寧府志》等。也有較少見的東蜀楊天惠所撰《彰明逸事》、不知撰人的《鼠璞》、《五溪論事》、《玉漏編》、《成都文類》、《風謠》、《白瀨髓》等。豐富的內容，

具有補益詩史、與地方志互通的功能。然是書以博採爲務，不免影響了去取的謹嚴，故所述精粗畢陳，其中的利弊得失，即《四庫全書總目》「蜀中廣記」條所謂：「蓋援據既博，則精粗畢括，同異兼陳，亦事勢之所必至，要之不害其大體。談蜀中掌故者，終以全蜀藝文志及是書，爲取材之淵藪也」。

詩府靈蛇

六卷，鍾惺、譚元春（1586～1637）著，周維德纂輯，存。

鍾惺評有《詞府靈蛇》，已見前。譚元春，字友夏，湖廣竟陵人。生於萬曆十四年（1586），幼即喪父，弱冠，與鍾惺評選唐人之詩爲《唐詩歸》，又選古詩爲《古詩歸》，二書盛行一時，天下翕然宗之，謂之「竟陵體」。其久困諸生，天啓七年（1627）中舉人，然鍾惺已先卒矣，崇禎十年（1637）抱病上公車，卒於途，年五十二。事蹟見《復社姓氏傳略》卷八、《啓禎野乘》〈譚解元傳〉、《明史》卷二八八等。

是書係周維德教授輯自鍾、譚所評選《唐詩歸》及《古詩歸》，收入《全明詩話》。《古詩歸》、《唐詩歸》二書有明萬曆四十五年（1617）刊本，是鍾、譚詩論的精髓。彼等欲反對七子復古流於剽竊摹擬的弊病，以及公安流於鄙俚輕率的弊端，因而兼融二者之長，另闢一谿徑，不刻意標榜學古，要追求古人眞詩之所在，與古人之精神相接，即鍾惺〈詩歸序〉所謂「引古人之精神，以接後人之心目，使其心目有所止焉，如是而已矣」。而古人的眞詩是什麼呢？該序又謂：「眞詩者，精神所爲也。察其幽情單緒，孤行靜寄于喧雜之中，而乃以其虛懷定力，獨往冥遊于寥廓之外」，也就是「眞詩」是古人精神之所寄，追求古人眞詩之所在，就是要尋找隱藏於字句背後的深刻的、個人的意旨，尋找潛藏於眾多作品（喧雜）之下的獨特言行，而讀者心無雜念（虛懷）堅定意志，在文學的遼闊無邊中悠遊。所以，這是以讀者鑑賞古人眞詩爲基礎，再應用於寫作。因此，鍾惺、譚元春的詩學理念，藉由評選《詩歸》來申張，以引導讀者逐首逐句的體會前人詩作、品賞古人的眞詩。與復古陣營的謝榛、王世貞、胡應麟等，運用「詩話」來申說詩歌原理、明辨詩體、品評歷代詩家與詩作，營構較龐大的詩學體系，撰著意旨並不相同。

鍾惺、譚元春以批語進行詩作的實際、細部的分析，其批語卻不說盡，特以追求古人精神的緣故，往往說得朦朧隱晦、點到爲止。即使是看來平常的詩句，經過他們一點，就顯得更加絕妙，所以若把鑑賞視爲純粹個人的心

靈活動，鍾、譚可謂善於賞鑑與品讀之人，但就公開刊行、具有指導寫作功能的詩選而言，就得接受讀者的再批評。如錢鍾書《新編談藝錄》的〈補遺〉第三則詩說即謂：「鍾、譚評詩，割裂字句，附會文義，常語看作妙，淺語說作深」，並舉例以見其「非險而更爲險，無義而更生義，鼓怒浪於平流，震驚飆於靜樹」（孔仲遠〈尚書正義序〉）的情形，值得參考與檢閱。

　　周維德教授纂輯是書，以「詩府靈蛇」名書，可能係明代已有題名鍾惺所評之《詞府靈蛇》的緣故。全書六卷，卷一爲品評漢、魏、六朝、陳、隋之作品；卷二至四爲品評唐代作品；卷五爲綜述創作理論、創作方法；卷六乃評述諸家創作及其風格。〔註12〕

詩體緣起

　　一卷，陳懋仁著，後人纂輯，存。

　　陳懋仁著有《藕居士詩話》，已見上編。是書係輯自其《續文章緣起》的〈詩類〉部分，有清道光十一年（1831）六安晁氏刊《學海類編》的《續文章源起》本，此本又有景道光本，新文豐圖書公司影入《叢書集成新編》，及民國間《叢書集成初編》的《續文章緣起》本，又收入《全明詩話》。

　　是書綜合各種詩歌體製，論述其淵源所出。所述詩類包括「二言詩」、「八言詩」、「三良詩」、「四愁詩」、「七哀詩」、「百一詩」、「操」、「暢」、「支」、「縵」、「曲」、「行」、「吟」、「怨」、「思」、「謳」、「謠」、「詠」、「嘆」、「弄」、「鹽」、「樂」、「唱」、「諺」、「別」、「詞」、「調」、「偈」、「雜言詩」、「盤中詩」、「相承詩」、「迴文詩」、「聯句」、「絕句」、「律詩」、「題用古詩」、「大言小言」、「詠史」等四十五種。其論述的方式，除推演各詩體的源流，著錄其詩本事及詩作全文，並申說各詩體之作法，同時輯錄前人的相關論述，作爲說明，如「四愁詩」條，除引張衡所作自序，又引朱奠培《竹林詩評》所云：「張衡〈四愁〉，遙衷耿慕，猶風騷之遺韻也」，代爲評騭。又如「詠」條，謂晉夏侯湛作〈離親詠〉，詠的意義是「引義以呈體」，其下則引謝榛《詩家直說》、王世貞《藝苑卮言》中關於「詠物不待分明說盡，只彷彿形容，便見妙處」、「用意切忌太過，鍊句脈則意不足，語工意劣，格力必弱」等說，以明「詠」體的寫作

〔註12〕按，是書原收錄於周維德教授《全明詩話》（稿本），2005 年正式出版時因故刪去，謹此註明。

要點。又如「律詩」條，謂此體開始於梁、陳，諧協於初唐，精切於沈佺期、宋之問，因為「偶儷精切」，故而謂之「律詩」，其下引楊載《詩法》、懷悅《詩家一指》、劉勰《文心雕龍》、王世貞《藝苑卮言》四本書之中有關律詩篇法、句法、字法，以及破題、對仗、音韻等的論述，作為「律詩」創作方法的指示與說明。

是書所引前人之書，尚有《韻語陽秋》、《風俗通》、《詩品》、《珊瑚鉤詩話》、《容齋續筆》、《困學紀聞》、《詩苑類格》、《詩紀》及「嚴滄浪曰」、「謝榛曰」等，使是書除了推求各詩體的淵源，兼及實際詩法的講述之外，亦有彙粹前人詩說的「彙編」功能，是明代詩話中較為特殊的體例。

彈雅

一卷，趙宧光（1559～1625）著，周維德纂輯，存。

趙宧光，字凡夫，江蘇吳縣人。據《歷代人物年里碑傳綜表》，其生於嘉靖三十八年（1559），《明清江蘇文人年表》則引《木瀆詩存》謂其卒於天啟五年（1625），年六十七。《姑蘇名賢續記》有〈寒山趙凡夫先生〉傳，謂其隱居寒山，而「六書學問甚博，相與考訂今古，淵淵不竭，又絕無人間煙火氣，四方人士過吳門者，以不登寒山、不謁先生為欠」。其妻陸卿子與之偕隱，亦知詩，嘗為項蘭貞《裁雲草》詩集作序，有謂：「詩固非大丈夫職業，實我輩分內物也」，〔註13〕乃奇女子也。趙宧光生平又見《煙艇永懷》卷二、《啟禎野乘》卷一四、《明史》卷二八七、《明詩紀事》庚籤卷三十下。

是書係周維德教授輯自《彈雅》，收入《全明詩話》。《紅雨樓書目》、《千頃堂書目》、《明史藝文志》均著錄「《彈雅集》十卷」。北京故宮博物院圖書館則藏有明末刊《彈雅》十八卷。《明清江蘇文人年表》引《故宮普通書目》謂，趙宧光於天啟二年（1622）刻所著《彈雅》十八卷。

據周維德教授〈明詩話提要〉，謂趙宧光論詩受嚴羽影響，主張以禪論詩，強調「識」，宗主《詩》、《騷》，筆者以為此或與趙宧光行事、為人「絕無人間煙火氣」有關係，蓋情性所近。〈提要〉又謂趙宧光提倡格調，認為古詩重在意格，近體重在聲調，離開格調而言詩，即是蕪才俗學，宧光云：

〔註13〕項蘭貞，一名項淑，字孟畹，嘉興人，秀水孝廉黃卯錫之妻，所著有《裁雲草》、《月露吟》、《詠雪齋遺稿》，見胡文楷《歷代婦女著作考》著錄。

「有才人而作詩無調，是蕪才也；有學人而作詩無格，是俗學也」。其論詩
又重含蓄、貴托諷，但要求情性、景眞。此外，是書對於遣詞造句、用事用
韻，也提出具體要求，可見其論詩承襲格調詩說一脈。〔註14〕

唐詩談叢

五卷，胡震亨著，曹溶纂輯，存。

胡震亨著有《唐音癸籤》，已見前。

是書纂輯自《唐音癸籤》之〈談叢門〉，有清道光十一年（1831）六安晁
氏刊《學海類編》本，此本並由新文豐圖書公司影入《叢書集成新編》發行，
又有民國間商務印書館《叢書集成初編》本。《四庫全書總目》卷一九七〈詩
文評類存目〉「唐詩談叢」條著錄是書爲「一卷」，卷數與《學海類編》本不
同，《總目》並云：「是編載曹溶《學海類編》中，實即《唐音癸籤》之文，《癸
籤》凡〈分體〉、〈發微〉、〈評彙〉、〈樂通〉、〈詁箋〉、〈談叢〉、〈集錄〉七門，
此摘其〈談叢〉一門，別立名目耳」。關於是書的內容，詳見本論文「唐音癸
籤」條。

徐氏詩談

三卷，徐𤊺（1570～1642）著，周維德纂輯，存。

徐𤊺，字惟起，又字興公，福建閩侯縣人。據所著《紅雨樓題跋》卷一
謂其生於隆慶四年（1570），錢謙益《列朝詩集》丁集下卷引曹學佺詩則謂其
卒於崇禎十五年（1642），年七十三。《列朝詩集小傳》丁集下卷又謂其博學
工文，善草隸書，萬曆間與曹學佺游，主福建詞壇，後進皆稱「興公詩派」，
其嗜古學，家多藏書，著有《筆精》、《榕陰》、《新檢》等書，以博洽稱於時，
崇禎己卯（十二年，1639）並曾訪虞山，與錢謙益相約，互搜所藏之書，然
未及踐此約，而徐𤊺已卒矣。

徐𤊺藏書豐富，著有《紅雨樓書目》、《紅雨樓題跋》等。民國二十二年
鉛印《閩侯縣志》卷七一〈文苑上〉有云：「其於同時諸子著作，無問存歿，
靡弗惓惓，贊其傳布」，又謂其「善鉤稽古籍僞舛，考證精覈，遽數不能終。

〔註14〕按，是書原收錄於周維德教授《全明詩話》（稿本），2005年正式出版時因故
刪去，謹此註明。

其言傳體與行狀不同，又修志者，省會人物之盛，載筆不得不嚴，在一州一邑，惟恨文獻不足，不可一概嚴削。皆曉悉文章之體」，則其不僅知書且通曉著作之體。至於其讀書之勤奮與對創作之影響，朱彝尊《明詩綜》卷六五〈徐㷅〉條謂：「興公藏書甚富，近已散佚。予嘗見其遺籍，大半點朱施鉛，或題其端，或跋其尾，好學若是，故其詩典雅清穩，屏去恊浮淺俚之習，與惟和（徐熥）足稱二難。以此知興觀群怨，必學者而後工，今有稱詩者，問以七略、四部，茫然如墮雲霧，顧好坐壇坫說詩，其亦自不量矣」。

《筆精》八卷有明崇禎五年（1632）刊本，中央研究院傅斯年圖書館藏，及清乾隆四庫全書本、清光緒十年（1884）序巴陵方氏廣東刊宣統元年（1909）印《碧琳琅館叢書》丙部本。然此書見莫繩孫《邵亭知見傳本書目》及邵懿辰《增訂四庫簡明書目》中邵章的《續錄》著錄，均謂是書「明刊本，改題『鄭氏筆精』，稱『晉安鄭銘勳輯』」，阮元《文選樓藏書記》則謂是書「《筆精》八卷，晉安人刊本」，故鄭氏為刊刻者，實非撰人。《徐氏詩談》係由周維德教授輯自清《四庫全書》本《徐氏筆精》卷三至卷五的〈詩談〉部分，另題為此名，收入《全明詩話》。

徐㷅論詩，本於豐富的藏書與讀書經歷，故《徐氏詩談》中考證評論詩作詩事者頗多，對於時人的詩學創作與言論也多所關心及徵引，其中如卷三著重輯錄當時禪者之詩作，除了將詩禪的彙通更加具體化之外，也有保存記錄的功能。

是書卷一則以相當多的條目，分析詩歌蹈襲的問題，主張以「能否化舊為新」加以檢驗。像「古詞有本」條即以為「唐人作詩，必熟讀樂府諸作，能化舊為新，時時見筆端，不為蹈襲」，這對詩歌的復古手法與程度的掌握，是具有啟示意義的。故是卷「東鄰棗」條考證杜甫「堂前剝棗任西鄰」為「用庾語」，指其襲用庾肩吾的詩句；「別賦」條考證江淹〈別賦〉有用鮑照〈升天行〉詩語；「祖陶句」條考證王百谷「此地人家無玉曆，梅花開處是新年」為「皆從陶詩變化也」。此外，「茅山僧林和靖」、「蹈襲古句」、「唐詩蹈襲」、「滕王閣序」諸條盡皆考證詩句出處，揭示相互蹈襲的情形。

是書對於詩句的解析，除了如「軒帆」、「砂床」、「昔耶」、「岫」、「騎吹鼓吹」、「相思子」、「井如六博」諸條，重視以名物考證加以解詩。又有如「雲霄一羽毛」條，對杜甫詠諸葛詩「三分割據紆籌策，萬古雲霄一羽毛」，提出不同於時人的新解，以為「武侯三分割據之籌策，其功甚大，然以武侯視之，

不過萬古雲霄之上一羽毛耳，言視如此大功輕若鴻毛也」，是就詩言詩的分析。至如「蔡持正鸚鵡詩」條，提及宋丞相蔡確「人品最污，人羞稱之」，但仍以其〈鸚鵡詩〉爲「唐人莫是過也」，卷二「唐伯虎」條以唐寅疏狂玩世，詩不甚雅馴，而「一段天然之趣，自不可及」，皆見其論詩不將詩作與人品混爲一談，此亦是就詩言詩也。而「馬汗驚濤」條，則以李益詩寫冬月而有汗馬、驚濤可入佛寺，主張「奇妙處正在此，以理論詩，失之遠矣」，他的看法其實就是嚴羽「詩有別趣，非關理也」，顯示其論詩不爲名物事理所局限。在「華清宮詩」及「郎士元詩」條，則又揭示「詩貴善本」、「書貴古本」的觀念，這也是一般論詩者較少注意的問題。

對於當世詩壇風氣，是書卷一「西園詩麈」條，引張維城（張蔚然）《西園詩麈》四則詩話中關於學詩必先窮經、作詩不必禁用唐以後事、不可抹殺宋詩等等主張，以爲「發前哲之所未發，實論詩之金針也。今人乍占四聲，即自負曰『詩有別才』，不窺四部，而欲橫行藝苑，試取維城《詩麈》讀之」，〔註15〕可見其對當世學古風氣的褊狹十分不滿。卷二「西崑」條則以西崑之學李商隱，而引其用事精確、對偶森嚴者，以爲「義山、丁卯不是過也，豈可概目宋詩爲陳腐哉」。故其論前人之詩的態度是較爲寬容的。但如「龜山詩」條論道學家楊龜山〈含雲寺詩〉等爲「宛然唐響，絕無宋人習氣」、「束皋子」條謂宋戴敏〈小園〉詩，以爲「雖調不離宋，而清淡閒適亦可喜也」、「玉堂陪祀二絕」以宋趙汝談〈玉堂〉等詩爲「雋永有味，不似宋格」、「王介翁」條論王鎡的詩以爲「置之晚唐劉、許之間，誰辨其爲宋人作也」等，顯示其基本的詩觀仍是宋詩不如唐詩。而「元詩」條中引趙孟頫佳句謂：「唐人無此纖弱之作」、「盧圭齋」條謂「元詩多纖弱」，則元詩以纖弱之故，亦是不如唐詩。因此，徐𤊹並非在復古詩風中別有所見，而是以更多實際的閱讀、廣泛的賞鑒，以較爲客觀的態度評價詩作，所以在時代的共性中，可以看出詩人詩作的特色與優點。〔註16〕

佘山詩話

三卷，陳繼儒著，後人纂輯，存。

〔註15〕關於《西園詩麈》的論述，詳見本論文「西園詩麈」條。
〔註16〕按，是書原收錄於周維德教授《全明詩話》（稿本），2005年正式出版時因故刪去，謹此註明。

　　陳繼儒考定有《古今詩話》，已見上編。是書題為陳繼儒所撰，實則後人摭拾其說部言論而成，《四庫全書總目》卷一九七〈詩文評類存目〉著錄此書三卷，即謂：「此書別無傳本，惟《學海類編》載之，然其文皆摭拾繼儒他說部而成，殆非其本書。其中如以展子虔為大李將軍之師，大李將軍為唐開元中李思訓，展子虔為北齊人也，疏謬如是，即真出繼儒手，正亦無足取耳」。其輯錄時代約在清乾隆中或之前。除《總目》已經著錄，尚見清乾隆官修之《欽定文獻通考經籍考》著錄，及《八千卷樓書目》、清光緒九年（1883）刊《蘇州府志》卷一三九〈藝文四〉著錄，今可見清道光十一年（1831）六安晁氏刊《學海類編》本（道光本、影道光本），商務印書館影入《叢書集成初編》，廣文書局影入《古今詩話叢編》，新文豐圖書公司影入《叢書集成新編》，流傳甚廣。

　　是書內容以詩人詩事掌故為主，兼及考正，小說家言多，理論性不強，是典型的傳統詩話。其論述皎然改詩，及於杜甫「新詩改罷自長吟」、歐陽修、蘇軾、白居易、李賀等名家改詩之故事，主張詩不厭改，並針砭當世創作風氣：「今之君子動輒千百篇，略不經意，真可愧哉」，可略窺其對創作的意見。此外，陳繼儒雅擅丹青，詩話中除了著錄極多名人書畫題詠的品論之外，並以書畫之道解詩，如東坡詩「鮫綃剪碎玉簪春，檀暈妝成雪月明。肯伴老人春一醉，懸知欲落更多情」，人多不曉「檀暈」之意，其以畫家設色有七十二色，中有檀色，淺赭所合，婦女暈眉色似之，加以解說。而其所品論與欣賞的題畫詩，遍及歷代，且不菲薄當代，亦顯示其不崇古卑今的理念，是故其〈單質生瓶庵集敘〉云：「耆舊大人之論詩文也，必今之非而古之是，何以異此。自來新陳之相變也，雖天道不能違，而時為帝，時不能違天，而詩文能與時違乎？」。〔註17〕

　　此書亦可見陳繼儒的創作風格，皆出以實景實性，以己之情與外在的山水景物、田園花草等等相互感發，而語語入畫。如描摹山居歲月，山鳥五更而喧，有「花枝送客蛙催鼓，竹籟喧林鳥報更」詩聯，自謂為「山史實錄」。又如推論雪景莫若山，山雪莫若月下，而作四言詩「夜啓巖牖，淡而無風，月直松際，雞鳴雪中」，謂「蓋實錄也」。至如評李攀龍〈送客河南〉詩：「惟餘芳草王孫路，不入朱門帝子家」，為「可謂詩史，而語意含蓄有味」，亦是

〔註17〕見《陳眉公先生全集》（明崇禎刊本），卷11。

讚許其描摹實景、含蓄蘊藉的表達方式。

　　由上文所述，亦可見出陳繼儒處於復古與公安性靈兩種對立詩風中，以真情實景作為詩歌的書寫要件，推重含蓄的風格，揭示詩歌應有溫柔敦厚的面貌。同時他深刻體會不同時代的詩自有特色，不容輕棄，所以他是有自己的省察與堅持，並未追隨任何一種潮流。正如他裂冠隱居，選擇「山人」的生活方式，卻對世事了然於心。他在所作〈華廷鳴悟塵軒吟草敘〉一文中，就對當時詩壇剖析得相當清楚，並寄予憂心，其謂：「詩有正脈，有正聲，一變而為纖媚，以詩餘、小令入之；再變而為流便，以方言、里語入之，是兩者勇於立幟，急于噉名，于是寒膚嗛腹之士，挾小慧而從之，不覺狂魔竄其心腑。余老矣，力無能挽回，為嘆息久之」。〔註18〕可惜這樣的意見在《佘山詩話》中，都被詩事掌故給掩蓋，無法更加彰顯他個人的說詩體系。

通雅詩話

　　一卷，方以智著，後人纂輯，存。

　　方以智，字密之，安徽桐城人。據《明遺民錄》卷五〈方以智傳〉，其崇禎時嘗避地南都，與楊廷樞、陳子龍、夏允彝等名士友善，中崇禎庚辰（十三年，1640）進士，官翰林院檢討。京城陷，與父孔炤為賊所掠，乘間逃歸，國變後，歷馬、阮當國，嘆事不可為，晚出家為僧，名弘智，字無可，號藥地，又號浮山愚者。其事蹟另見《明儒學案》卷十九、《南天痕》、《復社姓氏傳略》卷四、《清史稿》列傳二八七、《明詩紀事》辛籤卷十七等，所著有《通雅》、《浮山全集》等。近人余英時撰有《方以智晚節考》，〔註19〕所論包括〈青原住錫考〉、〈俗緣考〉、〈晚年思想管窺〉、〈死節考〉等，並以方以智生平之相關史料修正補益前說，另成〈方以智晚節考新證〉、〈方以智死節新考〉、〈方以智自沉惶恐灘考〉論文，可參考。

　　是書原係《通雅》的〈詩說〉部分。《通雅》以考證名物、象數、訓詁、音聲為主，有清康熙五年（1666）姚文燮校刊本，此本邵懿辰《增訂四庫簡明目錄標注》已著錄云：「《通雅》五十二卷，康熙丙午（五年，1666）姚氏刊本」，孫詒讓《附錄》另著錄有日本國刻本，邵章《續錄》復著錄浮山此藏

〔註18〕《陳眉公先生全集》卷10。
〔註19〕《方以智晚節考》的增訂擴大版為臺北：允晨文化公司，1986年出版。

軒本。《四庫全書》亦全書收錄於子部雜家類，臺灣商務印書館有影本發行。

　　據蔡鎮楚《石竹山房詩話論稿》之〈明代詩話考略〉，謂是書頗經清人徵引，如潘德輿《養一齋詩話》卷十有云：「詩話之簡而當者，莫如明末方密之《通雅詩話》，二十餘則，極有契會」。又如林昌彝《海天琴思錄》卷一亦謂：「《通雅》一書，可稱確論，附《詩話》二十餘則，極有契合」，則清人已以「通雅詩話」稱之，且給予好評。

　　據方以智〈通雅自序〉，是書定稿於崇禎壬午（十五年，1642）。〔註20〕時值明末，故是書能省察當代詩壇之潮流變化，總結探看有明一代詩歌的優劣成敗。如其言「法嫻矣，詞瞻矣，無復懷抱，使人興感，是平熟之土偶耳。仿唐泝漢，作相似語，是優孟之衣冠耳」，又以葉公畫龍爲喻，說明詩歌各體裁變化多端，歷來作者亦各有所長，應兼互用之，自然光燄萬丈，然「後世尊杜太過者，溲泄亦零陵香矣，不善學古人者，專學古人之疵累，徒好畫龍，見眞龍必怖而走，何怪乎」，二則詩話皆以新穎的比喻，直指當代不善學古的流弊。

　　若謂「古人奇懷突兀，躍而騎日月之上，憤而投潢汙之中，不可以莊語，故以奇語寫之，奇者多創，創，創于不自知，俗人效步邯鄲，則杜撰難免矣」，則指出時人有故作奇語，而淪爲杜撰的缺失。「故作奇語」主要是時人強效江西詩派黃庭堅諸人「寧律不諧，勿使句弱；用字不工，勿使語俗」之類主張而來，方以智認爲「不以平廢奇，不以奇廢平，莫奇于平，莫平于奇，時因時創，統因創者，存乎其人」。他也以李、杜詩風作說明，強調李白「得古詩之奇放，專效之者，久則索然；老杜以平實敘悲苦，而備眾體，是以平載乎奇，而得自在者也」。又如言「六朝組練駢麗，別爲選體，佳者不數篇，仿之者似乎遒鬱，實拙滯耳」、「宋以山谷爲杜之宗子，號曰江西詩派。嚴羽卿闢之，專宗盛唐。然今以平熟膚襲爲盛唐，又何取焉？」則針對當世學六朝、學盛唐的弊病提出批評。可見其評說當代詩歌創作上的缺失，指出包括不善學古、故作奇語、拙滯、平熟膚襲等疵病，所論範圍頗廣。至於個別評論明代詩人，有云：

〔註20〕　《通雅》〈詩說〉的內容亦有云：「崇禎壬午夏，與姜如須論此而筆之」，是知是書成於崇禎壬午（十五年）。然方以智〈通雅自序〉前段是題於崇禎辛巳（十四年）夏日，而《通雅》〈詩說〉的卷前，下署「庚寅答客」，此「庚寅」是永曆四年（清順治七年，1650），可知是書的內容是陸續纂輯而成，至少〈詩說〉的部分，包括了崇禎年間以及永曆年間的談詩記錄。

近代學詩，非七子則竟陵耳。王李有見于宋元之卑纖湊弱，反之于
高渾悲壯，宏音亮節，鏗鏗乎盈耳哉！雷同既久，浮闊不情，能無
厭乎？青田浩浩，無所不有，崆峒〈秋興〉，深得老杜諸將之氣格，
歷下婁東，固不逮也。文長從而變之，公安又變之，但取卑，近苛
癢而已。竟陵《詩歸》，非不冷峭，然是快己之見，急翻七子之案，
亦未盡古人之長處，亦未必古人之本指也，區區字句焉，摘而刺之，
至于通篇之含蓄、頓挫、聲容、節拍、體制全昧，今觀二公之五言
律，有幽淡深峭之情，一作七言則佻弱矣。時流樂于飾其空疏，群
以帖括填之，且以評語填之，趨于亡俚，識者嘆戶外之琵琶焉。

此則詩話分析了明代主要詩人在詩歌藝術的推求與轉進的努力，以及各自的
優缺點。論及的詩人包括劉基（青田）、李夢陽（崆峒）、李攀龍（歷下）、
王世貞（婁東）、徐渭（文長）、袁宏道（公安）、鍾惺、譚元春（竟陵），均
極具代表性，故此詩話實際評論了自七子以至竟陵的明代詩壇發展形勢，分
析其間消長，具備「詩史」的論述架構與功能。而所云「時流樂于飾其空疏，
群以帖括填之，且以評語填之，趨于亡俚」之感嘆，除了係針對《詩歸》立
論，其實也檢驗了當時流行的詩文評點批註的風氣，關於此種風氣，方以智
在書中另有著重的說明，其謂：「宋後好註詩，詩有不必註者」，又曰：「詩
不必盡論，論亦因時；詩未嘗不析理，析理之詩非詩之勝地也」，他以「聖
人之教書，敘正語，詩以興之，苟知興之側語反語皆是矣；禮以制節，樂以
和之，苟知和之有聲無聲皆是矣」加以說明，而詩之有「不必註」、「不必盡
論」者，即因詩別有「興之側語反語」、「和之有聲無聲」之妙處，是意在言
外，不必盡說的。

　　除了評述當世詩壇趨勢，是書也申言自我的詩學看法。他的詩學主張仍
是出於儒家詩教，而更加予以敷演。如討論比興的問題，他強調「詩者志之
所之，反覆之，引觸之，比興而已矣」，而詩的廣大變通，足以配天地、四時，
無物不可入議論，無事不可逍遙吞吐，所以說「興于詩」、說「何莫學夫詩」，
而詩以宣人即以節人，所以「發乎情止乎禮義」，然時人多未知詩歌比興之意
涵，所以其謂：「知《易》為大譬喻，盡古今皆譬喻也，盡古今皆比興也，盡
古今皆詩也，存乎其人，乃為妙協」，申言詩歌是一個廣闊的天地，又自有其
宣節性情的功能，也指出比興是盡古今遼闊的譬喻與狀寫，對於當下學詩之
人所陷的種種窠臼，其說有意識的加以廓清與警醒。

　　此外，其針對古詩的表現風格有言：「人不能反覆《三百篇》、《楚辭》、漢魏樂府，烏有能蘊藉溫雅者乎？」又云：「各體雖異，蘊藉則同」，可知其對時下故作奇語、拙滯、平熟膚襲等詩作風格的不滿意，原因都在他是以「蘊藉溫雅」為詩作風格的追求標的，所以杜甫「以平實敘悲苦，而備眾體，是以平載乎奇，而得自在者也」，其實正是「蘊藉溫雅」的表現。而他取之於杜甫的，又有「別裁僞體親風雅，轉益多詩是汝師」等詩學實踐，他結合韓愈之所取「盤空硬語，妥貼排奡，垠崖崩豁，乾坤雷硠」，有謂：

　　　　讀書深，識力厚，乃能驅使古今，吞吐始妙。如或未然，又增嗤點，
　　　　且從王、孟、錢、劉入，而深造及此可耳。才各有限，學必深造，
　　　　然後日用所長，豈必執一以相訾耶？

此則詩話與其論比興之說是聯貫的，他認為要能成就詩的廣大變通，極盡比興的遼闊狀寫，必須「讀書深、識力厚」，如未能做到，卻不必偏執於一，不妨由王、孟、錢、劉入，亦即以學習王維、孟浩然、錢起、劉長卿之詩入手，而加以深造，方能達到「驅使古今，吞吐始妙」的境界。這裡也標示出方以智心中的學古進程，除了要「反覆《三百篇》、《楚辭》、漢魏樂府」，體會當中的「蘊藉溫雅」之外，杜甫「備眾體」、「得自在」，自是最佳效法標的，然而人的才力能力有限，所以他也舉出王維、孟浩然、錢起、劉長卿，作為學習的另一入門。

　　此說之中，取法王維、孟浩然，並不足為怪，李東陽《懷麓堂詩話》已云：「唐詩李杜之外，孟浩然、王摩詰足稱大家」，然取法錢起、劉長卿，二人皆為中唐，則與明人普遍的復古理念不同。其中劉長卿號為「五言長城」，在前人詩話中，張戒《歲寒堂詩話》卷上，即稱賞其筆力豪贍，氣格老成，並謂其：「與杜子美並時，其得意處，子美之匹亞也。『長城』之目，蓋不徒然」。至於錢起，王世懋《藝圃擷餘》有謂：「錢員外詩，長信宜春句，于晴雪妙極形容，膾炙人口。其源得之初唐，然從初竟落中唐，了不與盛唐相關，何者？愈巧則愈遠」，頗能道出錢起詩作「巧」的特色。而由張戒所見出劉長卿的「筆力」、「氣格」，及王世懋所識出錢起的「巧」，推求方以智要取法於錢、劉的，或即在此，也以此為階，要漸進而上。綜觀方以智所論學古，實建立在「不必執一」的基礎之上，也就是以讀書博取為方法，建立深厚識見來驅使古今，以作到吞吐之妙。

　　是書所論，對於詩歌鍊字、鍊句、鍊章、鍊意、使事、狀物、頓節、滑

聲等，也都善用比喻來宣示作法與要求，如云：「頓節如撾鼓露板；滑聲如笛弄歌喉。極工巧，極天然，極渾成，極生動，以弄丸之胸懷，出點金之手眼，其樂何如」，由此亦可見其以錢起、劉長卿為取法對象，並不偶然。事實上，方以智論詩，以禪語的「中邊皆甜」為喻，追求的就是「措詞雅馴，氣韻生動，節奏相協，蹈厲無痕，流連景光，賦事狀物，比興頓挫，不即不離」，用以出其高高深深之致，因而所謂「中邊皆甜之蜜」的作品，乃詩歌命意、字句、節奏、氣韻等每一個環節都講究。是故方以智力主「讀書深，識力厚」，也強調寫作技巧的多方講求，並視為學習的起步。

　　方以智說詩，雖仍執守於儒家傳統詩觀，但他的詮釋能出以新意，對當時詩壇亦有平實而冷靜的檢討，使得是書在傳統中有新見，能夠縱論古今，與眾詩人一起脈動。然論李白「得古詩之奇放」、「久之索然」，不無將李白詩風簡單類化之嫌。論詩賞讚「中邊皆甜之蜜」，但未進一步深入推求各種詩歌風格的特色與長處。諸如此類，《養一齋詩話》評《通雅詩話》「簡而當」，復謂其「於詩家關鍵，未盡開通」，實良有以也。

棗林藝簀

　　一卷，談遷（1594～1657）著，後人纂輯，存。

　　談遷，字孺木，浙江海寧人。據黃宗羲〈談孺木墓表〉，〔註21〕其為諸生，不屑場屋之僻固狹陋，而好觀古今治亂，其尤所注心者，在明朝之典故，以為史之所憑者實錄耳，實錄見其表，其在裡者，已不可見，乃集中心力撰著有明一代歷史，名曰《國榷》，此稿成後，為賊所竊去，談遷嘆曰：「吾手尚在，寧遂已乎？」，乃集中心力復成其書。後於丙申歲冬十一月（明永曆十年，1656）卒。

　　然據《明人傳記資料索引》所錄，其生於萬曆二十二年（1594），卒於永曆十一年（1657），《明清江蘇文人年表》引《棗林詩集》及《愚谷文存》續集卷一，亦作相同著錄，不知為何會有出入。《明清江蘇文人年表》也著錄談遷生平重要事蹟，可供參考，如天啟六年（1626）《國榷》有成稿；崇禎十七年（1644）著《棗林雜俎》，陸續成書六卷；永曆元年（1647）《國榷》稿本

〔註21〕見《南雷文定前集》（臺北：明文書局《明人傳記叢刊》影印《南雷文定碑傳》本，1991年）卷7，頁115。

被盜；永曆六年（1652）重行纂著《國榷》，此際有成稿等等。

　　是書有清道光十一年（1831）六安晁氏刊《學海類編》本，廣文書局影入《古今詩話叢編》，新文豐圖書公司則影入《叢書集成新編》，共有品論詩文條目七十五則，《四庫全書總目》卷一九七〈詩文評類存目〉「棗林藝簣」條謂：「是編載曹溶所輯《學海類編》中，實《棗林雜俎》之一卷」。蔡鎮楚《石竹山房詩話論稿》之〈明代詩話考略〉，謂是書有明刊本。周維德教授所編《全明詩話》，亦收有是書之明崇禎刊本，其〈明詩話提要〉並謂：「此編七十五條，多記文物典故、文人佚事，不專論詩，對當代文壇要事，亦多有入錄」，故此本實與《學海類編》本相同，則是書由《棗林雜俎》之別輯單行，實非始於曹溶，而是明崇禎間即有此纂輯單行之本。

　　《四庫全書總目》謂是書「所談詩文，皆不出明人門徑」，有其道理。蓋是書以記錄文人行誼、詩事典故為多，對於自身詩觀的表述並不深刻，此應與其生平主要致力於明朝典故、歷史的記述蒐集工作有關。有趣的是，是書對於當時詩壇名流重視讀史的情形多所記錄，如「李于鱗王元美手抄」條記錄陳繼儒謂李攀龍、王世貞官刑部時曾手抄《史記》文選一事，此外又有「周敍修宋史」、「李于鱗閱史記」、「修誌」、「兩皇明通紀」、「北雍刊史」等條目，可見談遷實有志於史，詩文則為餘事耳。

　　是書兼及明代詩家詩論的著錄，如「李夢陽何景明」條謂其冠冕當代，人無異喙，並引錄錢謙益對二人的嚴評，以俟後人評據；「王九思」條著錄其〈陂渼集自序〉自謂其詩本學靡麗、文本萎弱，後得康海、李夢陽矯正的經過；「謝榛」條著錄謝榛《詩家直說》論「作詩勿自滿」等。又有「袁宗道」條著錄袁宗道云「詩有古今，詩言亦有古今，今人所詫為奇字奧句，安知非古之街談巷語耶」；「鍾惺譚元春」條引錄孟津王鐸評二人之詩有云「如此等詩，決不富不貴，不壽不子」等等。這些記錄可見出談遷生處明末，已能較平和的看待明代復古、公安、竟陵間的遞嬗與差異，讓各方都能佔有適當的位置，給予公平的著錄機會。當然，其身為史家，這些著錄尤在客觀的陳述明代詩壇的興替流變，並不只在寄寓個人主觀評價。

附：無法分期的「後人纂輯」詩話

徐炬詩話

一卷，徐炬著，後人纂輯，存。

徐炬，浙江臨安人，生平不詳。《四庫全書總目》卷一一六〈子部‧譜錄類存目〉著錄所著《酒譜》一卷，以書中所載〈賜酺條〉，有「洪武南市十四樓」及「顧佐奏禁挾妓」事，推測徐炬應爲明人。《四庫全書總目》卷一三八〈子部‧類書類存目二〉則著錄其所著《古今事物原始》三十卷，並略述是書之內容，其云：「是書仿《事物紀原》之體，稍附益之而蕪雜太甚，蓋制度器數皆可考其淵源，至日月星辰、山川草木、鳥獸蟲魚，與天地而俱生，豈能確究其始？輾轉援引，彌見糾紛。至於鳥獸花草諸門，每類之首，或括以偶語一聯，或括以律詩二句，乃從而釋之，尤弇陋之甚矣」。

是書即輯自《古今事物原始》，有清初陳夢雷等輯之《古今圖書集成》本，收錄於《文學典》卷一九四，題作「徐炬事物原始」。周維德教授將《古今圖書集成》所輯之本，改題爲「徐炬詩話」，收入《全明詩話》。〔註1〕

是書共有「論詩」、「原詩」、「評詩」、「律格」、「聯句」、「歌」、「堯」七則詩話，大多輯錄前人之論而成。如「論詩」條引〈詩大序〉「詩者，志之所之也。在心爲志，發言爲詩」之說，作爲詩得定義。「原詩」條，則引《樂書》等，推溯詩起於太昊之世。「評詩」條則著錄《後山詩話》、《詩苑類格》、

〔註 1〕按，是書原收錄於周維德教授《全明詩話》（稿本），2005 年正式出版時因故刪去，謹此註明。

《古今詩話》、《茗溪漁隱叢話》等評詩之語，這是書中篇幅最多的部分。「律格」條引李白及〈宋之問傳〉，謂律格之始於沈約、庾信，而成於沈佺期、宋之問。此外，「聯句」條謂聯句起於漢武帝為柏梁詩，使群臣作七言。「歌」條簡單列舉自伏羲氏的〈網罟之歌〉以來的歷代為歌者。「謠」條謂「謠者，塗歌也」，以堯時康衢童謠為起源，列舉歷代較著名的「謠」。是故，是書主要在推溯詩歌的源頭，並列舉一些歷代的相關創作與著錄，其範圍既未遍及各種詩體，亦未有各源流作品的真偽考評，所以內容簡略粗泛，只是聊備「事物」的一格而已。